FOLIO BIOGRAPHIES

collection dirigée par

GÉRARD DE CORTANZE

Verdi

par

Albert Bensoussan

Gallimard

Crédits photographiques :

1, 4, 16 : Costa/Leemage. 2, 8 : Cuboimages/Leemage. 3 : Bettmann/Corbis. 5 : Luisa Ricciarini/Leemage. 6 : Electa/Leemage. 7, 9, 10, 17 : DeAgostini/Leemage. 11 : Interfoto/La Collection. 12, 14 : Colette Masson/Roger-Viollet. 13 : Fototeca/Leemage. 15 : Bianchetti/Leemage.

Universitaire, écrivain et traducteur, Albert Bensoussan est agrégé d'espagnol, docteur ès lettres et professeur émérite à l'université de Rennes-2. Auteur d'essais littéraires, dont *Retour des caravelles*, *Confessions d'un traître* et *J'avoue que j'ai trahi*, ainsi que de fictions, notamment *Frimaldjezar* (prix de l'Afrique méditerranéenne) et *Dans la véranda* (prix du Grand Ouest), il est la voix française, entre autres, de Mario Vargas Llosa. Il a coordonné, pour le XXe siècle, une *Histoire de la littérature espagnole* (Fayard). Il collabore régulièrement au *Magazine littéraire*. Il a publié dans la collection « Folio Biographies » une biographie de Federico García Lorca.

À Jean-Claude Sam et Bernard,
mes neveux mélomanes.

Avant-dire

Verdi, on le porte dans ses fibres, il résonne à vos oreilles, il s'inscrit en votre âme et conscience. Dès mon plus jeune âge, à l'Opéra d'Alger où mon père louait à l'année l'avant-scène du premier balcon, j'étais familier de Gilda, par la voix d'Ida Doneddu, une soprano colorature de chez nous qui animait dans la ville libérée une émission de *bel canto* sur les ondes de Radio-Alger. Notre voisine d'immeuble, qui chanta en divette sous le nom d'Edmée Angèle, était devenue, en se retirant de la scène, directrice adjointe de l'Opéra, animé par le grand Pierre Portelli, qui avait eu une jolie voix dans son jeune temps, et s'employait à faire venir outre-mer les plus grands chanteurs du moment. Ainsi avait-on pu entendre et applaudir José Luccioni et César Vezzani, les deux plus grands ténors français d'alors, et Mado Robin qui fut, définitivement, notre *Lakmé* avec son « Air des clochettes » et son incomparable contre-contre *ré*, ou Renée Doria, autre grande Gilda ; nous avions même vu, en *Tosca*, cette débutante qui s'appelait encore Maria Meneghini, avant de devenir la Callas, qui fit trembler les murs de notre petite scène lyrique. Et des barytons tels que Valère Blouse, inoubliable *Hamlet*, d'Ambroise Thomas, ou Louis Noguera, natif d'Alger, qui chanta *Rigoletto*, avant de devenir professeur au Conservatoire de Paris, vingt-cinq ans durant, cédant bientôt la scène au Constantinois René Bianco qui, dans *Aïda* et *Un bal masqué*, allait faire les beaux jours de l'Opéra. Lorsqu'on disait « chanteur de l'Opéra », il fallait toujours comprendre l'Opéra de Paris, cette « Grande Boutique » qui tant fascina Giuseppe Verdi, et où avait triomphé l'Algéroise Andrée Esposito qui fut une grande Violetta au palais Garnier, et une Mireille émouvante sur toutes les scènes de France. Dans ces années d'après guerre, l'Opéra chez nous était un lieu d'affluence pour classe moyenne et petit peuple de Bab el-Oued, où il y avait tant d'Italiens d'origine. Et qui fréquentaient l'Opéra ou dans la salle ou sur scène. Ainsi, exerçant deux années durant les fonctions (avec toute leur dignité) de figurant, j'y côtoyais pas moins de trois générations d'artistes italiens réunis sur scène, la famille Delbesio : le grand-père était choriste, ainsi que sa bru, et son fils Angelotti, qui jouait les secondes basses, surgissait dès le lever de rideau de *La Tosca* — « Ah ! je respire, fut-il terreur pire, je voyais partout la face d'un sbire », ainsi que se chantait alors, en français, l'opéra italien — ; enfin, le petit-fils était mon camarade figurant et, à nous deux, nous campions tout un peloton d'exécution mettant un terme au « dernier matin » de Mario Cavaradossi. Populaire était alors l'opéra, et bruyant, débraillé, comme devait l'être, à coup sûr, la scène lyrique au temps de Verdi, dans ce XIXe siècle turbulent de l'Italie où les grandes villes comptaient de nombreuses lices vocales — pas moins de cinq théâtres lyriques à Milan au milieu du XIXe siècle. Aujourd'hui, un fauteuil à l'Opéra n'est accessible qu'au public bien argenté, capable de débourser des centaines d'euros pour pénétrer à la Scala ou aux arènes de Vérone. Et ne disons rien de Salzbourg. On est évidemment très loin des prix d'autrefois où n'importe quel étudiant pouvait s'offrir un troisième balcon. L'Opéra, de nos jours, est un luxe culturel, un spectacle pour les *happy few* ; nous le constatons, nous n'y pouvons rien. Mais la gloire de Verdi est intacte et son nom reste populaire chez tous les amateurs d'opéra.

Bah ! la musique est accessible à tous par d'autres moyens que la scène. Nous disposons d'innombrables disques, des CD aux 33-tours, voire aux 78-tours. Et puis les spectacles d'opéra sont retransmis à la télévision et gravés en vidéos. Nous pouvons encore vivre l'opéra au quotidien et nous laisser bercer par ces airs de Verdi qui enchantèrent tant la jeunesse d'un Federico Fellini qu'il en fit l'un de ses films les plus aboutis, *E la nave va...*, à la gloire de la soprano « Edmée Tetua » la bien nommée (sur la pellicule on entend la très belle voix de Mara Zampieri, alors vedette de la Scala), pour cette cérémonie des adieux à la scène lyrique à laquelle se livre le cinéaste de Rimini, en cette Émilie-Romagne où Verdi vit le jour.

Reprenons cette « nef » fellinienne, en feuilletant

l'album de vie et de souvenirs de Giuseppe Verdi, en relisant ses notes, en réécoutant ses quelque vingt-huit opéras, plus un petit nombre d'autres partitions, en entendant encore et toujours cette musique qui jamais ne nous quitte, comme ce bruit de la mer emprisonné dans la conque, traçant le droit fil de cette ligne acoustique que nous imaginons, ainsi qu'Apollinaire en sa réflexion poétique, comme « l'unique cordeau des trompettes marines[1*] ». Puissent-elles retentir à jamais dans le décor grandiose d'*Aïda* ! Ou nous faire frémir encore et toujours au « *Dies irae* » de son *Requiem* !

* Les notes bibliographiques sont regroupées en fin de volume, p. 319.

L'enfant de Busseto

Sul placido / Raggio del vostro clivo
Là dove invan germoglia / Il ramo dell'ulivo[*]
Simon Boccanegra

En assistant, au théâtre Giuseppe Verdi de Busseto, à une représentation mémorable des *Vêpres siciliennes* (*I vespri siciliani*) — grand opéra verdien malgré le piètre livret de Scribe —, on est frappé d'entendre à ce point retentir la voix de Verdi dans ce petit théâtre qui, à l'échelle de la Scala de Milan ou du San Carlo de Naples, ferait penser à un théâtre de poche. Les chanteurs sont disposés au milieu du public, « *O Palermo* » retentit dans la gorge profonde de Procida, l'insurgé, tout contre les loges autour du parterre où se tiennent à peine une centaine de personnes, entourées du chœur des Siciliens révoltés contre l'occupation française. C'est Verdi que l'on entend ainsi, au comble de l'émotion, dans cette enceinte à laquelle il ne voulait

[*] « Sur la douce / Lumière de vos collines / Où bourgeonne en vain / Le rameau d'olivier » (*Simon Boccanegra*, *L'Avant-scène Opéra*, janvier-février 1979, p. 60. Les références des numéros de *L'Avant-scène Opéra* indiqués sont celles des premières éditions).

pas donner son nom, tant le souvenir de Busseto était amer ou douloureux à son esprit. C'est pourtant là que tout commença pour lui, sa vie de musicien, son existence d'homme, ses heurts et ses infortunes, ces choses de la vie si dramatiques dont il allait nourrir, quel que soit le sujet de ses « mélodrames », chacune de ses œuvres. Sur chaque note, on entend Verdi, comme on lit Picasso sur chaque trait de sa peinture.

C'est à 4 kilomètres de Busseto, au hameau de Le Roncole, dans le duché de Parme alors sous juridiction française, que naît Giuseppe Verdi, déclaré « Joseph Fortunin François » à l'état civil, le 12 octobre 1813. Il voit le jour dans une Italie morcelée dont l'Europe — la France, l'Autriche, l'Espagne — se partage les restes ou les lambeaux. La France napoléonienne s'est emparée de cette région de Parme pour l'annexer, depuis 1808, aux cent trente départements français, sous le nom de Taro, chef-lieu Plaisance. À partir de 1814, le duché passe sous la souveraineté de l'impératrice Marie-Louise d'Autriche, seconde épouse de Napoléon Ier. Verdi est donc né français, mais n'en tira nulle gloire et se garda bien de faire valoir le droit du sol pour revendiquer une nationalité française. La France n'est d'ailleurs pas gâtée dans son œuvre, le compositeur se livrant notamment, bien qu'avec la complicité de Scribe, son librettiste, au massacre vengeur des troupes françaises d'occupation, justement dans ses *Vêpres siciliennes* — dont le premier comme le dernier mot est « *Vendetta* » !

Toute sa vie, Verdi se souviendra de son enfance pauvre, au milieu des terres marécageuses de la vallée du Pô et dans un bourg dont le nom signifie « l'élagage ». Son trisaïeul de la branche maternelle, Carlo Uttini, tenait une taverne à Busseto. Son arrière-grand-père, Carlo Verdi, s'était établi aubergiste, 4 kilomètres plus bas, à Le Roncole. Cette auberge de campagne, l'*Osteria Vecchia*, qui logeait quelques colporteurs de passage, faisait également office d'épicerie où l'on s'approvisionnait en farine, huile, sucre, café, vin, sel ou tabac, et cela aurait certes permis de vivoter, sans plus, n'était la possession de quelques terrains alentour qui, avec le temps, devaient prendre de la valeur. Carlo Verdi épousa, en 1805, Luigia Uttini, fileuse de son état dans un coin de l'auberge familiale de Busseto. Le grand-père du compositeur naquit de cette union, et il se nommait également Giuseppe, tout comme son père se prénommait Carlo, selon cette habitude — détestable pour les biographes — de transmettre les mêmes prénoms de génération en génération. Pour ce qui nous intéresse, donc, Giuseppe Verdi naquit à Le Roncole le 10 octobre 1813 de Carlo Verdi et de Luigia Uttini. Il eut une petite sœur, handicapée mentale, qui ne dépassa pas l'adolescence. Verdi crut longtemps être né en 1814 — du moins l'affirma-t-il assez longtemps, en imputant l'erreur à sa mère*, probablement peu fier donc d'être né français. C'est en 1814, en effet,

* « Je suis en vérité né en 13 et, il y a quelques jours, je suis entré dans ma 64e année. Ma mère m'avait toujours dit que j'étais né en 14. Naturellement je l'ai crue, et j'ai ainsi trompé tous ceux qui me demandaient mon âge » (lettre à la comtesse Clara Maffei, le 14 octobre 1876, in *Verdi par Verdi*, textes choisis, traduits et présentés par Gérard Gefen, 2001, L'Archipel, p. 25-26).

que les troupes françaises, derniers grognards de l'Empire napoléonien, furent boutées hors d'Italie — un pays encore morcelé en petits duchés ou comtés, et constamment envahi et occupé — par les Autrichiens et les Russes coalisés.

Mais nous parlons ici de l'enfance du plus grand musicien italien du XIXe siècle et, forcément, nous devons lui trouver une vocation précoce. Qui se manifeste, inévitablement, au sein de l'Église. C'est l'organiste de Le Roncole, Pietro Baistrocchi, qui lui apprend les rudiments du solfège et lui permet, tout enfant encore, de poser ses doigts sur les claviers de l'orgue, avant même que ses pieds puissent atteindre les touches du pédalier qui font l'accompagnement grandiose de tout le répertoire religieux. Pietro Baistrocchi l'a tenu sur ses genoux, le choyant et l'aimant, puis lui apprenant tout ce qu'il sait ; ce Pietro est à la fois instituteur et organiste — et aussi paysan, certes, natif de Sant'Agata, là même, à quelques kilomètres de Busseto, où Verdi allait fixer plus tard sa résidence. Dès l'âge de quatre ans, l'enfant apprend de ses lèvres l'italien — mais précisons qu'il parlait, au milieu des siens, le dialecte des duchés de Plaisance et de Parme — et même le latin. Ce qui lui sera bien utile lorsqu'il composera, plus tard, son fameux *Requiem* à la mémoire de Manzoni. À six ans, le voilà à l'école du village, tenue par ce Baistrocchi, qualifié de *magister parvulorum Roncularum* (maître d'école des enfants de Le Roncole) — titre bien ronflant, mais l'Italie aime ces fastes et cette éloquence, qui nourrissent tout l'opéra italien. La qualité d'organiste — *organicus* — du maître favorise sans nul doute l'éveil musical de l'enfant, et cela dès son âge le plus tendre.

Et puis le père de Giuseppe, voyant l'éveil précoce de l'enfant à la musique, qui a notamment entendu à l'auberge un musicien ambulant jouer de l'orgue de Barbarie, lui achète une épinette — ce clavecin italien appelé *spinetta* — alors qu'il n'a que huit ans. Un petit clavier pour lui tout seul, et si cher au cœur de Verdi qu'il le conservera sa vie durant, en le laissant en héritage à la *Casa di Riposo* qu'il fera construire à Milan pour les vieux artistes, et qui se trouve aujourd'hui au musée de la Scala de Milan. Et l'on peut lire, en relevant le couvercle au-dessus des touches, un papillon portant cette belle appréciation du facteur qui, en 1821, remit en état l'instrument :

> Par moi, Stefano Cavalletti, ont été remis à neuf et recouverts de cuir ces sautereaux ; j'ai aussi réajusté les pédales, ce que j'ai fait gratuitement comme il en a été de même pour les sautereaux, voyant la bonne disposition du jeune Giuseppe Verdi à apprendre à jouer cet instrument, ce qui est assez pour me satisfaire tout à fait. L'an du Seigneur 1821[1].

On ne saurait mieux dire ni mieux prédire la gloire future d'un enfant qui n'a que huit ans.

Le curé de Le Roncole, Dom Giacomo Masini, lui apprend pour sa part à lire et à écrire, et le voilà servant la messe comme tout bon enfant de chœur ; la légende s'empare ici du personnage et le musicien, en son âge avancé, se rappelle — invente aussi ou, peut-être, exagère — un épisode significatif de son éducation musicale : l'enfant, ravi par la musique de l'orgue, oublie de donner les burettes au curé qui célèbre la messe, lequel lui aurait alors flanqué un bon coup de pied au derrière, le faisant valdinguer au bas des marches du maître-autel. C'est ce que rapporte le biographe Arthur Pougin — célèbre musicologue et musicien français — dans *Verdi. Histoire anecdotique de sa vie et de ses œuvres*, publié à Paris en 1886, récit mêlé d'entretiens les plus précieux avec le compositeur :

> Cet homme, d'un caractère brutal, donna au pauvre bambin, pour le tirer de sa torpeur, une telle poussée qu'il l'envoya rouler au bas des trois marches de l'autel. La chute fut si violente que l'enfant s'évanouit et dut être transporté dans la sacristie[2].

Verdi se souvient avec émerveillement du caractère fort qu'il avait déjà, bref il aurait lancé au prêtre, en le maudissant dans son dialecte parmesan : « *Dio t'manda 'na sajetta !* », littéralement « que Dieu t'envoie une flèche ! », autrement dit « qu'Il te foudroie ! ». Ce qui finit par arriver : huit ans plus tard, dit-on, la foudre tomba précisément sur l'église de Le Roncole, et ce curé mourut foudroyé. L'église de la Madonna dei Prati porte encore trace du passage de la foudre*. La malédiction de Giuseppe à son encontre avait été suivie d'effet. Comment ne pas rattacher cet épisode à un thème majeur dans l'œuvre du compositeur : la malédic-

* Dominique Fernandez écrit que « dans l'église de la Madonna dei Prati, on voit encore, sur le mur de gauche, un tableau dont la corniche baroque a été dédorée et brûlée par la foudre » (*Le Voyage d'Italie*, Perrin, 2007, p. 893).

tion ? Qui allait aussi retentir, ici et là, du bruit de la foudre, du tonnerre et des éclairs.

Notons, pour mieux mettre en évidence l'impact terrorisant qu'aura eu cet événement sur l'esprit de l'enfant, que Giuseppe, qui devait chanter ce jour-là dans les chœurs de cette église, avait été retardé sur la route de Busseto à Le Roncole par une bande d'amis et que, grâce à ce retard inopiné, il parvint à l'église juste pour constater le désastre :

> Ce misérable prêtre était assis là où la foudre l'avait frappé, en train de prier, le pouce encore pressé contre ses narines, comme s'il y avait été collé. Son visage noirci terrifiait, mais l'apparence des autres victimes était moins effrayante[3].

Il s'agit bien là d'une image forte, et récurrente, qui va marquer à jamais l'enfant, et sans doute a-t-elle nourri la noirceur habituelle des opéras du compositeur. Faut-il y voir, d'autre part, le germe d'un anticléricalisme qui s'est confirmé par la suite, en apothéose, à travers le personnage du Grand Inquisiteur de *Don Carlos* ? Ou bien Verdi l'anticlérical a-t-il plaisir à se remémorer — en le mythifiant — cet épisode de la malédiction du prêtre... et de son église foudroyée ? Nous ne retiendrons, donc, de cette anecdote plus ou moins légendaire — mais consignée par tous ses biographes — que ce que le compositeur en a voulu souligner : la malédiction, maître mot de ses opéras à venir, n'est-ce pas ? et tout particulièrement *Rigoletto*, dont le titre initial devait être « *La Maledizione* » ! (« Le vieillard m'a maudit », chante encore à mes oreilles adolescentes la rude voix de Jean Borthayre sur la scène de l'Opéra d'Alger).

Comment est-il, ce Giuseppe si précoce, élevé dans une auberge-épicerie ? Peppino — ainsi que l'appelaient ses parents — était alors un joli petit garçon, maigrelet, le cheveu châtain et ondulé, les yeux bleu-vert qu'il gardera toute sa vie avec une intensité accrue du regard, qui grandira assez pour apparaître comme de haute taille pour les Italiens — 1,75 mètre, à l'âge adulte. Mais c'est un enfant timide et introverti — il en restera quelque chose chez l'homme réservé et quelque peu revêche qu'il allait devenir —, avec un caractère qui s'affirme déjà, comme on vient de le voir en particulier dans l'épisode du curé de Le Roncole, et qui lui vaudra une réputation d'homme intraitable, notamment en affaires.

C'est à l'âge de dix ans que la vocation du musicien se précise. Son maître Baistrocchi meurt en 1823. Cette année-là, son jeune disciple Giuseppe le remplace à l'orgue de l'église San Michele Arcangelo, à temps partiel et en alternance avec un nouvel organiste aveugle, Donnino Mingardi, qui allait quitter Le Roncole deux ans plus tard, laissant la place, pleine et entière, à Verdi, alors âgé de douze ans. Quelle fierté chez cet enfant qui se le rappellerait bien des années après !

Ma plus grande ambition était de succéder un jour à mon professeur, Pietro Baistrocchi et, en trois ans, j'y parvins, ce qui nous emplit d'orgueil, mes parents et moi. [...] Mon père m'envoya alors à Busseto afin d'y recevoir une meilleure instruction. Chaque dimanche, je revenais à pied pour remplir les fonctions d'organiste qu'on m'avait confiées moyennant 40 lires par an à la mort du vieux Baistrocchi[4].

On notera le souci de Verdi d'insister sur le fait qu'à cet âge si tendre il subvenait en partie à ses besoins et ne représentait pas une charge trop lourde pour ses parents. Ces 40 lires correspondent à plus de 200 de nos euros. Sans doute appartient-il à un milieu modeste, pour ne pas dire pauvre, et cela ne va pas manquer d'affecter le musicien qui, toute sa vie, se souciera de thésauriser, en exigeant des cachets importants et en investissant ses droits d'auteur dans l'achat de terrains et de domaines, au point de devenir le propriétaire terrien le plus fortuné de la région. Un musicien milliardaire !

Il part, donc, en 1823 pour Busseto, le grand bourg voisin — quelque deux mille habitants, alors, contre huit mille aujourd'hui —, pour y parfaire son éducation. Et il est indéniable que Busseto va marquer son enfance, son adolescence, et les premiers temps de sa vie d'homme. Rappelons que Busseto finira par bâtir (en 1868) un théâtre d'opéra qui portera le nom glorieux de son fils : « Teatro Giuseppe Verdi ». Aujourd'hui, toute la cité vibre du seul nom de Giuseppe Verdi, la place centrale, l'Opéra, et même l'hôtel où il convient de descendre — *I due Foscari*, du nom d'un des opéras du *maestro* — tenu par Marco Bergonzi, le fils de Carlo Bergonzi, l'un des plus grands ténors verdiens du XXe siècle.

Cette année 1823, il entre au moment de la rentrée des classes au collège de Busseto, tenu par le chanoine Pietro Seletti. L'enfant loge chez un ami de ses parents, un cordonnier né à Le Roncole nommé Pugnatta. Mais la musique ne le quitte pas : dès l'année suivante, il suit les cours d'harmonie et de contrepoint de Ferdinando Provesi, directeur de l'école municipale de musique, organiste de l'église San Bartolomeo et directeur de l'orchestre de la Società Filarmonica. Sans manquer, toutefois, chaque dimanche, de se rendre à pied à Le Roncole — une heure de route — pour tenir les orgues. Et ainsi pendant deux années, au terme desquelles son maître Provesi déclara à son élève surdoué qu'il en savait autant, et même plus, que lui. La carrière de Verdi allait suivre, dès lors, une ligne ascendante et jamais fléchie. Aidé en cela par son entourage. Car la grande chance de Giuseppe, né pauvre dans une province reculée, et promis au travail de la terre ou à la succession d'une auberge de campagne — ce à quoi il s'employait aux vacances d'été pour donner un coup de main à ses parents —, c'est d'avoir dès son plus jeune âge attiré la sympathie et éveillé l'aide bienveillante de quelques personnes. Nous l'avons vu, déjà, à Le Roncole avec l'achat d'une épinette par son père qui avait, assurément, bien d'autres chats à fouetter et d'achats à honorer ; sans oublier la sympathie de ses maîtres d'école et de musique ; et nous le voyons maintenant à Busseto, où l'adolescent ne va pas tarder à être pris en charge par un riche négociant, fournisseur de l'épicerie de Carlo Verdi,

Antonio Barezzi. Cet homme, grand amateur de musique, engage ce jeune homme à donner des cours de piano et de chant à sa fille Margherita. Chez lui, dans cette *Casa Barezzi* devenue maintenant un musée à la gloire du compositeur, Giuseppe dispose d'un magnifique piano à queue où il fait ses gammes, et il assiste au salon à de fréquentes séances de musique de l'orchestre philharmonique, pour lequel, très vite, le jeune prodige se met à composer diverses pièces vocales — pour la plupart perdues aujourd'hui.

La première démonstration de son talent va avoir lieu en 1828 lorsque Giuseppe, alors âgé de quinze ans, se permet de composer une nouvelle ouverture pour *Le Barbier de Séville* de Rossini — qui, on le sait, avait tout bonnement repris pour son plus célèbre opéra l'ouverture qu'il avait déjà écrite pour *Elisabetta, regina d'Inghilterra*. Et de la proposer au théâtre de Busseto où le public va lui faire un triomphe. Auparavant, il a même composé une cantate sur un sujet biblique, dont il se souviendra à l'heure de signer son premier succès scénique avec *Nabucco*, *Les Délires de Saül*, pièce malheureusement perdue. Quoi qu'il en soit, nous savons que le jeune Verdi connaissait bien l'Ancien Testament. En 1830, il proposera pour célébrer la Semaine sainte une pièce pour baryton et orchestre intitulée *Lamentations de Jérémie*. La figure du grand prêtre des Juifs Zaccaria, et sa voix de basse profonde dans *Nabucco*, n'est pas loin. Comment échapper à la Bible lorsqu'on tient les orgues de Le Roncole depuis si longtemps ?

En réalité, Giuseppe finit par quitter son hôte cordonnier pour vivre à plein temps chez Antonio Barezzi, qui le considère comme un fils, au point de lui accorder sa fille en mariage en 1836. Bien sûr, sitôt éclos le sentiment amoureux partagé par les deux tourtereaux, le respect des convenances n'autorisant plus le jeune homme à vivre sous le même toit que sa fiancée, son mécène lui fait obtenir une bourse pour aller étudier la musique à Milan. Une bourse du mont-de-piété de Busseto. Et si une telle disposition ne laisse pas de surprendre, il convient de plonger un peu dans l'histoire de cette ville. Lors de la grande peste du XVIIe siècle, les gens fortunés du bourg qui allaient mourir sans héritier avaient décidé de fonder un « Mont de piété et d'abondance » — ce qui n'a rien à voir avec notre mont-de-piété octroyant des crédits sur gages, d'origine italienne, néanmoins, *monte di pietà* signifiant « crédit de pitié » —, destiné à soulager la misère des plus démunis, et aussi à encourager les talents des jeunes du pays en leur octroyant une substantielle bourse d'études. À l'époque de Verdi, quatre bourses étaient allouées chaque année, dont la sienne au printemps 1832. Il en sera éternellement reconnaissant, au point de doter, en 1876, d'une rente perpétuelle le mont-de-piété de Busseto, d'où la création d'une cinquième bourse pour de futurs talents. L'âpreté au gain dont allait faire preuve, sa vie durant, le compositeur n'était certes pas fâchée avec sa très grande générosité.

Cette bourse d'études, assortie d'un passeport valable un an délivré par le ministère de l'Intérieur (ce qui nous rappelle la division de l'Italie en petits États) pour cet « étudiant en musique », est une autre grande chance, qui doit permettre au petit provincial de gravir les plus hautes marches d'une cité qui est alors — et devait rester — l'une des capitales du *bel canto* et de l'opéra, avec pas moins de cinq grands théâtres, dont le plus célèbre d'entre eux : le Teatro alla Scala (construit en 1778). Mais les choses ne se passèrent pas de la meilleure manière, Giuseppe se faisant recaler à l'examen d'entrée au Conservatoire — ce que Verdi, devenu grand et célèbre, ne pardonna jamais à la capitale de la Lombardie. Par conséquent, le voilà contraint de prendre des cours particuliers auprès d'un compositeur et chef d'orchestre renommé, Vincenzo Lavigna. C'est avec ce maître qu'il fait son apprentissage de l'opéra, d'autant qu'il fréquente assidûment le Teatro alla Scala pour y entendre les œuvres de Donizetti, de Bellini ou de Mercadante — qui ne manqueront pas de l'influencer à ses débuts.

Marié à vingt-trois ans, il retourne à Busseto où son beau-père loge le couple près de chez lui dans une de ces demeures somptueuses qu'on appelle *palazzi*. Va-t-il rester là, à l'ancre, en province et titulaire des orgues de Le Roncole ? Non, Verdi a déjà la passion du théâtre et Milan l'attend, le réclame, le fascine. Il compose alors un premier opéra, *Rocester*, qui ne sera jamais joué et dont on n'a pas retrouvé trace — sauf à penser qu'il s'est fondu dans l'*Oberto* qui a suivi. La vie de famille le retient encore à Busseto : en 1837, le voilà père d'une petite Virginia, puis l'année suivante d'un petit Icilio. Malheureusement, tandis qu'il frappe aux portes de Milan avec son premier *melodramma*, Virginia meurt. Les parents, au désespoir, décident de quitter Busseto pour s'installer à Milan, à l'automne 1838. Et Giuseppe emporte dans ses bagages un nouvel opéra destiné à être en réalité sa première œuvre représentée et son premier titre de gloire : *Oberto*. Un nouveau malheur va, encore, accabler cette famille, avec la mort du petit Icilio en octobre 1839, alors même que les répétitions de cet opéra retiennent Verdi à la Scala. *Oberto*, sur un livret de Temistocle Solera, est créé le 17 novembre 1839. Mais le bonheur d'être reconnu comme musicien et de rencontrer le succès se mêle à l'immense douleur de voir son foyer dévasté par ces deux morts successives, suivies, le 8 juin 1840, par la disparition de son épouse, victime d'une encéphalite. Toute sa vie, Verdi gardera cet air sombre, avec ce regard attristé et ce pli d'amertume aux lèvres, que nous montrent tous ses portraits.

Oberto en ouverture

Piombi sull'ara e tuoni
*Spavento allo spergiuro**.
Oberto

Le premier opéra de Verdi est organisé en deux actes, fidèle en cela à la structure existante du genre, que reflète notamment l'œuvre la plus célèbre d'alors, *La Norma*, de Bellini, qu'il a pu admirer à la Scala de Milan, avec la grande cantatrice du moment, Giuditta Pasta. Deux actes, certes, mais comprenant cinq tableaux, annonçant ainsi la structure des œuvres qui vont suivre. *Oberto* va connaître un assez beau succès pour le coup d'essai d'un débutant, avec quatorze représentations devant le public milanais, qui a toujours eu la réputation d'être sourcilleux et exigeant (au détriment parfois des chanteurs — ainsi Roberto Alagna a-t-il été hué dans *Aïda* en 2006). Et d'autres représentations verront le jour, à Gênes, à Naples et à Turin.

Si Bellini avait situé sa *Norma* dans la Gaule

* « Que la foudre s'abatte sur l'autel du parjure. » Sauf indication contraire, les traductions citées sont de l'auteur.

romaine, c'est le haut Moyen Âge lombard que Verdi choisit comme décor historique, et les rivalités entre deux familles ou deux comtés. Le titre complet de l'œuvre est *Oberto conte di San Bonifacio*. La rivalité des familles avait du reste inspiré un autre célèbre opéra de Bellini, toujours en deux actes, *I Capuleti e i Montecchi* (Les Capulet et les Montaigu), créé en 1830, une œuvre qui puise aux querelles entre Guelfes et Gibelins, et traite de l'impossible amour entre Roméo et Juliette. Il n'échappera pas non plus à Verdi que l'œuvre de Shakespeare est une excellente source d'inspiration. Mais Verdi connaissait déjà le dramaturge anglais et il saurait bientôt s'en souvenir.

Ce premier opéra de Verdi — intitulé peut-être à l'origine *Rocester*, sans qu'on sache rien de ce brouillon évoqué par le compositeur, perdu ou fondu dans la masse — nous conte une histoire simple et exemplaire : Riccardo a promis mariage à Leonora, mais va en épouser une autre, Cuniza. Le père de la première, Oberto, jure de venger l'offense, tandis que sa fille se rend au palais pour assister au mariage et protester, arguant de l'engagement antérieur. Deux hommes et deux femmes : contre toute attente, Cuniza, la rivale heureuse, prend fait et cause pour Leonora et l'assure de son soutien ; Riccardo ne sait plus que faire, d'autant que le père le défie en duel ; ce qu'il refuse en raison de l'inégalité des forces ; finalement, après maints défis, le duel a lieu et, en bonne logique, le plus jeune tue son aîné. Après quoi, bourrelé de remords — il a tué Oberto, il a trompé Leonora, son premier amour —, Riccardo s'exile d'Italie. Malgré l'appui et la tendre bienveillance de Cuniza, Leonora devient folle et finit par se tuer. Rideau.

Cette histoire, bien dans le genre du mélodrame, est née de la plume d'Antonio Piazza, un fonctionnaire milanais qui écrivait, à ses moments perdus, des feuilletons, comme ce *Lord Hamilton*, qui servit de base pour *Oberto*, dont le livret fut en définitive signé par Temistocle Solera, un poète ferrarais connu, qui collabora à quatre reprises avec Verdi, et dont on peut apprécier le talent dans ces couplets enlevés et sobres, qui visent déjà à l'essentiel comme le voudra toujours Verdi, et particulièrement dans ce cas : pour tout dire, les paroles de son opéra sont nées d'une étroite collaboration entre librettiste et compositeur — et il en sera presque toujours ainsi à l'avenir.

Au début de l'année 1839, couronnée par la représentation de ce premier opéra, Verdi avait déjà travaillé avec Solera, dont il avait mis en musique un poème intitulé *L'esule* (L'Exilé), annonçant, sans doute, la matière première du personnage d'Oberto, qui est un exilé, banni de son pays par le clan rival des Salinguerra, et qui revient clandestinement en sa ville natale, apprend le déshonneur qui frappe sa fille, ce qui l'amène à prendre l'épée pour aller laver l'affront dans le sang du séducteur ingrat, Riccardo de Salinguerra, justement, l'héritier de celui qui avait contraint le comte Oberto à l'exil. La chose est assez explicite dans l'opéra pour donner plus de consistance à l'intrigue, avec en arrière-fond une vengeance à exercer sur ceux qui l'ont banni. Nous ne sommes pas dans le cadre étroit d'un drame de l'honneur — à la façon d'un Calderón, que Verdi n'adapta jamais, à l'inverse des dramaturges espagnols du XIXe siècle tels que García Gutiérrez et le duc de Rivas —, mais déjà dans un drame politique, bien que discrètement souligné, et qui s'épanouira dans cette œuvre majeure que sera *Don Carlos*.

Que retenir de ce premier essai ? L'héritage et la présence de Bellini et de Donizetti sont nettement perceptibles, non seulement par le sort fait encore au *bel canto*, chacun des quatre chanteurs ayant sa part de vocalises, mais aussi par la présence de l'inévitable scène de la folie, comme dans *Lucia di Lammermoor*, de Donizetti, opéra créé en 1835, et que Verdi avait admiré sur la scène de la Scala. Mais on voit déjà le rôle du chœur tel que Verdi entend l'utiliser, introduisant des scènes, puis les commentant de telle sorte que le public saisisse bien toutes les intentions de l'œuvre, avec un souci pédagogique qui pourrait presque apparaître comme une exigence brechtienne avant l'heure. Par exemple lorsqu'il ponctue le duel fatal du comte de San Bonifacio avec l'héritier des Salinguerra par ce commentaire : « *Fraterna guerra maledetta è dal Signor !* » (« Une guerre fratricide est maudite par le Seigneur ! »). Verdi, surtout, trouve déjà le ton qui marquera ses opéras à venir : une exploitation dramatique des situations, servie par une vigueur inhabituelle de l'orchestre — sensible dans la magnifique *sinfonia* — ainsi qu'on appelait l'ouverture

— où les diverses séquences musicales propres aux différents personnages et à leur situation sont annoncées, comme des leitmotivs — et avant même que Wagner ait pu inventer cette fonction musicale, dans son *Vaisseau fantôme*, créé en 1843.

Et puis *Oberto* inaugure les thèmes récurrents de tous les opéras qui vont suivre : le destin fatal, la pitié (le mot *pietà* y apparaît déjà), la malédiction. Leonora, dans son dernier air, se lamente sur son sort et sur la mort de son père et s'écrie : « *Tutto ho perduto... tutto !* » (« J'ai tout perdu... tout ! »), en s'accusant d'être la cause indirecte de sa mort : « *Non ei t'uccise... chi t'uccide io sono !* » (« Ce n'est pas lui qui t'a tué... c'est moi qui t'ai tué ! »), pour finir par s'exclamer qu'elle est maudite. Le sang qui entache les mains de Riccardo fait lever son remords et l'amène à dire que l'ombre du mort le poursuivra toujours ; ce sang se retrouve aussi sur les paumes de Leonora qui en devient folle, tous deux annonçant la scène centrale d'un opéra postérieur de Verdi, *Macbeth*. Sang et feu se confondent, anticipant d'une certaine façon la folle obsession du personnage d'Azucena du *Trouvère* : quand Leonora, qui perd la raison, s'écrie : « *Veggo sangue in ogni loco... Ei m'abbrucia... è ardente foco !* » (« Je vois du sang en tout lieu... Il me brûle... c'est un feu ardent ! »), nous pressentons déjà l'air le plus célèbre que composera Verdi sur ce thème, mêlant le feu et le sang dans l'esprit embrasé de la Gitane. Ce climat de violence qui se manifeste ici est une nouveauté dans l'opéra italien, et il va devenir la marque dominante des mélodrames verdiens. De même que les teintes sombres de la scène : tout l'opéra se déroulant dans la pénombre — y compris dans le salon où doivent se célébrer les noces de Riccardo et Cuniza. Et comment ne pas voir, *in fine*, que le duo entre Oberto et Leonora, entre un père et sa fille, inaugure l'un des moments clés des futurs opéras : *Rigoletto* (Gilda et son bouffon de père), *Simon Boccanegra* (le Doge et sa fille Maria) ou *Aïda* (Amonasro et Aïda)...

Le père, justement, le premier père des opéras de Verdi, apparaît ici, irrémédiablement, comme négatif. Car enfin, c'est lui et lui seul, avec son égoïsme forcené, son désir de vengeance personnelle contre le clan des Salinguerra — abrité assez lâchement, disons-le, derrière le masque de l'honneur de sa fille outragée qu'il entend laver dans le sang du parjure —, qui entraîne le malheur de sa fille. Alors que tout aurait pu s'arranger grâce à la bonne âme de Cuniza qui renonce à se marier avec Riccardo afin que ce dernier honore la promesse faite à Leonora, Oberto n'entend rien céder de cette offense d'honneur et défie *sotto voce* Riccardo :

Fingere devi, se vil non sei !!
Poscia nel bosco attendimi...

« Feins d'accepter cet accord, lui dit-il, mais retrouve-moi dans les bois », et lavons notre querelle à la pointe de l'épée. Cet homme sénile et borné meurt lors de ce duel et, du même coup, précipite sa fille dans la folie et la mort. Cela n'annonce-t-il pas déjà la mort de Gilda que son père Rigoletto fait exécuter par Sparafucile, en croyant que la victime est le duc libertin ? Bien d'autres pères apparaîtront par la suite, tout aussi négatifs : jusqu'à sa dernière œuvre, *Falstaff*, Verdi ne cessera de régler ses comptes avec son enfance et avec son père.

En dernier lieu, il convient de dire un mot des voix et de leur utilisation. Incontestablement nouvelle. Le ténor reste, *grosso modo*, bellinien avec quelques beaux aigus (le créateur d'*Oberto*, puis d'*Un jour de règne — Un giorno di regno*, le ténor Lorenzo Salvi, alors âgé de vingt-neuf ans, se flattait d'être l'inventeur de l'*ut* de poitrine, bien qu'il n'y en ait pas encore dans *Oberto*) ; mais le baryton présente déjà les caractéristiques de ce qu'on appellera plus tard le « baryton verdien » : une voix de basse — tout particulièrement ici — qui va chercher son expressivité dans l'aigu, la voix montant jusqu'au *fa* dramatique de l'attente — ou de l'espoir — du duel : « *Ei tarda ancor* » (« Il tarde encore »), dans un morceau de bravoure qui souleva — et soulève toujours — l'enthousiasme du public. Cette trouvaille du compositeur qui fait ici voler les carcans de la voix de basse façon Mozart (dans *Don Giovanni*, rien ne différencie la voix de Don Giovanni de celle de Leporello) ou Rossini, en introduisant dans la voix de ce qu'on a appelé aussi un « baryténor » de la vaillance et de l'héroïsme. Tous les barytons Verdi achèvent ainsi leur aria, à l'inverse de la basse que l'on trouve chez Mozart dégringolant vers le grave, sur une note aiguë et claironnante — un *mi* bémol, un *fa*, voire un *sol* — qui est longuement tenue jusqu'à épuisement du souffle, ce qui a pour effet, non seulement de dramatiser à l'extrême la scène, mais de galvaniser l'auditeur ou le spectateur. En somme, le baryton Verdi doit chanter « avec ses tripes », fût-ce parfois au détriment de la justesse du ton ou de la note trop haut perchée. En définitive, le compositeur entend privilégier, tournant la page du *bel canto*, le cri chanté. Quant aux deux voix de femme, Leonora a déjà les traits d'un soprano *spinto*, privilégiant le dramatisme sur la beauté de la vocalise, obligeant la voix à des écarts de tessiture qui seront fatals à certaines (comme la Strepponi, dont nous allons parler plus loin) ; pour la seconde voix, Cuniza, un mezzo-soprano, Verdi manifeste la même volonté qu'avec le baryton d'utiliser son registre grave en l'obligeant à gravir l'échelle vocalique jusqu'à l'aigu — de fait, la tessiture des deux chanteuses est assez semblable. De tout cela on retiendra, bien sûr, une volonté de « dramatiser » l'opéra par la voix. Toute sa vie, à partir d'*Oberto*, Verdi insistera sur la primauté de ce « dramatisme » qui, à ses yeux, doit largement l'emporter sur le *bel canto* — qui est désir de bien chanter ou de moduler son chant, alors qu'il importe, avant tout, de donner vie et voix au mélodrame. Il s'agit déjà, pour le compositeur, non plus de faire chanter beau et juste, mais de mettre sa musique et les voix au service de la vérité théâtrale. Et les chanteurs doivent être des acteurs, non pas figés sur le devant de la scène, immobiles, la bouche ouverte, et donnant leur air en quêtant à l'issue des applaudissements mérités. Le jeu de scène et le dramatisme seront toujours des priorités chez le compositeur, qui réglera toute représentation dans le moindre détail, maniaque et tyrannique, écrivant même en fonction des voix proposées. À chaque rôle, une voix. Est-ce assez dire que le répertoire verdien réclame des chanteurs divers et que tel ténor, telle soprano ne pourront jamais tout jouer — comme ils le font trop souvent, hélas ! — de l'immense œuvre verdienne.

Si *Oberto* a vu le jour, c'est par un effet heureux du hasard, quelque coup du sort qui va éclairer sa vie et encourager son talent. C'est le 8 septembre 1838 que Giuseppe et son épouse Ghita partent pour Milan, grâce à la générosité d'Antonio Barezzi, à qui, quelques jours plus tôt, Verdi a demandé de financer ce séjour (temporaire : il ne s'agit que de vacances d'été) sous forme de prêt, qu'il s'est engagé à rembourser plus tard, dès que la fortune lui sourira. Et certes, elle va lui sourire, bien que lentement et difficilement. Toujours est-il que le couple s'en va à Milan comme on part à l'aventure. D'ailleurs, il ne reste plus une seule chambre d'hôtel pour les loger, et ils n'ont évité de coucher sur un banc public que grâce à l'accueil de Giuseppe Seletti, neveu de ce Pietro Seletti qui avait été à Busseto l'instituteur de Giuseppe, et avait déjà reçu le couple lors de son voyage de noces. Verdi est alors dans une situation difficile, dépendant des subsides de Barezzi et de l'hospitalité des amis ; en effet, les « affaires » de Verdi piétinent, mais il sait toucher quelques oreilles attentives, comme celle de Francesco Pasetti, un avocat milanais passionné d'opéra, qui va l'aider dans ses tractations avec l'imprésario Bartolomeo Merelli et l'éditeur Giovanni Ricordi. Verdi en tout cas croit en son étoile et résilie le contrat qui le liait à la cité de Busseto, avec la même témérité que le Conquistador espagnol brûlant ses vaisseaux, pour envisager de s'établir définitivement dans la capitale lombarde.

Merelli, sensible à diverses recommandations, convoque Verdi et lui propose de monter son opéra, sans nulle avance de sa part, comme cela se pratiquait au XIXe siècle ; bien au contraire, il s'engage à assurer tous les frais, se réservant seulement la moitié de la vente de sa partition. Ce qu'il conseille à Ricordi, qui versa alors au compositeur la somme rondelette de 2 000 lires autrichiennes, lui permettant de vivre pendant plusieurs semaines. Parmi toutes les personnes qui recommandèrent Giuseppe à l'imprésario, il faut distinguer la cantatrice Giuseppina Strepponi, dont la gloire reposait sur l'interprétation du rôle phare des sopranos du moment : *Lucia di Lammermoor* de Donizetti. Elle était probablement la maîtresse de Merelli, ceci expliquant cela. À la lecture de la partition de Verdi, elle se montra fort enthousiaste, voulant à tout prix créer le rôle de Leonora. Mais elle tomba malade et c'est une autre qui créa le rôle, Antonietta Marini-Rainieri.

Ce Merelli n'est pas pour autant un mécène. Non plus qu'un négrier, mais il va mettre le harnais et le mors au compositeur en lui commandant sur un rythme court — de huit mois en huit mois — trois opéras destinés à être représentés à la Scala de Milan, et aussi au Théâtre impérial de Vienne dont il était, en même temps, le directeur. Avec un cachet mirifique de 4 000 lires autrichiennes pour chacun des opéras. Bartolomeo Merelli se rattachait au théâtre de l'opéra d'abord par l'écriture de livrets pour Donizetti, vingt ans plus tôt, comme ceux de *Enrico de Borgogna* (Henri de Bourgogne), *Una follia* (Une folie), *Le nozze in villa (Le Mariage en ville), Zoraida di Granata* (Zoraida de Grenade), donc entre 1818 et 1822, et au tout début de la carrière du grand prédécesseur de Verdi. Puis il dirigea une agence de théâtre avant d'être associé, en 1834, à la direction de la Scala. Au moment où Verdi cherche fortune dans la grande cité milanaise, ayant déjà largué les amarres et renoncé à faire carrière à Busseto — ce bourg qu'il ne porta jamais dans son cœur —, Merelli vient tout juste d'accéder à la fonction d'imprésario de la Scala, qui consistait alors à gérer proprement le théâtre, à en assurer la programmation et à monter des spectacles, et non, comme aujourd'hui, à gérer la carrière des interprètes, à les faire connaître et à leur obtenir des contrats. Merelli est donc responsable de l'affiche du Teatro alla Scala. Nous sommes en 1835, Vincenzo Bellini, autre phare de l'opéra italien, vient de mourir, il faut trouver de jeunes valeurs sûres, et c'est donc à Verdi que Merelli va faire appel, car c'est bien lui qui le convoque quand tout semble perdu aux yeux du compositeur débutant.

Laissons-le nous raconter sa bonne fortune, telle

que la rapporte Arthur Pougin, d'après les souvenirs de Giuseppe lui-même. Voici donc comment les choses se seraient (ce conditionnel marquant la frontière entre vérité historique et légende) passées :

J'étais tout déconfit et je m'apprêtais à retourner à Busseto, lorsqu'un matin je vois arriver chez moi un employé du théâtre de la Scala qui me dit d'un ton bourru :

« Est-ce vous ce maestro de Parme qui devait donner un opéra [...] si c'est vous venez. »

Et j'y allai.

L'impresario de la Scala était alors Bartolomeo Merelli. Un soir, dans les coulisses, il avait entendu une conversation entre la signora Strepponi et Giorgio Ronconi, conversation au cours de laquelle la Strepponi parlait très favorablement de la musique d'Oberto di San-Bonifacio, que Ronconi trouvait aussi à son goût.

Je me présentai donc à Merelli qui me dit qu'[...] il serait volontiers disposé à le faire représenter pendant la prochaine saison. [...] C'était une offre brillante pour moi : jeune inconnu, je rencontrais un impresario qui osait mettre en scène une œuvre nouvelle sans me demander d'indemnité d'aucune sorte. [...] Merelli, prenant à son compte toutes les dépenses à faire, me proposait seulement de partager par moitié la somme que j'obtiendrais si, en cas de succès, je vendais ma partition. [...] Et, en fait, le résultat fut assez heureux pour que l'éditeur Giovanni Ricordi consentît à acquérir la propriété de mon opéra au prix de deux mille lires autrichiennes[1].

On voit bien tout ce que Verdi doit alors à celle qui deviendra bientôt sa bonne fée, Giuseppina Strepponi (et accessoirement, ici, au baryton Giorgio Ronconi, à l'apogée de sa carrière, futur créateur de *Nabucco*, mais qui tomba malade à la veille de la représentation d'*Oberto*). Lorsque Giuseppe s'affaire à Milan autour de son premier opéra, Giuseppina triomphe à la Scala avec *Lucia di Lammermoor*, de Donizetti, mais se retrouve alors incapable de chanter *Oberto*. Sa voix donne déjà des signes de faiblesse, sans toutefois l'empêcher, peu après, de triompher dans *Nabucco*, le grand succès initial de cet homme dont elle a été la première à reconnaître l'immense talent... et qu'elle ne lâchera plus, sa vie durant.

Le succès d'*Oberto* fut incontestable, comme le prouvent les nombreuses représentations qui suivirent, à la Scala, puis dans le reste de l'Italie — et même en Espagne, à Barcelone —, et qui brille encore de tous ses feux sur la scène d'aujourd'hui. Mais il convient de faire un sort à ces deux vers placés ici en exergue :

Piombi sull'ara e tuoni
spavento allo spergiuro...

« Que la foudre s'abatte sur l'autel du parjure. » Ces vers nous font revenir au souvenir d'enfance, au traumatisme primordial qui a, peut-être, conditionné une grande part de l'écriture de Verdi. On peut supposer qu'il s'est souvenu sa vie durant de la mort du curé de Le Roncole, foudroyé lors d'un violent orage. L'épisode en question a fait l'objet de maintes descriptions, sans doute excessives, qui ont fait entrer l'histoire dans la légende. Qu'importe ici la vérité historique ? Ce qui nous retient, c'est la vérité psychologique du compositeur, ce qu'il a pu alors ressentir et ce qu'il en a gardé, avec toute l'exaltation d'un adolescent à l'esprit enflammé. Oui, quel extraordinaire impact a pu avoir sur son jeune esprit l'exécution par le Ciel de sa malédiction à l'encontre d'un misérable curé, pour qu'il s'en souvienne dans son premier opéra ! On a glosé sur les autres opéras, à la recherche de cette « foudre de Dieu* » qui, à l'évidence, ne manquera pas de tonner et de nous pétrifier — comme par exemple à la magnifique scène finale de *Rigoletto*, quand Gilda se presse à la porte de l'auberge où, dans les éclairs et la furie des éléments, le couteau assassin de Sparafucile se prépare à la frapper. Ici, en ouverture, dans *Oberto* nous l'entendons donc tonner pour la première fois. Au premier acte, Leonora dévoile à son père l'infamie de Riccardo qui, s'étant engagé auprès d'elle, s'apprête maintenant à épouser une autre (Cuniza) ; répondant aux éclats vengeurs de son père, elle appelle donc sur la tête du parjure, de ce fiancé qui a bafoué sa foi, la foudre du Ciel. Sauf que c'est son père qui va mourir sous l'acier vigoureux du jeune Riccardo, après quoi elle se suicide, et le « parjure » disparaît dans sa fuite hors d'Italie. On peut donc affirmer ici que Verdi n'a pas répété exactement la scène à laquelle il a assisté — le prêtre foudroyé après qu'il l'eut maudit —, ne retenant que l'idée, l'imprécation, le geste. En définitive, c'est ce dramatisme qui fait que, dans tous les opéras qui

* Marcel Moré a consacré une étude admirable et savante de ce phénomène, et de sa résonance dans toute l'œuvre de Verdi, dans son ouvrage *La Foudre de Dieu*, Gallimard, 1969.

vont suivre, peu ou prou, nous serons, à un moment ou un autre, saisis par cette frayeur, l'épouvante du châtiment, le moment où la faute sera payée de la façon la plus sanglante et irrémédiable. Car ce que Verdi entend nous dire, déjà, c'est que ce qu'il écrit n'a pas pour but de nous distraire ; il ne veut pas nous distiller quelque « élixir d'amour », nous ravir ou nous abstraire de nos soucis quotidiens : aristotélicien sans le savoir (encore qu'il ait eu une solide formation initiale — on a retrouvé ses cahiers d'écolier où il traduisait les *Lettres* de Cicéron), l'opéra, plus que toute autre forme de représentation, est le lieu cathartique par excellence. Et c'est d'abord sa propre catharsis qu'il entend manifester ici, sûr que son auditoire d'hier comme d'aujourd'hui saura descendre lui aussi au fond de son cœur et purger ses passions.

Le chœur des Hébreux au cœur des Italiens

*Va, pensiero, sull'ali dorate**.
Nabucco

Le succès est là, la presse salue le jeune compositeur : « une splendide réussite », commente le critique musical de *La Moda***, mais tout cela reste honorable et sans excès. Verdi se voit proposer un contrat alléchant par Merelli et l'accepte. Il est, certes, flatté de l'attention que lui porte l'influent imprésario, mais surtout il lui faut faire face à des dépenses quotidiennes qu'il n'assume encore que grâce à la générosité de son beau-père, Antonio Barezzi. Les lettres témoignent qui demandent, quémandent, d'un cœur humilié, et obtiennent. Ainsi ce courrier en date du 4 septembre 1839 :

Si je pouvais m'abstenir de cette demande, je vous jure bien que je le ferais. Vous connaissez mes espoirs et mes objectifs. [...] Si je ne pouvais obtenir de vous ce que je vous demande, je

* « Va, pensée, sur les ailes dorées. »

** « L'auteur n'a en rien emprunté son style à Bellini ou à Mercadante, et encore moins à Rossini », écrit le critique Bermani dans *La Moda* au lendemain de la première d'*Oberto*. Voir G. Gefen, *Verdi par Verdi*, *op. cit.*, p. 63.

serais comme un nageur qui aperçoit le rivage vers lequel il se dirige et qui se trouve sur le point de l'atteindre mais qui, soudain... défaille et succombe. Confiant en votre générosité, je vous remercie par avance, etc.[1]

On voit que Giuseppe sait argumenter, en usant même d'une curieuse métaphore de la part d'un « paysan » de l'intérieur des terres qui n'a, certainement, pas encore vu la mer. Il dramatise volontiers sa vie quotidienne, et l'on sent bien qu'il s'exprime là aussi en artiste. La vente de sa partition à Ricordi (qui allait publier ensuite la totalité des œuvres du compositeur) lui rapporte 2 000 lires, mais il lui faut en verser la moitié à l'imprésario. Par ailleurs, le contrat qui le lie à Merelli est draconien, il faut, répétons-le, qu'il produise tous les huit mois un opéra. En réalité, il ne s'y tiendra pas, le sort lui étant contraire, car, quelques mois après la création d'*Oberto*, sa chère épouse Margherita décède à son tour. Le voilà donc veuf et sans enfant, ayant tout perdu en l'espace de deux ans :

J'étais seul !... seul... Dans l'espace de deux mois environ, trois êtres chers avaient disparu pour toujours : je n'avais plus de famille !... et, au milieu de ces angoisses terribles, pour ne point manquer à l'engagement que j'avais contracté, il me fallait écrire et mener à terme un opéra-bouffe[2] !

Ce ne sont pas deux mois, en fait, mais deux ans, et Verdi veut sans doute, en feignant un trou de mémoire, justifier ainsi le fiasco qui suit. Aussi se lamente-t-il et se désespère-t-il. Le malheur est sur lui, et toute affaire cessante, alors qu'on le sollicite de tous côtés, il ne parvient à produire qu'un opéra voué à connaître l'échec, une œuvre de surcroît au titre prémonitoire : *Un giorno di regno* (Une journée de règne), qui ne connaîtra qu'une seule représentation, le 5 septembre 1840.

Ce second opéra, pour comble, est donc un *dramma giocoso*, un opéra-bouffe. Que l'on juge si le compositeur était d'humeur à rire ! Il ne devait se prêter au genre que pour son ultime opus, *Falstaff*, et encore, nous verrons que l'œuvre — testamentaire — n'a de bouffon que ce qu'on veut bien prêter au personnage shakespearien. Oublions donc cette œuvre passagère, le livret de Rossi narrant les aventures du roi Stanislas de Pologne et du chevalier Belfiore qui usurpe le trône, un jour durant, afin de favoriser des amours délicates, ce qui provoque quelques quiproquos des plus plaisants, auxquels le final saura mettre bon ordre. Intéressons-nous, plutôt, à ce qui vient ensuite, souvent rapporté comme une sorte de retournement heureux du sort, un miracle opportun, que Verdi lui-même n'a pas hésité à propager et à célébrer.

Déprimé, découragé, il est à deux doigts de renoncer à cette carrière pourtant prometteuse, saluée en ces termes par le correspondant milanais de l'*Allgemeine Musikalische Zeitung* : « Il [Verdi] est de taille à surpasser tous ses confrères[3]. » Par chance, il y a un homme qui veille au grain et qui a tout intérêt à ne pas renoncer à sa « poule aux œufs d'or », c'est Bartolomeo Merelli. Verdi en effet a demandé la résiliation de son contrat. Se rappelant plus tard cette période noire de sa vie, il confie à son biographe Arthur Pougin comment il va être amené cependant, sous l'insistance intéressée de son impresario — qui, en le raccompagnant chez lui, lui glisse un livret de Temistocle Solera dans la poche —, à se relancer et à connaître, enfin, le vrai succès et la gloire en donnant son *Nabucco* :

> Tout en marchant, je me sentais pris d'une sorte de malaise indéfinissable, et une tristesse profonde, une véritable angoisse m'étreignait le cœur. Je rentre chez moi et, d'un geste presque violent, je jette le manuscrit sur ma table, et je reste tout debout devant lui. En tombant sur la table, il s'était ouvert tout seul ; sans savoir comment, mes yeux se fixèrent sur la page qui était devant moi et précisément sur ce vers :
>
> *Va, pensiero, sull'ali dorate.*
>
> Je parcours les vers suivants et j'en reçois une grande impression, d'autant plus qu'ils formaient presque une paraphrase de la Bible, dont la lecture m'était toujours chère.
>
> Je lis un fragment, j'en lis deux, puis, ferme dans ma résolution de ne plus écrire, je fais un effort sur moi-même, je ferme le cahier et je vais me coucher !... Mais bah !... Nabucco me trottait par la tête !... Le sommeil ne venait point. Je me lève et je lis le livret, non pas une fois, mais deux, mais trois, tant qu'au matin je puis dire que je savais par cœur et d'un bout à l'autre le poème de Solera[4].

On aura reconnu — dans cette lettre où, comme on commence à l'entrevoir en nous référant à d'autres lettres et souvenirs divers du compositeur, Verdi bâtit sa propre légende — le premier vers du chœur des Hébreux de *Nabucco*, « Va, pensée, sur les ailes dorées » ; ce vers qui va tout déclencher chez Verdi, l'inspiration, la fièvre, le feu et, au bout, la gloire, et à terme l'immortalité (sur le parcours de son cercueil, en 1901, l'immense foule milanaise, accompagnée par l'orchestre et les chœurs dirigés par Arturo Toscanini, reprendra le plus célèbre chant d'opéra de toute l'Italie).

Un an plus tard, à l'automne 1841, *Nabucco* était achevé. Mais Bartolomeo Merelli, le programme de la Scala étant déjà bouclé, ne savait plus comment « caser » ce nouvel opéra. Il proposa donc, benoîtement, de repousser sa représentation d'un an. Un homme tel que Verdi, qui avait mis toute sa flamme à composer l'impressionnante stature du prophète Zaccaria — celui qui parvient à faire se convertir au judaïsme nul autre que le grand Nabuchodonosor, ennemi des Hébreux et destructeur de leur Temple —, n'était pas de nature à se laisser abattre. Ce jeune homme affronta donc le grand impresario comme on ébranle les colonnes du Temple ; d'après son entourage, il se battit bec et ongles pour que cet opéra fût donné au temps du Carnaval 1842, et ce malgré la présence à l'affiche de trois opéras (dont le prestigieux *Maria Padilla*, de Donizetti).

Disons un mot de la programmation du Teatro alla Scala. L'année musicale était divisée, à Milan comme pour les autres grandes scènes lyriques de l'Italie, en deux saisons : la première, la *Stagione d'Autunno*, qui allait du 11 août au 30 novembre, et la seconde, la *Stagione di Carnevale*, qui débutait à Noël pour s'achever avec le printemps le 21 mars. Celle-ci était d'ailleurs plus propice au succès, l'époque du Carnaval se prêtant davantage aux réjouissances et au faste des spectacles. Il n'était pas rare que l'on donnât alors pendant ces trois mois quelque douze opéras différents.

Et Merelli céda. Fallait-il qu'il eût grande estime pour Verdi, et qu'il l'aimât ? Ou, peut-être, que l'influence de Giuseppina Strepponi fût décisive — d'autant qu'elle allait être la *prima donna* de l'opéra. On peut dire que sans cet homme, sans la foi qu'il avait dans le génie du compositeur, ce dernier se serait peut-être résigné à rentrer chez lui et à n'être qu'un petit paysan — ce qu'il a du reste souvent revendiqué… par coquetterie. Mais l'influence de la cantatrice ne saurait être sous-estimée : la rumeur publique faisait état de sa liaison avec le redoutable Bartolomeo Merelli. Il ne pouvait que satisfaire à sa maîtresse et répondre à ses vœux. Et voilà comment *Nabucco* fut représenté à la Scala de Milan le 9 mars 1842.

De deux ans plus jeune que Verdi, Giuseppina Strepponi naît en 1815 à Lodi, d'un père compositeur d'opéras et fort apprécié à la Scala de Milan pour son « *melodramma comico* » *L'ulla di Bassora*, créé en 1831 et promis au succès. On ne s'étonnera pas des goûts musicaux précoces de Giuseppina, la fille aînée de Feliciano Strepponi. Élève au Conservatoire de Milan d'où elle sort avec un premier prix de chant à dix-huit ans, débutant tout aussitôt au Teatro Grande de Trieste en tenant le rôle-titre dans *Matilde di Shabran* (Mathilde de Shabran), de Rossini. La voilà engagée sur la voie du succès : elle va chanter Donizetti — *Anna Bolena* (Anne Boleyn), *L'elisir d'amore* (L'Élixir d'amour —,

Bellini — *Norma, La Sonnambula* (La Somnambule), *I puritani* (Les Puritains) —, Rossini — *La gazza ladra* (La Pie voleuse)... Son rôle fétiche est celui de Lucia di Lammermoor dans l'opéra éponyme de Donizetti. Elle devient la maîtresse du premier ténor du moment, Napoleone Moriani, dont elle va avoir deux enfants, promis à l'abandon ou à l'oubli. Elle encourage la création d'*Oberto*, avant de triompher dans *Nabucco*, opéra à la genèse duquel elle contribua grandement, et où elle chanta le rôle d'Abigaille ; qui, avec son étendue vocale de plus de deux octaves et les incroyables écarts que ce rôle exige, finit de briser sa voix. Elle chanta cet opéra seulement deux ans, puis se retira, aphone, en 1846, pour partir s'installer comme professeur de chant à Paris où, par un heureux hasard, Verdi vint la rejoindre en 1847, scellant alors une union illicite qui devait durer douze ans, jusqu'à leur mariage (discret) en 1859. Giuseppina sera la compagne du compositeur pendant cinquante ans, jusqu'à ce que la mort la saisisse en 1897. Verdi lui survivra un peu plus de trois ans, et veillera dans son testament à ce que la mort les réunisse dans un même caveau.

Nabucco est à marquer d'une pierre blanche, non seulement dans la carrière naissante de Verdi, mais aussi et surtout dans l'histoire de l'opéra italien, au XIXe siècle. Ce qui frappe, avant tout, c'est le dramatisme de cette œuvre. Une musique d'une rare violence, articulée autour des deux personnages moteurs du *melodramma* : Abigaille, d'abord, une esclave babylonienne adoptée par Nabuchodonosor, et qui entend prendre la place du roi, foudre de guerre, donc, dont le chant (sauf aux moments où elle dit son amour pour Ismaele, ce guerrier babylonien amoureux de la princesse Fenena, la première à se convertir au judaïsme) n'est que violence vocale et sauts d'octave ; le prophète Zacharie — Zaccaria —, d'autre part, qui a pris en otage la fille de Nabucco, Fenena, et qui alimente la foi et la révolte des Hébreux amenés, finalement, à triompher de la tyrannie et de l'oppression. La nouveauté est dans le traitement des voix. Abigaille est la première de ces sopranos dramatiques qui vont servir, dorénavant, tout l'opéra verdien : un registre qui, ici, va du *si* grave au contre-*ut*, et surtout demande à la voix une incroyable acrobatie qui fait sauter en une seule émission deux octaves de notes, du *do* grave au contre-*ut*. Le critique Jacques Bourgeois estime que ce rôle d'Abigaille « est certainement le rôle de soprano le plus dramatique de tout le répertoire italien du XIXe siècle[5] ». Ce fut l'un des rôles fétiches de la Callas, insurpassable en Abigaille, bien que l'on trouve après elle les belles prestations de Ghena Dimitrova ou, plus récemment, de Maria Guleghina, dans ce *killer-role* (comme on dit au Metropolitan Opera de New York), ce « rôle assassin », où s'illustrèrent les plus grandes : la Rysanek, la Tebaldi, Birgitt Nilsson, Anita Cerquetti, Renata Scotto, Grace Bumbry ou l'étonnante Andrea Gruberova. Chacune ayant à cœur de « monter sur les marches ensanglantées du trône doré », comme chante la stupéfiante cabalette (« *Salgo già del trono aurato / Lo sgabello insanguinato* ») et, ce faisant, de gravir tous les degrés de deux octaves de voix stridente ou sombre, avec une impétuosité, un dramatisme, une agressivité qui, on le comprendra, mettent à mal l'organe du soprano, précédemment habitué au *bel canto* et à ses couleurs et harmonies. Verdi bouscule les conventions antérieures, il brise les carcans, avec une seule idée en tête : introduire le dramatisme, sa force, son élan. Toute l'œuvre ultérieure sera marquée par cette « force qui va » et donnera au romantisme italien la vigueur et la créativité qui lui aura manqué pour écrire des romans et des grandes œuvres poétiques ou théâtrales comme chez un Victor Hugo ou un Chateaubriand — mais qui, grâce à Verdi, s'épanouira dans sa musique scénique.

Le rôle de Nabucco est quant à lui la première figuration de ce qu'on appellera, comme on l'a vu, un « baryton Verdi », tant la voix a été façonnée expressément par le compositeur. Quant au rôle de basse, Verdi l'utilise dans toute la beauté des timbres profonds — Zaccaria demeure l'un des plus grands rôles de basse de l'opéra —, et saura lui donner, plus tard, plus de profondeur encore, en alliant par exemple la basse profonde de Philippe II et la basse plus profonde du Grand Inquisiteur, dans une sorte de rivalité de voix graves qui est, dans ce cas précis, une rivalité de pouvoir.

Reste une invention majeure de Verdi dans ce *Nabucco* : la présence du peuple chantant en chœur sur scène. Non plus, comme précédemment

— tels *La Norma*, par exemple, ou, plus en amont, l'opéra romantique allemand d'un Carl Maria von Weber et son *Freischütz* —, en accompagnateur, amplificateur et illustrateur de l'action, mais, pour la première fois, en protagoniste à part entière. Lorsque le rideau se lève sur le *melodramma*, c'est le chœur des Juifs, des Lévites et des Vierges juives qui s'élève dans le Temple de Salomon pour évoquer le saccage de Sion par les barbares babyloniens, et se lamenter : « Que le peuple de Juda se voile de deuil !... Jeunes filles, déchirez vos voiles blancs. » Jusqu'à ce que le Grand Prêtre des Juifs fasse entendre sa voix prophétique — d'Isaïe à Ézéchiel, tous les prophètes d'Israël ont prêché, clamé l'espérance : « Espérez ô mes fils !... Réprimez vos craintes. » Du côté babylonien, un chœur semblable et de signe opposé se fait entendre : « L'Assyrie est une reine, aussi puissante sur la terre que Baal », soulignant ainsi l'accession au trône de Nabucco d'Abigaille, l'usurpatrice. Mais c'est à mi-chemin de l'œuvre que le chœur est totalement agissant, assez pour déterminer l'action. Non pas en tirant l'épée comme Abigaille ou Nabucco, mais en s'en remettant à la force miraculeuse de la foi et au miracle de l'action divine — qui, concrètement, fait voler la couronne sur la tête de Nabucco ou détruit l'idole.

Verdi écrit là le chœur le plus fameux de l'opéra italien, et pour maintes raisons. Il s'agit du *Va pensiero, sull'ali dorate* : « Va, pensée, sur tes ailes dorées... Salue les rives du Jourdain... » où nous reconnaissons le psaume 137, emblématique du judaïsme de l'exil, culminant à la fameuse phrase, répétée par les Juifs en leurs prières : « Si je t'oublie, Jérusalem, que ma main droite se dessèche, que ma langue colle au palais » ; et cela en réponse à l'incitation babylonienne demandant aux esclaves de chanter un air de leur pays, mais eux ont suspendu leurs harpes aux saules de Babel ; ce que reprend le librettiste Temistocle Solera sous la forme paraphrasée : « Harpe d'or des devins fatidiques, / Pourquoi, muette, pends-tu des branches du saule ? » Cet air infiniment nostalgique chante l'exil et la patrie perdue, tout en s'achevant sur une imprécation qui, ici, prend place dans la bouche de Zaccaria : « La fureur du lion de Juda / S'abat déjà sur les rivages perfides ! / Les hyènes, les serpents viendront ici / Se coucher sur les crânes, sur les ossements… / Nulle pierre ne dira à l'étranger / Où se dressait la fière Babylone ! » Ce qui est aussi le final vengeur du psaume 137 : « Fille de Babel, vouée à la ruine, heureux qui te rendra le mal que tu nous as fait : / Heureux qui saisira tes petits et les brisera contre le rocher ! » La fureur biblique est indéniable, succédant à la douceur mélancolique de la plainte. Verdi a toujours dit qu'il aimait la Bible et l'avait pratiquée toute sa vie — malgré une piété ou une assiduité à l'église qui semble avoir été faible, voire, passé l'enfance, inexistante. Mais comment n'aurait-il pas été sensible à la force dramatique, à la fureur prophétique qui s'exprime ici, dans le texte hébreu écrit plus de deux millénaires auparavant ? Son Zaccaria a la puissance d'un nouveau Moïse : il est l'imprécateur, le guide, le moteur de l'action collective : c'est par son intercession que Nabucco est détrôné et c'est la force persuasive du prophète qui — parfaite invraisemblance — amène le roi babylonien à reconnaître le vrai Dieu : il est caractéristique que ce soit Zaccaria qui, s'adressant à Nabucco, prononce la dernière réplique et tire le rideau de la pièce : « En servant Jéhovah / Tu seras le roi des Rois[6]. »

Cette utilisation du chœur acteur va être systématique chez Verdi : que l'on songe, en bout de production, à l'ouverture d'*Otello* et à ce chœur de la foule cypriote et des marins suivant la bataille navale au loin et le retour à terre triomphal d'Otello après sa victoire sur l'ennemi turc : « *L'orgoglio musulmano sepolto è in mar* » (« L'orgueil musulman gît au fond des mers »). C'est un récit sur le vif, en pleine action, il s'inscrit superlativement *in media res* (au milieu des choses). Au-delà du compositeur italien, l'impact de cet élément nouveau aura une influence décisive sur Moussorgski et son *Boris Godounov*, avec ces magnifiques mouvements de foule, sur le registre de Boris qui, à l'instar de Zaccaria et de Nabucco, privilégie le médium de la voix et l'horizontalité du timbre. Parvenant ainsi à cet idéal de la « conversation musicale » sur laquelle nous allons revenir.

N'est-il pas suffisant de dire toute la nouveauté de cet opéra justement applaudi — et pas seulement en Italie, puisque, dans les dix ans qui suivirent, *Nabucco* fut donné dans toute l'Europe, y compris à Alger (en 1845) et dans les grands théâtres d'Amérique, à Buenos Aires, à La Havane, à

New York et à Mexico ? Non, car même si telle n'a pas été l'intention de Verdi, cet opéra (et bientôt quelques autres) prend une dimension politique, et saura volontiers le rester. Le « *Va pensiero* », du jour au lendemain, devint le second hymne officiel — ou l'hymne véritable — de toute l'Italie en lutte pour secouer le joug autrichien et acquérir son indépendance et son unité. Nul cœur italien, alors que l'Italie était encore divisée, occupée, morcelée, ne pouvait manquer de vibrer à cette lamentation sur la patrie perdue, si belle, à ce cantique émouvant : « *Oh, mia patria si bella e perduta.* »

Verdi, musicien officiel de l'Italie renaissante

Avrai tu l'universo,
Resti l'Italia a me !*
Attila

Mais qu'est-ce que l'Italie dans ces premières années verdiennes ? La « Botte », morcelée, craquelle dans tous les sens. Les Autrichiens y sont bien implantés et pèsent d'un poids très lourd sur la vie quotidienne, avec leur police et leur réseau d'espions, sans parler du poids fiscal qui draine vers Vienne une bonne partie des ressources ; les Français aussi sont présents, en étroite rivalité avec la Couronne espagnole, sans parler des Russes et bientôt des Prussiens ; et, au milieu de ces cris de hyène, l'Église vaticane qui cherche à tirer son épingle du jeu, ou pour mieux dire à pousser ses pions, avec assez d'habileté pour avoir son propre État, et un pape chef de cet État, d'ailleurs magnifié par le pluriel : « les États Pontificaux ». Pour ne pas évoquer la Banque Vaticane ni les Gardes suisses,

* « Tu aurais l'univers, / Je garde l'Italie ! »

authentiques mercenaires au service des gardiens de la Foi en Christ. Gérard de Cortanze explique :

> L'Italie n'avait ni emblème, ni nom politique, ni voix parmi les nations d'Europe... Démembrée en huit États indépendants, sans alliance, sans unité de vues ; avec ses huit lignes de douane, ses huit systèmes de monnaies, de poids et de mesures, de législation civile, commerciale, pénale, ses huit organisations administratives, l'Italie n'existait pas, et était comme étrangère à elle-même[1].

Cette Italie évanescente va pourtant entrer en effervescence, comme une bonne partie de l'Europe aussi, autour de l'année 1848. On parle alors du « printemps des peuples ». Révolution à Paris où Louis-Philippe est renversé, tandis que Gavroche est sur les barricades dressées par Victor Hugo ; trois ans plus tard, Napoléon III sera sacré empereur. En Autriche le pouvoir austro-hongrois vacille aussi à Vienne et à Prague, où se produisent des troubles graves. L'empereur Ferdinand abdique en faveur de son neveu François-Joseph. En Italie, éclatée en petits États et quelques féodalités, des révoltes éclatent un peu partout, à Milan, principalement, comme on peut le voir dans le beau film de Visconti, *Senso* (d'après une nouvelle de Camillo Boito, frère d'Arrigo, qui sera le dernier librettiste de Verdi, mais aussi l'architecte qui construira la *Casa di Reposo* financée par Verdi à Milan). Le film s'ouvre sur une émeute à la Scala au moment où le Trouvère lance sa célèbre cabalette « *Di quella pira* », sur laquelle nous reviendrons. Révoltes également à Palerme, à Naples, à Rome, ce qui entraîne des interventions autrichiennes et françaises qui tentent d'y mettre bon ordre ; il n'empêche, l'unification du pays est en marche, à commencer par le royaume de Piémont-Sardaigne.

Giuseppe Verdi, en 1848, est à Paris lors de l'insurrection des 22, 23 et 24 février des « Trois Glorieuses ». Et c'est là qu'il va retrouver, dès 1847, Giuseppina Strepponi et entamer avec elle cette liaison qui va durer exactement un demi-siècle. S'il séjourne à Paris, c'est aussi parce qu'il est propulsé par sa gloire naissante. Le succès de *Nabucco*, qui façonne de Verdi une image de fervent patriote, est d'autre part un triomphe personnel, puisque l'opéra est joué cinquante-sept fois entre août et novembre 1842, un record alors pour la Scala.

Poussé par ce courant, Verdi compose ensuite une œuvre à portée plus résolument patriotique, inscrite dans l'histoire de son pays : *I Lombardi alla prima crociata* (Les Lombards à la première croisade). L'action se déroule à Milan, et l'opéra est créé à la Scala l'année suivante. Le succès est total et les Milanais sont en délire. Dès lors, plus rien n'arrête le compositeur, qui multiplie les œuvres avec un bonheur inégal : *Ernani*, d'après Victor Hugo, créé le 9 mars 1844 à la Fenice de Venise, amène les directeurs d'opéra d'Europe à s'intéresser de plus près à Verdi. Il donne ensuite *I due Foscari*, d'après Byron, à l'opéra de Rome le 3 novembre 1844, puis *Giovanna d'Arco*, d'après Schiller, à la Scala, le 15 février 1845 ; après quoi, il se tourne vers Voltaire et compose un *Alzira*, créé au San Carlo de Naples le 12 août 1845, et tout aussitôt un *Attila*, toujours aussi patriotique, créé le 17 mars 1846 à la Fenice, avec un succès considérable, ce dernier opéra triomphant ensuite dans toute l'Italie, de Florence à Reggio de Calabre. Il y aura ensuite *I masnadieri* (Les Brigands), d'après Schiller, *Il Corsaro* (Le Corsaire), d'après Byron, et surtout *Macbeth*, à marquer d'une pierre blanche. Dans ce sillage triomphal, Verdi est invité à Paris, où il va donner précisément cet opéra des *Lombards à la première croisade*, qu'il remanie pour les besoins de celle qu'il appellera « la Grande Boutique », et qui change de titre pour devenir *Jérusalem*, représenté dans la capitale française le 26 novembre 1847.

Ces cinq années où il ne produit pas moins de dix opéras ont été surnommées par Verdi lui-même des « années de galère ». Dans ces livrets, Verdi chante l'oppression de son peuple en lui proposant avec une incroyable fougue, une puissance dramatique hors du commun, des cris pour sa révolte, des chœurs pour son combat, des armes musicales pour sa libération.

Verdi fait représenter *Les Lombards* à la Scala le 11 février 1843. Avec la complicité de son précédent librettiste, Temistocle Solera, il concocte une œuvre susceptible de flatter les Milanais, et, au-delà, tous les Italiens chez qui vibre la fibre nationaliste. L'intrigue de ce nouvel opéra reprend, certes, les ficelles habituelles au mélodrame : deux frères aiment la même femme, l'un d'eux l'épouse, l'autre veut tuer son rival, mais, par une méprise due à l'obscurité, c'est son propre père qu'il poignarde ; il fuit à Antioche où les croisés lombards le retrouvent en ermite repentant ; l'intrigue amoureuse intéresse la fille du couple initial, enlevée par les musulmans, amoureuse en détention du fils d'une femme secrètement convertie au christianisme, donc rien de plus attendu... et convenu. Mais l'« Arabe » va mourir au combat, recevant néanmoins le baptême, de façon évangélique, en étant oint de l'eau du Jourdain, tandis qu'au loin on aperçoit Jérusalem libérée par Godefroi de Bouillon. En cette première croisade, l'assaut des Lombards pour s'emparer de Jérusalem répond à un chœur patriotique, tout aussi enveloppant et subjuguant que le « *Va pensiero* » de Nabucco, c'est le très beau « *Signore dal tetto natio* » : sur scène les tentes lombardes entourent le tombeau de Rachel, aux portes de Bethléem ; comme les Hébreux captifs se lamentant sous les saules aux rives de Babylone, les Lombards, « abattus et humiliés » (« *la frente avvilita e dimessa* »), en appellent au secours du Christ et, à l'écoute des « trompettes éclatantes de Bouillon » (« *le trombe squillando del Buglion* »), montent au combat au cri de « *guerra ! guerra !* ». Les Milanais, enthousiasmés, le reprirent comme un hymne propre à célébrer la révolte contre l'occupant autrichien. Comme le note Arthur Pougin, ce « fameux chœur [...] donna lieu à l'une des premières démonstrations politiques qui signalèrent le réveil de la Lombardie-Vénétie[2] ». Une fois de plus, Verdi fait mouche et laisse parler un esprit nationaliste qui, d'ailleurs, doit sans doute davantage à Temistocle Solera, bien plus engagé que le compositeur, puisqu'on sait qu'il militait au sein du parti *Il neoguelfismo*, catholique, nationaliste et libéral. Verdi réitérera avec le chœur d'*Ernani*, où aucun spectateur n'a senti battre, dans ce chant « *Si ridesti el leon de Castiglia* », autre chose que le cœur vindicatif des Italiens en marche vers leur unité.

I Lombardi confirme le succès de *Nabucco* et commence à asseoir la gloire de Verdi. Milan le reconnaît comme l'un des siens, et l'émotion est grande lorsque le rideau de cet opéra se lève sur la basilique Sant'Ambrogio, fleuron de l'art roman lombard, chère au cœur de Verdi qui y avait fait célébrer les obsèques de sa chère épouse Margherita et de son petit Icilio. L'émotion du compositeur est partagée par le public milanais, qui voue un culte particulier à ce temple et à saint Ambroise, l'un des Pères de l'Église et évêque de Milan au IVe siècle. Pourtant, l'opéra va se heurter à l'opposition de l'Église et des censeurs, toujours sourcilleux dès lors que le religieux est mêlé à une musique profane : Verdi évoque en effet les lieux saints, Jérusalem, les conversions, l'eau baptismale du Jourdain, la Vierge Marie. Mais derrière l'opposition de l'archevêque Gaisruck, qui est autrichien, il faut voir aussi le souci des autorités politiques d'occupation devant une œuvre qui, sous couvert d'exalter la libération de Jérusalem, prêche une autre libération, celle de la Lombardie du joug autrichien. Après avoir assisté aux répétitions à la Scala, le prélat demande l'interdiction pure et simple des *Lombards*. Verdi, convoqué au siège de la police, ne s'y rend pas. On suggère des modifications, des retouches, mais le compositeur a ce caractère entier, fier et sourcilleux qu'il manifestera toujours et en toute occasion ; il refuse tout net que l'on touche à son œuvre. Merelli, l'astucieux imprésario, fait alors savoir qu'au vu des premières impressions nées des répétitions et face aux attentes du public l'annulation de l'affiche pourrait bien provoquer des émeutes, ce qui serait forcément plus grave. Et il fait mouche, l'autorité autrichienne naviguant toujours entre répression et compréhension : surtout, ne pas faire trop de vagues avec ce peuple lombard toujours prompt à la colère. La fameuse réplique de Verdi rapportée par son premier biographe, Arthur Pougin, révèle éloquemment le caractère opiniâtre du compositeur : « On le jouera tel qu'il est, ou on ne le jouera pas du tout[3]. » Le génie musical de Verdi n'est pas seulement affaire d'inspiration et de partition, il tient aussi à cette incroyable volonté d'aboutir, et à cette certitude chevillée au corps du compositeur qu'il a du génie. Giuseppe, comme tous les grands artistes, ne doutera jamais de son talent et saura l'imposer, malgré de nombreuses difficultés et pas mal de revers, au nombre desquels il faut évidemment ranger les fiascos publics ou les huées qui ont parfois salué ses premières, comme celle, aussi mémorable que chahutée, de *La Traviata*, à la Fenice de Venise.

Pour l'heure, *Les Lombards* soulèvent l'enthousiasme. L'opéra est donné vingt-six fois de suite à la Scala, puis voyage dans d'autres villes, à Florence et à Venise, mais ces « Lombards »-là ne pouvaient convaincre ailleurs. Plus tard, avec l'essoufflement du *Risorgimento*, cet opéra cessa même d'être programmé, et aujourd'hui il a quasiment déserté le répertoire*. Qu'importe, pour l'heure Verdi est à la fête et sait exploiter aussi son succès au service de son ambition personnelle. Il est invité dans les salons de la bourgeoisie huppée et de la noblesse de Milan. Le voilà familier de la comtesse Giuseppina Appiani, au même titre que Donizetti, dont on dit qu'il fut son amant ; fréquentant de même le domicile de la comtesse Clara (Clarina) Maffei, lieu de rencontre de patriotes milanais, et avec laquelle Verdi va entretenir une longue correspondance. Il cultive l'amitié de son mari Andrea, qui apportera une aide précieuse à l'écriture de *Macbeth*, ainsi que celle de la comtesse de Medici, ou encore de donna Emilia Morosini, mère du patriote et martyr Emilio Morosini, qui mourut sur les barricades à Rome en 1849, et dont l'une des sœurs suivait les leçons musicales de Verdi. Car il fut également maître de musique : il eut notamment pour élève le jeune Emmanuele Muzio, originaire du duché de Parme comme lui et recommandé en 1844 par Antonio Barezzi, et qui deviendra vite son plus fidèle compagnon jusqu'à sa mort en 1890.

Bref, le maître se civilise, entre dans le jeu de la

* Pour célébrer le centenaire de la naissance de Verdi, l'opéra de Marseille remit à l'affiche *I Lombardi* en mars 2001, et le livret en fut publié, avec une étude d'André Segond : « Les Lombards à la première croisade » (Solin / Actes Sud, 2001).

vie mondaine, et va même jusqu'à jouer les courtisans auprès de Marie-Louise d'Autriche, ex-épouse de Napoléon et duchesse souveraine de Parme. Rappelons que l'archiduchesse avait reçu en 1815, lors du congrès de Vienne, le duché de Parme, où elle exerça sa souveraineté jusqu'à sa mort en 1847, avec assez de panache et de succès pour être surnommée par les Parmesans « la bonne duchesse ». Pour Verdi, cela allait aussi de soi, et c'est tout naturellement qu'il lui dédie *I Lombardi*, cet opéra qui reste, quand même, un boutefeu des patriotes milanais ; en même temps, le compositeur écrivait au comte de Bombelles, grand majordome et époux morganatique de l'archiduchesse, pour solliciter quelque récompense ou distinction, comme cela se faisait alors (tout comme aujourd'hui tel artiste en vue peut solliciter la Légion d'honneur — décoration que Verdi recevra plus tard, d'ailleurs, de Louis-Philippe), et voilà comment Giuseppe, après une représentation triomphale de *Nabucco* à Parme, le 17 avril 1843, reçut des mains de Marie-Louise une épingle d'or rehaussée de diamants.

Et la vie sentimentale du maître, quelle est-elle ? Verdi s'est toujours montré d'une extrême discrétion à cet égard, sauf quand il vécut avec Giuseppina Strepponi, qu'il épousa au terme de douze années de concubinage, au grand dam de sa famille, de son père et de son beau-père, qu'il sut remettre à leur place. Sourcilleux en ce domaine comme en tous les autres, il ne laissa personne mettre le nez dans ses affaires, et encore moins ses affaires de cœur. De sorte qu'on ne sait presque rien de lui, ni de ses frasques éventuelles. Mais on n'a pas manqué de dire qu'il couchait avec toutes ses cantatrices, et aussi avec quelques dames de la haute société qu'il fréquentait, sans aucune preuve à l'appui. Hormis les colères du ténor Antonio Poggi, dont l'épouse était cantatrice et qu'il soupçonnait d'avoir une liaison avec le compositeur. Il s'agissait de la soprano colorature Erminia Frezzolini, qui avait créé *Ernani*, et avait déclaré à Verdi au soir de la première qu'il n'avait pas à s'en faire, car elle était prête à mourir sur scène pour lui et son triomphe. On peut penser aussi à une certaine confidence de Verdi à Muzio, devenu son complice, auprès de qui il s'épanche sur cet ange vénitien dont il aurait été épris, « *l'Angiolo che tu sai*[*] », écrit-il à Muzio.

Le regard ambitieux du jeune maître est tourné maintenant vers Venise, terre encore étrangère à la Lombardie. Après son triomphe à la Scala, le théâtre de la Fenice est le nouvel obstacle à abattre. On dit le public vénitien particulièrement teigneux. Mais Verdi, après le fameux coup de pied au derrière de ses dix ans, et dont il sut si bien se venger, a pris goût aux défis. Il va donc écrire tout spécialement pour la Fenice son nouvel opéra, après maints tâtonnements dans le choix du livret : de Shakespeare — *Le Roi Lear* se voit éternellement ajourné des aspirations verdiennes, toujours remis sur le tapis et indéfiniment repoussé — à Victor

[*] Mary Jane Phillips-Matz se risque à quelques hypothèses sur l'identité de cet « ange ». Voir *Giuseppe Verdi*, Fayard, 1996, p. 199.

Hugo — le *Cromwell*, dont on ne connaît plus aujourd'hui que la fameuse préface —, en passant par Byron — ce *Corsaire* qui sera finalement retenu peu après. Verdi arrêtera pour l'heure son choix sur *Hernani*. L'esprit du compositeur se montrait sensible au dramatisme de la pièce qui fonda le drame romantique à la française, et provoqua en 1830 le scandale que l'on sait, opposant les perruques des classiques aux gilets rouges des modernes. Et il y avait là tous les ingrédients capables de séduire l'esprit rebelle du Bussetan : une histoire d'amour contrariée par la rivalité des trois prétendants — Doña Sol est promise à son oncle Don Ruiz, partagée entre l'amour d'Ernani et de Carlos, le premier, futur Don Juan d'Aragon, le second, prochain Charles Quint —, à laquelle s'ajoutait le thème de l'honneur et des lois de l'hospitalité — Don Ruiz protégeant Ernani poursuivi par Don Carlos et le cachant chez lui alors même qu'il sait avoir en lui un rival amoureux, Ernani promettant sa vie en échange de ce salut, et le barbon venant la lui réclamer en pleine célébration des noces des promis, et cela au son du cor, qui fit tant frémir Alfred de Vigny le soir au fond des bois... Verdi chercha pour ce faire un bon librettiste et son choix se porta sur Francesco Maria Piave, Vénitien à la réputation de scribouillard qui vivotait dans l'édition et dont le nom fut suggéré par l'imprésario de la Fenice. C'était, en réalité, un talentueux poète pour lequel le compositeur se prit d'une sympathie durable : leur amitié dura jusqu'à la mort de Piave en 1876. Il fut le librettiste de neuf opéras de Verdi.

Les tractations de Verdi avec la direction de la Fenice révèlent un autre visage de Verdi, celui de l'homme d'affaires, coriace, exigeant, impitoyable. Le voilà face au comte Mocenigo, directeur du prestigieux théâtre vénitien, luttant pied à pied pour obtenir les 12 000 lires qu'il a réclamées, le cachet le plus mirifique dont il pouvait rêver et qu'il obtint, fort du succès de son *Nabucco*, représenté pas moins de vingt-cinq fois à la Fenice lors de la saison du Carnaval 1843. Pour la petite histoire, cet Alceste Mocenigo était horrifié par la présence, jugée par lui incongrue, d'un cor sur la noble scène de la Fenice : « Un cor à la Fenice ! s'écriait-il sur le ton de l'indignation ; un cor ! Cela ne s'est jamais vu ! — Eh bien, cela se verra ! lui répondait Verdi sans s'émouvoir[4]. » Cela se vit et cela s'entendit ; après tout, la Comédie-Française avait bel et bien retenti du cor hugolien de *Hernani*. L'avis d'un contemporain de Verdi, grand admirateur de son œuvre, apporte ici un bel éclairage :

> L'œuvre dramatique de Victor Hugo, dramatique, puissante, mais outrée et sans âme, y revêt sous la lyre de Verdi une grandeur inaccoutumée, une poésie et une sensibilité inattendue : le grotesque du dénouement disparaît, il devient presque émouvant. Le son du cor de Don Gomès se fond dans les harmonies du compositeur[5].

Sans rancune et reconnaissant envers l'imprésario vénitien, Verdi dédia son nouvel opéra à l'épouse du comte, la comtesse Clementina Mocenigo Spaun. Une fois l'affaire conclue, restaient les tracasseries de la censure. La pièce de Victor Hugo, on le sait, malmenait la figure du monarque, ce que ne pouvaient admettre les autorités autrichiennes de Venise, pour lesquelles il était impensable d'attenter à la personne de l'empereur d'Autriche en présentant sur scène un vieux roi impotent et antipathique. Inacceptable aussi était dans ses termes la conspiration contre le pouvoir menée par le bandit Ernani (avant qu'il ne révèle sa vraie nature de prince). Verdi dut passer, cette fois, sous les fourches caudines, en supprimant certains appels à la vengeance et au devoir du sang. Mais est-ce l'effet castrateur — ou plutôt mobilisateur — de la censure ? Il prit bien soin de conserver autre chose de plus capital : la mobilisation populaire contre l'oppresseur, et ce sera l'air fameux « *Si ridesti il leon de Castiglia* », qui deviendra vite en Italie un autre hymne du *Risorgimento*. Notons aussi que ce n'est plus ici un chœur de lamentations comme dans *Nabucco* ou dans *Les Lombards*, mais un appel au combat : « Que le lion de Castille se réveille et combatte pour la liberté. » Toute l'Italie mélomane l'entendit et chacun en fit ses orges, les Vénitiens, pour leur part, détournant les paroles en remplaçant le « lion de Castille » par le « lion de Venise », par référence au lion de saint Marc, emblème de la république de Venise ! De même les Romains choisirent-ils d'exalter la figure de leur pape Pie IX lors des actions de grâce célébrant le nouvel empereur du Saint Empire romain germanique en remplaçant le vers « À Carlo Quinto, gloire et honneur ! » par « À Pio

Nono, gloire et honneur ! », chacun voyant midi à sa porte...

Ce nouvel opéra, *Ernani*, inaugure, aussi, bien des formes dramatiques et musicales qui forgent la manière verdienne. Ainsi les tâtonnements sur la voix de l'interprète de Don Carlos amènent le compositeur à hésiter entre un contralto — le rôle fut en effet tenu par une femme contralto travestie lors de la création de l'opéra au Covent Garden de Londres — et une voix d'homme tout à la fois grave et aigu. La voix de baryton fut retenue en définitive, mais dans le registre inhabituel, privilégiant l'aigu du « baryton Verdi ».

L'opéra, donné ainsi à la Fenice le 9 mars 1844, connut un immense succès. Et la gloire encore naissante de Verdi de rebondir. Ce qui l'entraîna à produire encore plus et à « boucler » les opéras suivants en quelques mois : *I due Foscari* (Les Deux Foscari) en sept mois, *Giovanna d'Arco* (Jeanne d'Arc) en trois mois, *Alzira* en six mois. Avec une infinie fatigue qui confine, parfois, au dégoût : « Maudites notes ! » s'écrie même Verdi. Mais le désir de gloire est le plus fort — et aussi, sans doute, le plaisir de s'enrichir, lui qui fut si pauvre, on l'a vu, et qui rachète ainsi l'humiliation de son adolescence, quand il dépendait de son protecteur Antonio Barezzi. Verdi se consacre donc corps et âme à son travail, au détriment de sa santé, qui connaît alors et pendant quelques années de sérieux accrocs, avec des angines et des rhumes à répétition, auxquels s'ajoutent des troubles respiratoires et des douleurs gastriques ; bref, les symptômes habituels du trac ou de la déprime — voire d'une mélancolie pathologique. Ce jeune homme n'était donc pas si sûr de lui, il tremblait à chaque représentation, et mettait aussi un soin maniaque à tout bien préparer, depuis le livret qu'il travaillait assidûment avec son librettiste jusqu'aux chanteurs qu'il lui fallait choisir, adaptant également sa musique à leur voix et tessiture — tout comme l'homme de théâtre a le souci de « mettre en bouche » son texte en le travaillant avec les acteurs —, discutant avec l'imprésario et l'administration des théâtres, bataillant avec la censure, conduisant les répétitions et même, assez souvent, l'orchestre pendant la représentation. À quoi s'ajoutaient les constants déplacements pour les représentations de ses opéras loin de Milan, à Gênes, à Florence, à Rome, ou encore à Vienne, dont l'opéra était administré par Donizetti en personne — un Donizetti, d'ailleurs, plein d'admiration pour ce jeune surdoué. Quel homme pouvait résister à ce rythme ? Verdi justement, qui, tout en se plaignant sans cesse de ses misères physiques, jouissait d'une robuste mauvaise santé, si l'on peut dire, comme le prouvent sa longévité et sa créativité jusqu'au terme de sa vieillesse.

Très sollicité, Verdi va donner *I due Foscari* au théâtre Argentina de Rome le 3 novembre 1844, et avec un grand succès. L'opéra se situe dans la Venise des doges : le fils du Doge, Jacopo Foscari, accusé d'avoir trempé dans un complot ayant conduit à l'assassinat d'un des membres du Conseil des Dix, est condamné au bannissement ; son épouse Lucrezia se bat pour la réhabilitation de Jacopo, jugé sans preuve, mais le Doge confirme son impuissance : il ne peut venir en aide à son fils. Dans la prison où il se morfond en attente de bannissement, Lucrezia vient lui apporter son aide et son réconfort, et l'on ne peut s'empêcher de penser que Verdi s'est ici inspiré du *Fidelio* de Beethoven, avec ce rôle si fort de Leonore, femme « fidèle » et libératrice. L'opéra se transporte à la salle du Conseil des Dix de Venise et préfigure la grande scène de *Simon Boccanegra*. Verdi fait ici du grand spectacle, et s'essaie justement à rivaliser avec ce qui était jusque-là l'apanage des grandes productions parisiennes — de *La Juive* aux *Huguenots*, de Halévy à Meyerbeer. Au dernier acte de l'opéra, Jacopo est parti en exil, et son père se lamente sur la solitude du pouvoir, avec des accents qui annoncent, assurément, le grand monologue de Philippe II dans *Don Carlos*. Et survient l'annonce que quelqu'un vient de s'accuser, en mourant, du meurtre pour lequel Jacopo fut condamné ; ce dernier, hélas, vient de mourir dans cette épreuve de l'exil, et son père, Francisco, est destitué de sa charge de doge. L'opéra plonge alors dans une atmosphère de grande résignation et de désespoir. Avec, au service de ce dramatisme, de magnifiques pages musicales.

Verdi avait lui-même choisi le drame *The Two Foscari* de Byron pour écrire son opéra, aidé en cela par son fidèle Piave. Maintes choses l'ont séduit dans cette pièce romantique : le thème de l'exil, certes, qui lui plaît depuis le chœur des Hébreux dans *Nabucco*, et depuis les plaintes des *Lombards*, perdus dans les sables de la Terre sainte et évoquant les plaines riantes et les sources de leur pays natal. Quoi d'étonnant si l'on évoque ici la « brise du sol natal » sur les lèvres de Jacopo Foscari ? Et puis il y a ces ténèbres de la prison, qui sont aussi celles de l'âme, cette « *notte, perpetua notte* » qui entoure le prisonnier ; Verdi aime, depuis *Oberto*, l'atmosphère ténébreuse, propre à évoquer les drames intimes et les tourments intérieurs. Au-delà, il y a ces thèmes qui se dessinent comme les promesses des opéras à venir : le désespoir du vieux père, avec au dernier acte l'imploration devant le Conseil des Dix : son « rendez-moi mon fils » annonce le « rendez-moi ma fille » de Rigoletto à l'adresse des courtisans ; le conseiller félon Loredano, qui préfigure encore vaguement le Jago d'*Otello* ; le dévouement et la fureur vengeresse de l'épouse, la solitude du pouvoir, les intrigues de palais. Tout cela versé dans une forme des plus concentrées et concises, bien dans la manière d'un compositeur mûrissant. Et il y a Venise, où Verdi vient de triompher avec son *Ernani*. Sauf que Venise ne veut pas entendre parler des Foscari : le sujet pour elle est trop sensible, des descendants des doges y vivent encore et cela pourrait choquer. Mais comme Rome n'a pas ces scrupules, on comprend mieux que Verdi ait choisi la capitale pontificale pour y représenter son nouvel opéra — d'autant qu'il n'y a pas encore ici, dans cet opéra, ce poids terrible de l'Église perceptible dans l'œuvre tardive *Don Carlos*. Le compositeur a les coudées franches. Il sera ovationné par le public romain.

Mais la frénésie de Verdi n'a de cesse. Trois mois plus tard, le revoilà à la Scala de Milan donnant, le 15 février 1845, sa *Giovanna d'Arco*. S'inspirant du drame de Schiller, le vieux Temistocle Solera, qui reprend ici du service, nous donne un livret qui n'a que peu à voir avec notre histoire de la « Pucelle d'Orléans » : dans cette adaptation, c'est le propre père de Jeanne qui, la croyant possédée du démon, la livre aux Anglais ; auparavant, le roi Charles VII et Jeanne se seront avoués leur amour ; puis le père, pris de remords, viendra confesser sa faute à sa fille en prison — avec des accents qui préfigurent Germont face à Violetta — puis l'aidera à s'évader ; reprenant alors la tête de ses troupes, Jeanne sera finalement tuée au combat. Nous n'aurons donc ni de procès, ni d'évêque Cauchon, ni de Jeanne au bûcher. Par chance, Verdi put compter, une fois de plus (après *I Lombardi* et *Ernani*), sur la prestation de sa soprano du moment, Erminia Frezzolini. Était-ce suffisant pour que Verdi ait pu déclarer que c'était là « son meilleur opéra » ? D'ailleurs, la voix faisant bientôt défaut à la grande cantatrice, cette œuvre disparut de l'affiche, et Verdi, marri, n'en garda plus tard que l'ouverture qu'il réutilisa pour ses *Vêpres siciliennes*.

Non content de superviser des reprises, ici ou là, des œuvres précédentes, il écrit un opéra tout spécialement pour le San Carlo de Naples, qui affiche le 12 août 1845 cet *Alzira*, inspiré cette fois de Voltaire. Et six mois plus tard, il donne à la Fenice un nouvel opéra, *Attila*, promis à plus de succès — posthume — que les deux ou trois précédents. C'est dans cette même période que le compositeur connaît le plus d'ennuis de santé, mais qui s'en étonnerait ? On peut penser qu'il va bâcler par là même cet opéra promis aux Napolitains, et dont il écrit la musique en trois semaines seulement, confiant en son librettiste d'alors, Salvatore Cammarano, auréolé du prestige d'avoir fait *Lucia di Lammermoor*. Cet opéra des Amériques déconcerte un peu : le chef des Incas est amoureux d'Alzira, la belle Indienne que le chef des Espagnols se destine ; de rivalités en duels, l'Espagnol finit par être poignardé par l'Inca et les deux tourtereaux peuvent convoler en justes noces... Verdi se souviendra de cet Inca que nous retrouverons dans *La Force du destin*. Pour l'heure, cet opéra semble le moins réussi et son accueil, sur l'une des plus grandes scènes italiennes, est mitigé. Et *Alzira* fera une brève carrière, étant joué ensuite à Rome et à Milan (pour une seule représentation, le 16 janvier 1847), avant de disparaître du répertoire, pour ne reparaître que plus de cent ans après. Il faut souligner, néanmoins, la rencontre capitale que fait à cette occasion le compositeur avec son ténor de prédilection, Gaetano Fraschini, pour qui il va écrire justement le rôle du prince indien de *La Force du destin*. Verdi écrivait en fonction de la voix et de la tessiture de ses interprètes, ici la Strepponi ou la Frezzolini, là le Ronconi ou le Fraschini, plus tard le Maurel. Le vedettariat, dans cette Italie de l'opéra, joue à plein et les chanteurs deviennent vite des idoles ou des mythes — passagers, il est vrai, car la durée de vie d'une voix est alors très courte : la Strepponi perd la sienne à l'âge de trente ans ! Gaetano Fraschini, après son étonnante prestation dans le rôle, romantique et tragique, d'Edgardo de *Lucia di Lammermoor*, est surnommé le « *tenore della maledizione* », tout comme Napoleone Moriani, créateur d'*Oberto*, reçut le surnom de « ténor de la belle mort » pour son art de mourir sur scène. Dans ces opéras, que l'on peut juger mineurs, ce sont les chanteurs qui font le succès du *melodramma*. Verdi est en train de forger ou de se fabriquer, aux seules fins du dramatisme, une voix de baryton — cette voix intermédiaire entre basse et ténor — qu'il entend mettre au service d'un héros qui ne serait plus le vilain cher aux opéras précédents, ceux de Donizetti, par exemple. Au contraire, cette voix serait chez lui celle d'un authentique héros auréolé de la gloire jusqu'ici dévolue au rôle de ténor. Verdi campe ici, en Gusmano, interprété par Filippo Coletti, ce qu'on va bientôt appeler, on l'a vu le « baryton Verdi ».

C'est ce type de voix qui va triompher dans l'opéra suivant, *Attila*, créé au théâtre de la Fenice à Venise le 17 mars 1846, un opéra par lequel — et l'euphonie des titres joue ici — Verdi entend effacer le relatif échec d'*Alzira*. Et, de fait, *Attila* représente, aux côtés de *Nabucco* et d'*Ernani*, le troisième pilier de sa gloire. Une gloire qui est toute au service du courant politique du *Risorgimento*, car ces trois opéras, mobilisateurs du sentiment national, vont galvaniser la foule italienne et lui donner foi en son espoir de réunification du pays, en son avenir en tant qu'État. Cet opéra, sur un nouveau livret de Temistocle Solera, auquel travailla aussi Piave, nous renvoie au lointain Ve siècle quand Attila et ses Huns, marchant sur Rome, campaient au-dessus de Venise — qui n'était pas encore construite ! On retrouve là un peu de la mythologie wagnérienne, avec le dieu Wotan, auquel s'adressent les remerciements et actions de grâce du prologue, et l'allusion au Walhalla, la demeure des héros : « *Wodan non falla, / Ecco il Walhalla !* » Wagner ne donna néanmoins sa *Walkyrie*, où est développée cette même mythologie, qu'en 1870. Attila est là dans les ruines d'Aquilée, la fille du roi défait vient l'apostropher, sans nulle crainte dans les yeux, et, comme il s'en étonne, Odabella lui lance une arrogante stance patriotique :

Ma noi, donne italiche,
Cinte di ferro il seno,
Sul fumido terreno
*Sempre vedrai pugnar**

Attila, séduit par tant de bravoure, et alors même qu'elle lui demande de lui rendre son épée, lui offre la sienne — avec laquelle elle jure de le

* « Mais nous, femmes italiennes, / Le glaive à la main, / Toujours, tu nous verras lutter / Sur le champ de bataille fumant » (*Attila*, trad. Yvette Gogue, Actes Sud, 2010, p. 38-39).

tuer. Ce qu'elle fera à l'acte III, clôturant l'opéra. Entre-temps, elle aura à essuyer la jalousie et la violence de son fiancé Foresto qui tente aussi, pour sa part, d'assassiner le tyran venu du Nord, mais Odabella détournera le poison en se réservant le privilège de le tuer, elle, de ses propres mains, nouvelle Judith ou Déborah vengeant ainsi et sauvant le peuple d'Israël. On imagine bien de quelles fibres vibrait le public vénitien et italien en voyant pareil spectacle. Mais la réplique qui fit vraiment mouche est celle du capitaine roman Ezio, venu en émissaire rencontrer Attila et lui proposant ce marché :

Tutto sarà disperso
Quand'io mi unisca a te...
Avrai tu l'universo
*Resti l'Italia a me**.

Après la première à Naples, les spectateurs raccompagnèrent Verdi à son hôtel en cortège bruyant avec couronnes, orchestres et torches, qui répétait *ad libitum*, et jusqu'à plus soif « Italie, Italie, Italie ». Mais il y avait encore bien d'autres passages exaltants, surtout pour les Vénitiens : dans l'original de la pièce de l'écrivain allemand Zacharias Werner, aucune allusion n'était faite à Venise, la tragédie originale visant seulement à exalter les grands mythes allemands — repris plus tard, et de façon éclatante, par Wagner. Voulant ou bien flat-

* « Tout sera partagé / si je m'allie à toi... / Tu auras l'univers, / moi, je garde l'Italie » (*ibid.*, p. 42-43).

ter son public, ou bien rendre hommage à la cité des doges, chère à son cœur depuis *I due Foscari*, Verdi exige de son librettiste une localisation au bord de cette lagune où ne se dressent encore que quelques maisons sur pilotis, et un véritable hymne à la cité lacustre :

Ma dall alghe di questi marosi,
Qual risorta fenice novella,
Rivivrai più superba, più bella
Della terra, dell'onde stupor * !

On imagine l'enthousiasme des Vénitiens, d'autant plus appuyé que le mot *fenice* — à la fois l'oiseau phœnix qui renaît de ses cendres et le théâtre de la Fenice — était expressément mentionné. Sans parler des appels du pied, « *cara patria* » (« chère patrie ») ou « *la patria che piange* » (« la patrie en pleurs »), destinés à alimenter cet esprit frondeur de la province dominée par les Autrichiens — et ici par Attila ; qui pourrait douter de l'assimilation ? D'autant que le mot de la fin, lorsque Attila succombe sous l'épée d'Odabella en murmurant cette réplique digne de Jules César sous le coup que lui porte Brutus : « *E tu pur, Odabella ?* » — en latin « *Tu quoque mi fili* » (« Toi aussi, mon fils ») —, est celui du chœur, qui est toujours la *vox populi*, et s'écrie sur la chute du rideau : « *Sono vendicati, Dio, popolo e ré* » (« Dieu, le peuple et le roi sont

* « Mais, des algues de ces marais, / tel un phénix qui reprend son envol, / tu revivras plus fière, plus belle, / merveille de la terre et des ondes ! » (*Attila*, trad. Yvette Gogue, *op. cit.*, p. 42-43).

vengés »). Mais les autorités autrichiennes n'y virent que du feu, sensibles peut-être au portrait attachant d'Attila, qui n'est jamais ridicule, mais homme d'honneur et qui, véritablement amoureux de sa captive, accepte en somme le sort que celle-ci lui réserve, et se soumet à elle. Au demeurant, le rôle d'Odabella avec sa tessiture qui dépasse les deux octaves, dans son célèbre air primordial où elle défie Attila : « *Santo di patria indefinito amor* » (« L'amour sacré et infini de notre patrie »), semblable en sa fougue vocale à celle d'Abigaille, avait tout pour convaincre et même séduire le roi des Huns.

Macbeth : l'émergence du nouvel opéra

L'aqua già fuma, fuma,
*Crepita e spuma, spuma**.
Macbeth

Un an tout juste sépare *Attila* et *Macbeth*, créé au Teatro della Pergola de Florence le 14 mars 1847. Que fait notre compositeur pendant ce temps ? Épuisé par ce rythme frénétique et ses succès répétés, l'échec relatif d'*Alzira* ainsi compensé par le triomphe d'*Attila*, il se repose. Il est rentré de Venise malade, Milan est accueillant pour lui, malgré les mondanités auxquelles il met alors un frein. Les contrats pleuvent : Paris et Londres le réclament, mais il reste évasif : *Ernani* a été néanmoins créé au Her Majesty's Theatre de Londres. Madrid et Saint-Pétersbourg aussi lui font des propositions. Il vient de donner les droits d'exploitation de son œuvre à Paris à Léon Escudier, critique et éditeur musical, futur directeur du Théâtre des Italiens, qu'il a rencontré en mai 1845 à Milan. Il sait

* « Déjà, l'eau fume, fume, / Crépite et bouillonne, bouillonne. »

qu'il devra bientôt se rendre dans la capitale française, qui est alors le centre culturel et artistique de l'Europe, et pénétrer dans ce qu'il appelle « la Grande Boutique », c'est-à-dire l'Opéra de Paris, le Théâtre des Italiens, considéré alors comme la première scène lyrique du monde. La déprime l'envahit, ce qui est bien naturel après un tel surmenage, il écrit alors à son ami Giuseppe Demaldé, qui était le cousin germain d'Antonio Barezzi et laissa des notes biographiques sur Verdi[1] :

> J'ai hâte de voir passer les trois prochaines années durant lesquelles je me suis engagé encore à écrire six opéras. Et puis ce sera fini. Je broierai du noir, tant que je n'aurai pas terminé avec cette carrière que j'abhorre. Ensuite ? Je ne dois pas trop me faire d'illusions, je continuerai à broyer du noir. Il ne saurait y avoir de bonheur pour moi[2]...

Ce qui montre que Verdi se prenait bien pour ce héros romantique à la Hugo, « une force qui va, / agent aveugle et sourd de mystères funèbres ! / Une âme de malheur faite avec des ténèbres[3] ! » Le désespoir irascible d'Hernani est alors le sien, car il est encore pénétré de ce magnifique drame romantique, et pense déjà, sans doute, à celui qui suit, ce *Macbeth* qui va marquer un tournant dans sa production en l'amenant à mettre une sourdine aux élans patriotiques des précédents opéras, et leurs mouvements de foule enflammée, pour privilégier les tourments de l'âme, les ténèbres du destin, le poids de la faute et du remords, les arcanes psychologiques de l'être. Et cela grâce au plus grand dramaturge de tous les temps, ce Shakespeare qu'il a lu dès l'adolescence, peut-être à la bibliothèque municipale de Busseto (qui comptait alors pas moins de dix mille volumes) ou parmi les beaux livres de la bibliothèque de son protecteur Antonio Barezzi, à qui il dédie justement cet opéra. Ce qui est sûr, c'est qu'il a toujours dit qu'il connaissait le dramaturge élisabéthain de toute éternité. Et donc *Macbeth*, dont l'idée a peut-être jailli d'une de ses discussions avec son ami Andrea Maffei, traducteur de Schiller et conseiller tout particulier à l'heure de la mise en route du livret. Car ce livret de *Macbeth*, s'il doit beaucoup à Piave, le librettiste, a bel et bien été forgé, récrit, amendé et modelé par Verdi, après consultation de son vieil ami le comte Maffei. Ce dernier était d'autant plus disponible qu'il venait de se séparer de Clara — adieu le salon que fréquentaient alors le Tout-Milan et Verdi ! — et Giuseppe avait d'ailleurs apposé sa signature comme témoin de l'acte notarié de séparation. *Macbeth*, donc. « Cette tragédie, écrit-il à Piave, est une des plus grandes créations humaines ! » Et il entend bien composer, pour sa part, un des plus grands opéras jamais représentés. Il veut en faire « quelque chose qui sorte du commun », une œuvre singulière, insolite, surprenante après tant de mouvements de foule autour de l'humiliation des peuples asservis ou bafoués ; il réclame de son librettiste « un langage sublime », « aucun mot inutile », oui, insiste-t-il, il faut à cette écriture « de la brièveté et du sublime[4] ».

Cet opéra est pourtant plus long que les précédents : quelque trois heures de spectacle en quatre actes parfaitement structurés, autour des trois protagonistes : Macbeth, Lady Macbeth et les sorcières — personnage collectif —, dont le chœur rythme le déroulement du drame. Ces sorcières, Verdi les a voulues vulgaires, folles et débraillées, et ce n'est pas le moindre mérite de cette œuvre que de voir Verdi appliquer avec tant de bonheur le fameux « mélange des genres » cher à Hugo. Ce que nous voyons aujourd'hui n'est plus, cependant, la version florentine de 1847, mais la version remaniée par Verdi pour l'Opéra de Paris où l'œuvre fut donnée le 21 avril 1865, et pour laquelle il dut écrire, par la force des choses, un ballet de l'acte III.

Nous retrouvons dans cet opéra les teintes sombres d'*Oberto*, qui s'ouvrait déjà sur une scène nocturne de forêt. Mais ici, au milieu d'éclairs et de coups de tonnerre, ce sont des sorcières, grimaçantes et grotesques, aux voix contrefaites, qui s'agitent sur scène, et dont la fonction est de prédire l'avenir, d'annoncer un destin. Et comme Macbeth et Banquo, tous deux généraux de l'armée du roi Duncan, font leur entrée, elles prédisent au premier qu'il sera comte de Cawdor et roi d'Écosse, et au second qu'il sera « *di monarchi genitore* », qu'il engendrera des rois. Et tout aussitôt après leur passage, un messager vient annoncer à Macbeth que le roi le nomme seigneur de Cawdor, car l'actuel monarque vient d'être décapité. Cela fait évidemment froid dans le dos des deux hommes, épouvantés par la réalisation brutale de la première des prédictions. D'entrée de jeu, nous sentons planer le poids du destin et la tragédie ; Macbeth, les cheveux dressés sur la tête, sent en lui un terrible pressentiment : « *Pensier di sangue, d'onde sei nato ?* » (« Pensée de sang, d'où me viens-tu ? »), et la phrase est répétée deux fois, pour bien insister sur le poids du sang qui va peser sur les personnages jusqu'au dénouement. La scène suivante nous montre Lady Macbeth lisant la lettre de son mari — sans la chanter, selon un procédé novateur que Verdi reprendra dans *La Traviata*, quand Violetta lit la lettre de Germont lui annonçant le retour d'Alfredo —, lettre l'informant de la prédiction des sorcières. Au même moment, on lui annonce l'arrivée du roi Duncan qui passera la nuit au château. Elle scande et invoque alors ce sang qui étanchera sa soif de pouvoir : « *Or tutti sorgete, ministri infernali, / Che al sangue incorate, spingete i mortali / Che al sangue incorate i mortali* » (« Surgissez, ministres de l'Enfer, vous qui invitez, qui poussez au sang les mortels* »). Et elle invoque aussi le poids des ténèbres afin « que le fer ne voie pas quelle poitrine il frappe ». Tout est dit ici : c'est la femme, souveraine, qui va aider son époux pusillanime — un « *fanciul vanitoso* » (« enfant capricieux »), dira plus loin son épouse — à accomplir le crime qui fera descendre sur sa

* Les traductions habituelles emploient ici le terme éclaircissant de « crime », mais c'est une trahison de l'original verdien, qui entend insister, là aussi à deux reprises, sur ce « sang » qui fera toute la pièce.

tête la couronne d'Écosse, ainsi qu'il a été prédit ; c'est elle qui va le conduire jusqu'à la couche du roi et qui, après le coup fatal porté, s'emploiera à replacer le poignard sanglant sur le lit et à barbouiller de sang les mains des gardes afin que « le crime retombe sur eux ». Deux caractères s'affrontent ici : le meurtrier est un homme indécis, pleutre, accablé aussitôt par le poids de son crime : « Tu as tué pour toujours le sommeil » (la phrase est dans le texte même de Shakespeare), se dit-il à lui-même, paralysé de terreur ; alors que Lady Macbeth s'affirme tout aussitôt comme la meneuse de jeu, l'artisan du crime, mais aussi de la faute, qu'elle assume en un *staccato* nerveux, tandis que son époux se répand en un *cantabile* coupable. Il est caractéristique qu'une fois découvert le crime, et le corps du roi assassiné porté à dos d'homme, l'ensemble concertant — sur un rythme enlevé, comme de valse — soit *in fine* dominé par la voix hurlante — hystérique ? — de Lady Macbeth, qui s'écroule en même temps que le rideau tombe.

C'est la volonté farouche et homicide de son épouse qui pousse de nouveau Macbeth à tuer. Sur la foi de la prédiction des sorcières qui lui voient une descendance royale, son fer devra atteindre son rival Banquo, et le fils de celui-ci — qui réussit à échapper pour réapparaître au dernier acte, réclamant sa promesse d'héritage. L'un des airs les plus célébrés de cet opéra entérine alors — « *La luce langue* » (« La lumière languit ») — la volonté de Lady Macbeth d'aller jusqu'au bout du sang et du crime (notons que cet air pathétique a été ajouté ultérieurement, et par un juste souci perfectionniste, par Verdi dans la version de 1865). Elle évoque là, une fois de plus, la nécessité des ténèbres propices et la chute du soleil, dans la magnifique poésie de Piave et de Verdi réunis :

La luce langue, il faro spegnesi
Ch'eterno scorre per gl'ampi cieli !
Notte desiata, provvida veli
*La man colpevole che ferirà**.

Cette invocation à la nuit est suivie de l'interrogation en voix parlée, et non chantante — sans doute Verdi s'inspire-t-il là de la déclamation théâtrale de Shakespeare : « un nouveau crime », s'interroge à deux reprises la « femme fatale » avant de renouer avec le chant et d'asséner d'une voix aiguë : « *E necessario ! E necessario ! Compiere si debbe l'opra fatale* » (« C'est nécessaire... Il faut accomplir l'œuvre fatale »). Banquo — qui chante ses sombres pressentiments dans une nuit ténébreuse qui lui rappelle celle où Duncan fut assassiné — et son fils sont agressés dans la forêt par les hommes de Macbeth ; le père est tué, mais l'enfant échappe aux sicaires. Puis vient le banquet que donne le nouveau roi — imposteur — à ses vassaux, avec l'inévitable « *Brindisi* » — chanson à boire ou toast — entonnée avec une légèreté teintée d'inquiétude, annonçant à l'évidence le fameux

* « La lumière languit, le phare qui roule, / Éternel, dans les vastes cieux s'éteint ! / Nuit désirée, nuit prévoyante, voile / La main coupable qui va frapper » (*Macbeth*, trad. de l'italien par Michel Orcel dans *L'Avant-scène Opéra*, 1982, p. 47).

« *Brindisi* » initial de *La Traviata*. L'inquiétude se propage au fatal époux, à qui l'on vient d'annoncer l'exécution de son rival, et qui voit soudain le spectre de Banquo dressé devant lui. Ce fantastique, qui culmine sur l'impression d'effroi s'emparant de Macbeth, est hérité de l'original shakespearien, mais admirablement utilisé par Verdi dans une scène à la musique hallucinante qui va déboucher au tableau suivant sur le sabbat des sorcières. Cette terreur surnaturelle qui saisit Macbeth nous renvoie au meurtre primordial, souligné par le chœur final de l'acte I, quand, devant le corps sanglant du roi assassiné, Dieu est sommé de marquer au front l'empreinte du « premier criminel » — Caïn. Et tout ce sang terrifiant qui avait souillé les mains de Macbeth, puis celles de son épouse, réapparaît dans cette image fantasmagorique de Banquo : « *Quel sangue fumante mi sbalza nel volto* » (« Ce sang fumant me saute au visage »). Tout aussitôt après, nous entrons dans la cuisine infernale des sorcières préparant leurs oracles — et c'est là que Verdi plaça en 1865 le ballet nécessaire que lui réclamait l'Opéra de Paris, et qui constitue une fort belle réussite musicale. L'essentiel de la scène, qui reprend les termes mêmes de Shakespeare, et baigne dans une obscurité propice à la fantasmagorie, consiste, à la faveur des « esprits montant de la terre » et tandis que Macbeth boit l'affreuse mixture des sorcières, à prédire l'avenir de Macbeth, là encore en trois temps : se méfier de Macduff, noble écossais attaché à la cour de Duncan, ne rien craindre d'« aucun homme né d'une femme », et être toujours victorieux tant que la forêt de Birnam ne marchera pas sur lui. Mais voilà que reparaît le spectre de Banquo avec toute sa descendance royale, détruisant définitivement la confiance de Macbeth en son avenir de roi. Verdi traite toute la scène avec un grand sens dramatique, sous forme d'un récitatif heurté et douloureux. Pour la représentation parisienne, il avait lui-même, de sa propre main, introduit cet acte de sorcellerie en rédigeant en français un texte éclairant, qui montre bien aussi la part qu'il prenait dans l'écriture du livret :

BALLET

Des esprits, des êtres fantastiques remplissent la scène. Hécate, déesse de la nuit et des sortilèges, apparaît au milieu des sorcières. Celles-ci s'inclinent avec respect et contemplent la déesse avec une terreur religieuse. Hécate dit aux sorcières qu'elle connaît leur œuvre et sait pour quel motif elles l'ont appelée. Elle examine tout attentivement puis annonce aux sorcières que le roi Macbeth viendra les interroger sur son destin. Elles devront le satisfaire. Si les visions terribles qu'elles lui montreront abattent trop ses sens, elles invoqueront les esprits aériens pour le ranimer et lui rendre son énergie. Voilà ce qu'elles feront, mais elles ne doivent pas lui annoncer la fin qui l'attend. Les sorcières reçoivent respectueusement les ordres de la déesse. Hécate disparaît à travers les éclairs et au bruit du tonnerre. Ronde infernale des sorcières. Elles s'arrêtent en entendant venir Macbeth[5].

Où l'on constate que Verdi n'écrit pas seulement la musique et le livret de son opéra, mais se soucie aussi de la mise en scène. On sait, à ce sujet, qu'il indiquait dans ses didascalies où placer les instruments — et lesquels — pour faire sortir le son non de la fosse d'orchestre mais comme de dessous terre. Le compositeur, qui indiquait sur sa partition en didascalie : « On entend le son souterrain d'une cornemuse », avait fait placer, semble-t-il, sous la trappe ouverte dans le fond de la scène un petit ensemble comprenant deux hautbois, six clarinettes, un basson et un contrebasson, de telle sorte que le déplacement du son créait un climat insolite et surnaturel, cette musique souterraine soulignant chacune des apparitions. Oui, Verdi était maître de son opéra sous tous les angles — comme le fut aussi, à la même époque, ou un peu plus tard, Wagner à Bayreuth.

Au dernier acte, Verdi se souvient de ses opéras patriotiques antérieurs, bien que dans un contexte tout différent. Néanmoins, certains mots et expressions ne peuvent laisser de marquer l'auditoire, et le défilé des victimes de la répression de Macbeth, le « chœur des proscrits écossais », s'accompagne de plaintes pour lesquelles Verdi dit explicitement vouloir s'inspirer de *Nabucco* : « *Patria oppressa* » (« Patrie opprimée ») entend-on d'emblée, deux fois répété, et l'ultime chant ressasse « *Patria mia ! Oh patria* ». Cela ne pouvait certes pas manquer de résonner dans la conscience italienne. La musique accompagnant ce chœur est lente et funèbre, soulignée par les sons graves des bassons et des timbales. C'est là, d'ailleurs, que se situe l'inévitable morceau de bravoure de Macduff se lamentant sur la mort de ses fils. L'appel à la vengeance est généralisé, le drame s'amplifie, et la musique lui fait écho, le dénouement est là : au terme d'une scène de somnambulisme où la femme coupable tente en vain, dans son cauchemar, d'effacer la tache sanglante au creux de ses mains, Lady Macbeth succombe ; son mari, l'air égaré, n'en accuse guère le coup, se contentant de déclamer, dans les pas et la voix de Shakespeare :

La vita !... Che importa ?
E il raconto d'un povero idiota ;
Vento e suono che nulla dinota * !

On reconnaît là, dans le raccourci nécessaire voulu par Verdi, la fameuse phrase de Shakespeare :

La vie n'est qu'une ombre qui passe, un pauvre histrion qui se pavane et s'échauffe une heure sur la scène et puis qu'on n'entend plus... une histoire contée par un idiot, pleine de fureur et de bruit et qui ne veut rien dire[6].

Finalement, Macduff tue Macbeth (en coulisse) et le nouveau roi — Malcolm, fils de Duncan — est acclamé, tandis qu'il déclare — en une ultime réminiscence du temps du *Risorgimento* : « *Confida, o Scozia, in me : Fu spento l'oppressor* » (« Écosse, crois en moi : L'oppresseur est vaincu »). Final glorieux sur un air de marche triomphale.

On mesure bien la distance considérable qui sépare cet opéra des œuvres antérieures, *Nabucco* ou *Ernani*. À l'évidence, il n'a rien renié de ses

* « La vie !... Qu'importe ? / C'est le récit d'un pauvre idiot ; / Un souffle, un son qui ne signifie rien ! » (*Macbeth*, trad. de l'italien par Michel Orcel dans *L'Avant-scène Opéra*, 1982, p. 74).

engagements précédents, mais tout cela s'inscrit dans un drame qui est d'abord celui de la soif du pouvoir et de la faute, drame primordial qui renvoie au combat de Caïn et Abel, explicitement évoqué. Donc, au mythe fondateur de l'histoire humaine. Verdi, ici, va plus loin que la seule circonstance historique — le combat de l'Italie contre l'oppresseur et pour son unité —, il plonge dans les abysses de l'âme humaine et met à nu les passions primaires. Si ce nouvel opéra connaît un succès considérable, quelques voix du *Risorgimento* déplorent tout de même le changement de cap, comme une trahison commise par leur grand barde. Mais Verdi, on le voit, on le pressent déjà, ne travaille pas seulement pour les siens, il œuvre pour l'humanité tout entière et pour la postérité — qui reconnaît aujourd'hui l'impact de son œuvre et son immense génie.

1847-1851 : la fin des galères et des chaînes

Piangi, piangi, il tuo dolore
*più dell'ira è giusto, ahi quanto** !
Luisa Miller

Mais non, Verdi n'en a pas fini avec l'opéra patriotique et les diverses commandes qui minent sa santé. Il est allé trop loin en engageant son talent et sa personne. Il lui faut maintenant payer sa gloire naissante de son labeur de galérien. Il lui faut aussi suivre les événements qui vont soulever toute l'Italie comme l'Europe, en 1848, et peser à sa façon sur l'Histoire. Répondre à la commande et ne pas décevoir les siens, non plus que son public. Nous le trouvons donc au sortir de *Macbeth*, passablement épuisé mais ayant encore assez de ressort pour faire face à cet opéra de commande qu'il compose dans le même temps, pour Londres, *I masnadieri*, inspiré des *Brigands* de Schiller.

C'est son ami le comte Andrea Maffei qui adapte la pièce de Schiller en la raccourcissant à un

* « Pleure, pleure, ta douleur / plus que la colère est juste, ô combien ! »

point tel que le spectateur ne suit pas toujours le fil de l'intrigue. Jacques Bourgeois, qui fut l'un des meilleurs connaisseurs de l'œuvre de Verdi, n'hésite pas à la qualifier de « mélo passablement absurde[1] ». Inutile de nous y attarder : dans la Saxe du XVIIIe siècle, Carlo, fils du comte Moor, amoureux d'Amalia, et rival de son frère Francesco, qui fera tout pour lui nuire, décide d'aller rejoindre une bande de brigands dont il prend la tête, animé d'un désir de vengeance envers son frère. Maffei voulait au départ adapter *Caïn* de Byron, pour proposer à son ami Verdi d'en faire un opéra, ce qui n'aboutit pas, sauf à laisser çà et là des traces caïniques dans les opéras de Giuseppe, comme précédemment dans *Macbeth* et ici, où le fratricide et parricide en intention n'aura pour seul horizon que l'abîme et l'enfer. Francesco vient d'annoncer à Amalia qu'il veut la mort de Carlo ; il en informe aussi son père, en vue de le tuer également. Francesco signifie à Amalia qu'elle doit l'épouser, pour respecter les dernières volontés de son père. Amalia cependant apprend que ce père et son fiancé sont vivants, ce qui donne lieu au plus beau passage de l'opéra, une cabalette où s'illustra celle qu'on appelait « le rossignol suédois », la soprano Jenny Lind. Dans la forêt des brigands, Amalia rejoint Carlo et ils se redisent leur amour, mais comme le chef des brigands ne peut renoncer à sa mission auprès d'eux, il préfère tuer la femme qu'il aime et se livrer à la justice sur le cri de « *Ora, al patibolo !* » (« Maintenant, au gibet ! »), tandis que Francesco, plein de remords, implore en vain l'absolution d'un prêtre (dans l'original de Schiller, Franz se pendait).

Verdi s'est tué à la tâche — six semaines, douze heures par jour — pour écrire à la hâte une musique sur un livret bâclé. L'opéra fut donné, sous la direction du compositeur, le 22 juillet 1847 au Her Majesty's Theatre de Londres — et la reine Victoria donna congé au Parlement pour que toute la cour y assiste — avec un succès éclatant sur le coup, mais qui décrut singulièrement, avec seulement quatre représentations, et un avenir quasi nul. Il en reste néanmoins quelques belles pages que l'on peut entendre encore aujourd'hui (chantées notamment par Joan Sutherland, autre rossignol... australien).

La vie quotidienne de Verdi connaît durant ces quatre années une fièvre tout à la fois créatrice, sentimentale et politique qui doit retenir ici notre attention. La création lui importe infiniment, et Verdi, sûr de sa gloire, court les contrats comme un chien fou. C'est ainsi qu'il se lie — inconsidérément — avec Francesco Lucca, copiste chez Ricordi, qui vient de fonder une maison rivale soucieuse d'attirer des auteurs prolixes comme Verdi. Ce dernier s'engage à lui fournir trois opéras, qui seront les trois œuvres succédant à *Macbeth*. Mais voilà que, pour se rendre à Londres où l'attend Benjamin Lumley, l'imprésario du théâtre de Sa Majesté, il prend des chemins détournés, traversant Bâle, Strasbourg, la vallée du Rhin, Cologne, Bruxelles et Paris. Verdi se montre bientôt un infatigable voyageur, amoureux des trains qui révolutionnent, en facilitant les contacts, la vie artistique. À Paris, il retrouve sa glorieuse « Abigaille », Giuseppina Strepponi, retirée de la scène et vivant de leçons de chant dans la capitale française. C'est sûrement pendant ces deux jours d'étape que se noue — ou se renforce — la liaison entre la cantatrice et le compositeur. Cette liaison va aussi conditionner la production de Verdi, qui n'est plus aussi motivé par ses contrats mais qui, poussé néanmoins par ses engagements et tout l'argent qu'il se doit d'engranger, se démène et produit, souvent à la va-vite. En même temps qu'*I masnadieri*, le théâtre de Sa Majesté, le Covent Garden, rival du théâtre royal, affiche *Ernani*. Au grand dam de Lumley qui proposait à Verdi un contrat mirifique de chef de pupitre et de compositeur pour trois ans. Mais Verdi a fort à faire par ailleurs : la bouillante et sage Strepponi le réclame à Paris qui, de fait, offre à notre Bussetan des perspectives autrement gratifiantes, la « Grande Boutique » — comme il surnomme l'Opéra de Paris — étant considérée alors, répétons-le, comme la plus grande scène lyrique du monde. Verdi quitte donc Londres après la seconde représentation d'*I masnadieri* pour rejoindre la femme qu'il aime et passer l'été 1847 à Paris. S'activant malgré tout, sous la pression de Lucca, à l'opéra qu'il lui a promis, *Il Corsaro*. L'Opéra de Paris lui demande parallèlement d'adapter en français ses *Lombardi*, et ce sera cette *Jérusalem* — traduite d'ailleurs plus tard en italien et donnée sous le nom de *Gerusalemme*. La langue espagnole use d'un vocable imagé pour cela : des *refritos* ; nous pourrions dire des « réchauffées ». Ce nouvel opéra, adapté en français par Alphonse Royer et Gustave Vaëz, est donné le 26 novembre 1847.

Cette fois, les croisés lombards deviennent toulousains, et le seigneur Folco se retrouve en comte de Toulouse, mais l'intrigue reste la même, sous des dehors sans doute plus policés, qui ont pu faire parler, à propos de cette nouvelle mouture, de « jardin à la française ». Bien entendu, l'Opéra de Paris, que l'on appelle alors le Théâtre des Italiens, n'est pas encore à l'emplacement du palais Garnier, mais est situé rue Le Pelletier, ce pourquoi Giuseppe et Giuseppina logeront plus tard juste derrière, rue de la Victoire, dans le IXe arrondissement. Auparavant, cet Opéra avait affiché *Nabucco* en 1845, *Ernani* et *I due Foscari* en 1846.

Verdi s'attelle donc à cette commande laborieuse, sous l'injonction de cet « éditeur odieux » qu'est Lucca : *Il Corsaro*, que Francesco Maria Piave, librettiste retrouvé, adapte de *The Corsair*, de Byron. La première a lieu à Trieste, au Teatro Grande, le 25 octobre 1848, mais sans grand succès car les Italiens s'attendaient à un nouvel opéra patriotique et les voilà déçus. Il leur faudra attendre l'opus suivant, *La battaglia di Legnano*, écrit en pleine crise politique de Lombardie, avec l'expulsion des Autrichiens, suivie du retour de ces derniers, et créé au Teatro Argentina à Rome le 27 janvier 1849. Ces deux opéras, Verdi les composa dans son domicile parisien, en fait à Passy, alors en banlieue, en compagnie de Giuseppina. En attendant de l'emmener avec lui dans la demeure qu'il se fait alors construire, aux portes de Busseto, à Sant'Agata, qui va devenir jusqu'à sa mort leur domicile.

Ce « Corsaire » campe, dans une île de la mer Égée, la figure de Corrado, chef des pirates, qui reçoit l'ordre d'attaquer la cité de Corone où règne le sultan Seïd. Avant de partir, il fait ses adieux à Medora, la femme qu'il aime. Au cours de la bataille, perdue par les pirates, Corrado est fait prisonnier. La favorite du harem, Gulnara, qui déteste son sultan, s'éprend aussitôt du beau Corrado, et demande à Seïd la grâce du pirate, mais devant son refus irrité, elle décide de faire évader le prisonnier et, dans la foulée, de poignarder son détesté sultan. Les amants retournent à l'île de Corrado, pour y trouver Medora mourante. Corrado, désespéré, se jette à la mer. Tel est cet opéra, pour lequel le compositeur n'avait guère d'estime. L'opéra ne fit qu'une brève carrière, mais il a connu un regain d'intérêt, dans les années 1970, au point de faire à nouveau partie du répertoire.

La battaglia di Legnano, pour sa part, sur un livret de Cammarano, s'inscrit dans un contexte de troubles politiques qui, tout à la fois, détermine son écriture et explique son succès du moment. À Paris, Verdi assiste en février 1848 à la chute du roi Louis-Philippe, et dans le même temps reçoit d'Italie des nouvelles qui font état de l'insurrection qui gagne les principales villes de la Péninsule. Le fidèle Piave, patriote en diable, s'est lui-même engagé dans la garde nationale de Venise, et sera bientôt contraint à l'exil en Suisse. Pour l'heure, Verdi, cloué à Paris par ses habituels ennuis de santé (dans ce cas, peut-être diplomatiques) et aussi, plus sérieusement, par la nécessité de recouvrer ses cachets, écrit à son fidèle ami une lettre hautement significative :

> Honneur à toute l'Italie, véritablement grande maintenant ! L'heure de sa libération a sonné, sois-en sûr. C'est le peuple qui le veut et quand le peuple le veut, aucun pouvoir absolu ne saurait y résister.
>
> Ils pourront s'agiter, intriguer, ceux qui entendent nous plier par la force, ils ne réussiront pas à voler ses droits au peuple. Oui, oui, quelques années, peut-être seulement quelques mois encore, et l'Italie sera libre, unie et républicaine. Comment pourrait-il en être autrement[2] ?

Telle est la pensée politique de Verdi, qui, pour autant, ne s'engagera guère au-delà des paroles. C'est un musicien, pas un tribun, et nullement un homme politique. Mais sa musique, néanmoins, va servir son idéal, et son rôle dans cette période se verra renforcé. Certes, on peut dire que des œuvres telles que *Nabucco*, *I Lombardi* et *Ernani* reflétaient toute l'aspiration de l'Italie à la libération, et encourageaient la prise de conscience politique de tout un peuple. Mais c'est en écho cette fois à une actualité brûlante que Verdi donne cette *Battaglia di Legnano* qui, à travers un épisode médiéval de l'histoire nationale, réactive pour ses contemporains une résistance salvatrice. Là, sur une place de Milan, des troupes venues de toute l'Italie se rassemblent pour barrer la route à l'empereur allemand Frédéric Barberousse. Leur chef, Rolando, reconnaît à la tête des soldats son vieil ami Arrigo, de Vérone, qu'il avait cru mort. Ils s'embrassent et jurent avec toutes leurs troupes de donner leur vie au combat libérateur. Mais il faut à la guerre son pendant passionnel et amoureux, et on découvre que Lida, l'épouse de Rolando, fut autrefois fiancée à Arrigo. Elle reçoit les deux hommes avec joie, mais Arrigo, en aparté, lui reproche d'avoir trahi leur amour. Les deux hommes se retrouvent à Côme, qu'ils tentent de gagner à la Ligue lombarde, alors que les magistrats de la ville ont signé un accord avec Barberousse, accord que les Lombards qualifient de traîtrise envers la patrie. L'empereur apparaît alors et affirme, superbement : « Je suis l'Italie. » Les Lombards se retirent en jurant de lutter jusqu'à la mort. Cependant, Arrigo découvre l'amour de Lida pour Arrigo et son désir de vengeance interfère avec celui de libérer sa patrie. Il enferme Arrigo dans une pièce pour le priver de combat, mais celui-ci saute du balcon, héroïquement, en s'écriant « *Viva Italia !* ». C'est donc lui qui viendra à bout de l'empereur allemand, mais il est ramené du combat mortellement blessé. Là, dans une scène qui préfigure le final du *Ballo in maschera*, Arrigo confesse à Rolando la pureté de son amour pour Lida et confirme l'innocence de cette dernière. Pardon du mari. Arrigo meurt en embrassant le drapeau italien. L'Italie est sauve.

On imagine bien avec quelle émotion et quel enthousiasme cet ultime opéra patriotique de Verdi fut reçu. Le délire des spectateurs fut indescriptible. Au moment où les Lombards de la Ligue prêtent serment, tout l'auditoire se leva comme un seul homme en criant : « *Viva Verdi ! Viva l'Italia !* » Quelques jours après cette représentation mémorable, le 9 février 1849, la République romaine était proclamée. Et Verdi devenait, du même coup, le tribun musical, le héraut de tout un peuple aspirant à sa liberté et à l'unité du pays. Ce qui ne l'empêcha pas d'aller bien vite rejoindre Giuseppina à Paris. Dans l'intervalle, la situation se renversa : au Piémont le roi Charles-Albert fut contraint d'abdiquer, à nouveau vaincu par les Autrichiens ; à Rome les troupes françaises accoururent à la rescousse du pape, Pie IX, contraignant le leader républicain Giuseppe Mazzini à reprendre le chemin de l'exil. Et *La battaglia di Legnano*, ne pouvant plus être représentée dans les mêmes termes, fut donnée ensuite, complètement défigurée, sous le titre de *La battaglia di Arlem*, l'Italie étant remplacée par les Flandres, sous l'occupation espagnole, le duc d'Albe remplaçant Barberousse et Milan devenant Haarlem. Qui dira assez les effets dévastateurs des ciseaux castrateurs de la censure ? Et le déplorable effet de ces œuvres « réchauffées » ?

Verdi, dégoûté par le rôle joué par la France dans l'affaire romaine, laisse s'exprimer sa rancœur dans une lettre à Clara Maffei : « La France ne veut pas d'une nation italienne[3]. » Puis il s'en retourne à Sant'Agata où il s'installe avec Giuseppina, au grand dam du voisinage qui voit d'un fort mauvais œil ce concubinage scandaleux. C'est là qu'il écrit, pendant l'été 1849, un nouvel opéra, tournant le dos aux précédents par son thème intimiste, un drame bourgeois intitulé *Luisa Miller*, et que Cammarano (préféré cette fois à Andrea Maffei, rendu responsable de l'échec d'*I masnadieri*) adapte, à partir de nouveau d'une œuvre de Schiller, *Kabale und Liebe* (« Intrigue et amour ») : une œuvre représentative du drame bourgeois et du *Sturm und Drang* (littéralement « orage et passion »), mouvement esthétique allemand qui s'oppose au rationalisme de Weimar et s'accorde bien avec la musique de Verdi, qui saura l'adapter à l'esprit italien.

Luisa Miller, une jeune villageoise, dont on fête au lever du rideau l'anniversaire, est amoureuse de Carlo, un jeune homme étranger au village et dont le père de Luisa se méfie, ce pourquoi il préférerait la donner en mariage à Wurm, un employé du comte Walter, châtelain du village. Ce dernier vient alors révéler à Luisa, dont il est épris, que ce Carlo est, en fait, le fils du comte Walter. Celui-ci voudrait que son fils, qui s'appelle en réalité Rodolfo, épouse la duchesse Federica, à qui, peu après, Rodolfo avoue aimer une autre femme. Tout cela crée une assez forte tension : le comte Walter insulte Miller, le père de Luisa, puis le fait arrêter. Rodolfo menace alors son père de révéler comment il est devenu comte Walter. Ressort dramatique connu, et usé ensuite jusqu'à la corde : Wurm fait chanter Luisa, il fera libérer son père à la condition qu'elle avoue l'aimer. La vérité sur Walter est dévoilée ensuite, au cours d'un face-à-face avec Miller qui rappelle comment ils ont tué ensemble le cousin de Walter pour que ce dernier hérite du titre de comte. Rodolfo, désespéré en lisant la lettre par laquelle Luisa confesse son amour pour

Wurm, rumine sa vengeance. Au final, alors que Luisa s'apprête à révéler le chantage dont elle a été l'objet, Rodolfo, qui a versé du poison dans une carafe en vue de mettre fin à ses jours, le fait boire à Luisa, et les deux amants contrariés meurent de concert, après que Luisa eut révélé à Rodolfo qu'elle n'a écrit cette lettre que sous la contrainte, et après que Rodolfo eut transpercé Wurm de son épée. Rideau sur un drame intimiste.

Disons tout de suite que cet opéra est d'une grande beauté musicale. L'ouverture, qui peut faire penser aux premières pages du *Freischütz* de Weber, a une force enveloppante qui tient en haleine l'auditeur jusqu'au lever du rideau, dans un climat pastoral qui convient à une intrigue villageoise. L'opéra vaut aussi par quelques belles arias, dont le morceau de bravoure du ténor, Rodolfo, découvrant la lettre traîtresse de Luisa : « *Quando le sere al placido / chiaror del ciel stellato* » (« Lorsque le soir, dans la paisible clarté du ciel étoilé ») ; de cet air chanté par tous les grands de la scène, de Carlo Bergonzi à Plácido Domingo, Jacques Bourgeois n'hésite pas à dire que c'est « une des plus belles scènes de ténor écrites par Verdi dans toute sa carrière[4] ».

La représentation de *Luisa Miller* au Teatro San Carlo de Naples le 8 décembre 1879, où Verdi se promet de ne plus remettre les pieds, donne lieu à un épisode bouffon, ou dramatique : le duc de Ventignano, un des administrateurs du théâtre, à qui le compositeur, au fait des difficultés financières du San Carlo, demande de déposer une avance sur son contrat, exige que le compositeur remette sa partition sans être payé comptant, et, face au refus de Verdi, toujours aussi exigeant quant à ses finances, menace de le faire arrêter en confisquant son passeport (nous sommes toujours dans l'Italie cloisonnée de frontières). Mais Verdi a un caractère trempé et ne recule jamais devant le danger : sachant que la flotte française mouille au large de Naples en cette période d'incertitude politique, il va, partition sous le bras, demander asile au pavillon français, amenant du même coup l'irascible duc à céder et à payer son dû à notre Bussetan, quitte à le faire passer pour un homme âpre au gain, ce dont Verdi se fiche comme d'une guigne.

Luisa Miller apparaît bien comme une transition dans l'œuvre de Verdi, amenant peu à peu celui-ci au drame intimiste contemporain, dont va bientôt témoigner *La Traviata*. Mais il reste encore un opéra à écrire pour en finir avec ces « années de galère », et ce sera *Stiffelio*. En janvier 1850, Verdi a réintégré sa demeure de Sant'Agata. Quand il n'y écrit pas ses notes, il joue les paysans ou les hobereaux, aimant aller à la chasse et se gorger de nature. Lieu propice à l'inspiration, c'est là désormais qu'il écrira ses chefs-d'œuvre, aux côtés de la douce et prévenante Giuseppina, dont le rôle, d'ailleurs, ne se réduit pas à celui de maîtresse de maison : elle sait, maintenant comme à ses débuts, conseiller le maître et le faire avancer sur sa route triomphale. Il pense encore et toujours à Shakespeare et à ce *Roi Lear* qui restera à tout jamais à l'état de projet. Projet pourtant assez avancé, puisque Verdi en avait même rédigé un synopsis qu'il avait envoyé à Salvatore Cammarano. Momentanément en panne d'inspiration, Verdi se voit alors proposer par Piave un livret tiré d'une pièce française, *Le Pasteur*, d'Émile Souvestre et Eugène Bourgeois, et dont le titre italien sera *Stiffelio*. En accord avec Ricordi, avec lequel Verdi renoue après l'épisode désastreux de Lucca, l'opéra est monté le 16 novembre 1850 au Teatro Grande de Trieste. Dans le même temps, la Fenice de Venise lui commande un autre opéra, qui deviendra *Rigoletto*. Et voilà notre pauvre compositeur à nouveau affairé, se démenant comme un beau diable pour boucler ce *Stiffelio* tant bien que mal, avant d'aborder enfin l'époque glorieuse des prochains opéras.

Stiffelio ne rompt pas avec l'inspiration bourgeoise de *Luisa Miller*. Nous avons là, pareillement, un drame intimiste, et même sans effusion de sang, quelque chose qui nous rapproche encore davantage de l'apothéose que va représenter, très prochainement, *La Traviata*. C'est l'histoire d'un pasteur protestant, aux idées réformatrices, qui a trouvé refuge au château du comte Stankar, près de Salzbourg, et nous sommes au XIXe siècle. Le pasteur a épousé Lina, la fille du Comte, mais pendant une longue absence de son mari, retenu par ses obligations religieuses, cette dernière a succombé aux avances du jeune Raffaele. Stiffelio tient à la main un portefeuille qu'un batelier lui a remis, après avoir vu un homme sauter dans le fleuve depuis la fenêtre du château. Stiffelio, sans y attacher plus d'importance, le jette au feu, au grand soulagement des amants qui sont présents ce soir-là au château. Lina, en proie au remords, voudrait lui avouer sa faute, mais en est empêchée par son père qui, averti de l'adultère, lui interdit de le révéler à Stiffelio pour ne pas salir l'honneur de la famille. Plus tard, le père détruit sous les yeux de Stiffelio une lettre que Raffaele a écrite à sa fille et qui est dissimulée dans un livre que vient d'ouvrir le mari trompé. Stankar défie Raffaele en duel, lorsque Stiffelio survient, et son beau-père se voit forcé de révéler à son gendre la cause du duel. Lui-même alors, malgré son sacerdoce, veut se battre avec Raffaele, mais il est rappelé à son devoir par un vieux prêtre, Jorg — celui qui a vu Raffaele glisser la lettre dans le livre. Maintenant, Raffaele a pris la fuite en incitant Lina à le suivre. Mais Lina avoue à Stiffelio, qui veut la délier de tout lien marital, qu'elle l'aime, lui, d'amour ; entre-temps, Stankar vient annoncer, l'épée sanglante à la main, qu'il a tué Raffaele. La dernière scène, au temple, montre Stiffelio rappeler en chaire l'apologue évangélique de la femme adultère, et prêcher le pardon. Lina remercie Dieu sur un contre-*ut* terminal. Rideau.

On ne pouvait rêver sujet plus provocateur aux yeux de la censure, et aussi du public qui en fut dérouté. Plus de fanfare, plus de combats, plus d'appels à la révolte, plus de vengeance ? Au lieu de cela, une sage résignation, une apologie du pardon, un message évangélique. Verdi fait alors marche arrière, il supprime la dernière scène et fait de son pasteur un homme politique — un Premier ministre allemand —, d'où ce titre extravagant et déroutant *Guglielmo Wellingrode*. En 1857, face à l'incompréhension suscitée par cette première version, Verdi reprit cet opéra en le transportant au XIIIe siècle, et ce fut *Aroldo*, mais le résultat n'en fut guère plus probant, car l'intérêt véritable de *Stiffelio* tient justement à sa contemporanéité. Le thème de l'adultère y est franchement posé — tout comme il se posait alors dans l'existence de Verdi vivant en concubinage avec celle que l'on considérait à Busseto comme une « dévoyée », et c'est peut-être pour y répondre que Verdi fait chanter sur scène : « Que celui qui n'a jamais péché lui jette la première pierre... »

« Mobile est la vie, bien fol qui s'y fie » : de *Rigoletto* au *Trouvère*

RIGOLETTO : LE SACRE DU BOUFFON

Ora mi guarda, o mondo...
*Quest'è un buffone**.
Rigoletto

Noël 1850 trouve nos deux amants à l'ancre à Busseto, en parfaite et discrète intimité. Mais le travail est toujours sur la table. En janvier 1851, Verdi met la dernière main à sa *Maledizione*, ainsi que s'appelle initialement l'opéra suivant. Et il informe la direction de la Fenice que l'œuvre est fin prête.

Le 11 mars 1851, le Gran Teatro de la Fenice, à Venise, donne la première de ce nouvel opéra de Verdi, sur un livret de Piave, sous le titre de *Rigoletto*. Selon une pratique désormais coutumière, le titre de cette œuvre change au cours des représentations suivantes, et devient, le 27 septembre de la même année, à Rome, *Viscardello*, tout comme plus tard à Bologne, ou à Bastia. À Naples,

* « Maintenant regarde-moi, ô monde... / Voici un bouffon. »

en 1853, l'opéra s'appellera *Clara di Pert*. Ailleurs, *Lionello*, ces divers titres reflétant les impératifs et les exigences de la censure régionale. L'opéra sera aussi adapté dans certaines langues, comme, par exemple, l'hébreu quand *Rigoletto* est donné à Jérusalem le 30 octobre 1923. Cette œuvre, assurément l'une des plus célèbres, à juste titre, et des plus jouées, a pu être produite en anglais, en allemand, en russe, en polonais, en suédois, en bulgare, en hongrois...

L'idée d'adapter le drame tragi-comique en cinq actes de Victor Hugo, *Le roi s'amuse*, s'est imposée au compositeur comme une évidence. Le 8 mai 1850, il écrit dans l'enthousiasme à son librettiste, Francesco Maria Piave :

> *Le roi s'amuse* est le plus grand sujet et peut-être le plus grand drame des temps modernes. Tribolet [*sic*] est un personnage digne de Shakespeare ! [...] Aujourd'hui, en reprenant divers sujets qui me sont passés par l'esprit, *Le Roi* fut comme un éclair, une inspiration et je me dis la même chose : « Mais oui, par Dieu, on ne se trompe pas ! » Eh bien ! dans ces conditions, intéresses-y la Présidence [de la Fenice], mets Venise sens dessus dessous et fais que la Censure permette le sujet[1].

C'est donc Piave qui va négocier avec le théâtre et les autorités administratives, dont le verdict ne se fait pas attendre. En juillet de la même année, la réponse du tout-puissant gouverneur militaire autrichien de Venise parvient, cinglante et négative :

> Son Excellence [le chevalier Gorzkowski, gouverneur militaire de la ville] regrette que le poète Piave et le célèbre Maestro

Verdi n'aient pas trouvé mieux, pour déployer leur talent, que l'intrigue nommée *La maledizione*, répugnant exemple d'immoralité et de vulgarité obscène[2]...

Verdi et Piave accusent le coup, mais remettent l'ouvrage sur le métier, en essayant de rendre acceptable par les autorités autrichiennes ce brûlot de Victor Hugo — lui-même victime de la censure de Louis-Philippe qui fit interdire la pièce après la première représentation —, revu et corrigé musicalement par Verdi. La censure voulait supprimer la bosse du bouffon et sa laideur hugolienne, le sac dans lequel gît le corps de sa fille, le motif de la malédiction, et bien d'autres choses encore dont la figure du libertin incarné par un roi (François Ier). La bataille finit par être gagnée au prix de quelques compromis : on changea d'époque et de lieu, l'action se situa dans un XVIe siècle approximatif, le roi de France devint « *Il Duca di Mantova* », le duc de Mantoue, une ville de Lombardie, patrie de Virgile, au bord du lac moyen du Mincio (qui forme trois lacs, supérieur, moyen et inférieur), et c'est justement là que se trouve, dans la fiction, la fameuse auberge du tueur à gages Sparafucile où le duc s'adonne à ses frasques et où Gilda sera tuée ; on ne s'étonnera pas d'y trouver aujourd'hui une grosse statue en bronze représentant le bouffon avec son bonnet à trois boules (Triboulet), campant devant ce qu'on appelle la *Casa di Rigoletto*. Le tourisme aussi est redevable à Giuseppe Verdi.

À l'origine, Piave proposait de remplacer le François Ier de Victor Hugo par le duc de Vendôme, mais c'est finalement l'Italie, sa géographie et son histoire qui l'emportent. À l'époque de Verdi, il n'y a plus de duc de Mantoue et donc personne ne peut plus s'offusquer des libertinages de ce grand seigneur. Le bouffon hérite d'un nom, « Rigolo », italianisé en Rigoletto, car Verdi était sensible à cette idée de « rigolo » ; notons, justement, que *Le roi s'amuse* avait donné lieu au théâtre du Vaudeville, à Paris, à une parodie représentée en 1835, soit trois ans après la pièce de Hugo, et intitulée *Rigoletti ou Le Dernier des fous*. Verdi pouvait-il l'ignorer ? Dans le processus d'italianisation des personnages hugoliens, le personnage de Clément Marot devient, par rapprochement euphonique, Marullo chez Piave, et le tueur Saltabadil se nomme, en cousinage sonore, Sparafucile ; sa sœur, Maguelonne, deviendra, par logique linguistique, Maddalena ; mais M. de Saint-Vallier, le père de Diane de Poitiers, celui qui va maudire le bouffon, s'appelle ici Monterone — dont la seule chose qu'on puisse dire est que son nom rime avec Maledizione —, et Blanche devient Gilda, un prénom aussi court, et d'ailleurs fort rare, mais bien plus chantant en italien. Au passage, si l'on compare la logorrhée hugolienne à la concision du livret de Piave et Verdi, on voit tout ce que le dramatisme peut gagner dans le raccourci — ainsi plus tard dans l'adaptation de l'*Othello* de Shakespeare. Sur les deux pages hugoliennes de la tirade du père offensé, le librettiste ne retient, en la ramassant, que l'expression de la malédiction :

E tu, serpente,
Tu che d'un padre ridi al dolore,
Sii maledetto !*

Mais que nous raconte donc *Rigoletto*, pour quelle réussite, et vers quelle gloire ? Ce qui caractérise ce nouvel opéra de Verdi, assurément novateur, c'est le balancement ou le contraste — le beau et le laid, le grotesque et le sublime — moins appuyé, moins bavard ou lourdaud que chez Hugo, et pour cela fort efficace. On sait que Hugo prônait le mélange des genres, et cette idée esthétique, qui a tant marqué le romantisme, a fait florès. Une âme noble dans un corps contrefait, un bouffon qui campe un père noble ; et même un tueur à gages qui ose parler de l'honneur en ne tuant pas, comme le conseille sa prostituée de sœur, son commanditaire… mais en sacrifiant, sans le savoir, la fille de ce dernier. Une fille qui va à la mort en se sacrifiant pour l'homme qu'elle aime, mourant pour ce seigneur qui, après l'avoir fait enlever ignominieusement, l'a violée et déshonorée, ce qui constitue, sans doute, l'élément le plus invraisemblable de l'intrigue. Mais l'art de Verdi et son sens dramatique font que nous acceptons tout cela, que nous applaudissons à cette trame « hénaurme ».

Le rideau se lève sur le spectacle d'une cour ducale qui se divertit aux sons d'une musique carnavalesque, volontairement vulgaire — Verdi sait

* « Qui que tu sois, valet à langue de vipère, / Qui fait risée ainsi de la douleur d'un père, / Sois maudit ! » (Victor Hugo, *Le roi s'amuse*, acte I, sc. 5).

se montrer, dans ce sens-là, puritain, ou moraliste. Les mises en scène d'aujourd'hui campent volontiers un lieu de débauche avec des femmes dépoitraillées ou dénudées. Verdi en aurait certainement été horrifié, lui qui misait sur sa seule musique. Le Duc apparaît d'emblée, demandant des nouvelles d'une mystérieuse jeune fille entrevue à l'église, depuis trois mois déjà, et apprend qu'elle vit dans une maison d'une rue lointaine, et qu'un homme vient la voir chaque soir ; puis il passe d'une belle à l'autre en chantant une aria très bien enlevée qui dit qu'une femme en vaut une autre, dessinant ainsi son destin de libertin croqueur de filles :

*Questa o quella per mi pari sono**.

Par un curieux renversement, il célébrera plus tard, dans l'air le plus célèbre de l'opéra, la femme volage, en glosant deux vers attribués à François Ier, « Souvent femme varie, bien fol qui s'y fie » :

*La donna è mobile qual piuma al vento***.

Le bouffon l'aide à berner les maris cocus, et précisément ce comte Ceprano, qu'il raille dans son déshonneur, et offense gravement, ce qui lui attire la colère des autres courtisans. Ceux-ci, tout en bavardant, laissent entendre que Rigoletto aurait une maîtresse, ce qui déclenche l'hilarité, et pourtant…

* « Celle-ci ou celle-là, pour moi ce sont les mêmes... »
** « Comme la plume au vent, femme est légère » (ainsi que le chante la version française).

Parmi les victimes du duc se trouve la fille du comte Monterone, lequel vient accuser le Duc, en recourant à une image toujours aussi fréquente chez Verdi, obsédé par la « foudre de Dieu » :

La voce mia qual tuono
Vi scuoterà dovunque[*]...

Et le Duc le fait arrêter, tandis que Rigoletto, comme à l'accoutumée, se moque de ce noble père. Monterone, emmené par les gardes, maudit alors le bouffon qui, à l'inverse de son maître riant avec désinvolture de l'invective du père humilié, se dit horrifié et, justement comme foudroyé par le tonnerre, se cache le visage en se roulant par terre. Rideau. Ce tableau très court (un quart d'heure, à peine) offre, dans sa concision, un magnifique raccourci de la situation, car il nous dit ou annonce déjà tout. Le moteur de l'opéra est enclenché, son nom est « malédiction ».

Dès le second tableau, en parfaite continuité, la malédiction est sur les lèvres du bouffon, qui regagne sa demeure et va retrouver sa fille, Gilda :

Quel vecchio maledivami[**] !

Un spadassin croise son chemin, qui, à la fin d'un duo saisissant, dans une atmosphère nocturne inquiétante — soulignée par un solo de violoncelle

* « Ma voix comme le tonnerre / Vous ébranlera partout... »
** « Ce vieillard m'a maudit ! »

des plus prenants, nous livre son nom, Sparafucile, et son origine, Bourguignon. Un étranger, donc, qui tient une auberge — ou plutôt un bouge, voire une maison de passe — avec sa sœur, qui expédie *ad patres* toute personne dont on voudra se débarrasser, ou se venger. C'est aussi un tueur à gages. Chez Hugo, il se rattache aux gens du voyage, présenté comme « bohème et bourguignon », avec une sœur qui lit la bonne aventure. On voit que Piave a conservé cette identité, à peine italianisée. Et le bonhomme propose ses services à ce bouffon encore troublé par la malédiction du comte Monterone, et qui songe déjà, sans doute, par une sorte de prolepse du discours inconscient, à se débarrasser du duc libertin. Du point de vue de la musique, on trouve un de ces duos de basses que Verdi va ensuite privilégier, notamment dans *Don Carlos* (avec le duo de Philippe II et de l'Inquisiteur), avec assaut de gravité : Sparafucile l'emporte sur un *fa* grave, en prononçant son nom, avec accent sur le *i* aigu de « *Ci-le* » du plus bel effet, son longuement tenu tandis que Rigoletto lui dit, en prolongeant également sa note : « *Va... Va... Va...* » Comme un acquiescement appuyé. Jamais auparavant l'opéra n'avait osé scinder ainsi la parole chantée, ni conjugué deux voix en une telle harmonie contrastée.

Nous pénétrons dans la demeure du bouffon, qui change alors de personnalité, à la façon d'un transformiste, pour entrer dans la peau d'un père sourcilleux de l'honneur de sa fille. Il recommande à sa duègne de la garder bien serrée et de n'ouvrir la porte à personne. C'est justement ce qu'elle ne fera pas et le Duc, par un effet de mise en scène quelque peu artificiel car on s'y attend trop, va s'introduire subrepticement dans le jardin tandis que le père, alerté par un bruit de rue, a ouvert la porte et est sorti voir ce qui se passait dehors. Gilda dit son attachement à son père — « *Oh, quanto amore !* » —, mais soulève deux points sur lesquels on aurait tort de passer légèrement : « *Qual nome avete ?* » (« Quel est votre nom ? »), demande-t-elle à Rigoletto, et « *Fate ch'io sappia la madre mia* » (« Parlez-moi de ma mère »). Son nom ? « *A che nomarmi ?* » (« À quoi bon me nommer ? ») et il n'en dit pas plus. Le nom réel du bouffon restera ignoré, sauf à s'exprimer de façon symbolique, comme chez Victor Hugo, à la fin de l'œuvre, quand il confirmera son contrat à Sparafucile : « *Punizion son io* » (« Je suis Châtiment »). Mais la mère de l'enfant, qui était-elle ? La réponse du bouffon ne peut que renvoyer, à nos yeux, au drame intime de Verdi perdant sa femme dans la fleur de l'âge, après avoir vu mourir ses deux enfants :

Deh, non parlare al misero
Del suo perduto bene...
Ella sentía, quell'angelo,
Pietà delle mie pene...
Solo, difforme, povero,
Per compassion mi amò.
Moria... le zolle coprano
*Lievi quel capo amato**.

* « De grâce, ne parle pas à un infortuné / Du bien qu'il a perdu... / Elle ressentait, cet ange, / De la pitié pour mes souffrances... / Seul, difforme, pauvre, / Par compassion elle m'aimait. / Elle est morte... Que la terre qui la recouvre / Soit légère à sa tête chérie » (*Rigoletto, L'Avant-scène Opéra*, juillet 2001, p. 27).

Impossible de ne pas penser qu'ici, à cet endroit précis, c'est Giuseppe, veuf si jeune, qui nous ouvre son cœur. Certes, le texte du *Roi s'amuse* délivre le même message, en plus dispendieux et prolixe, en insistant comme il se doit sur la difformité, la monstruosité du bouffon et l'esprit de dévouement de l'épouse ; Giuseppe, lui, insiste sur le « bien perdu », sur « cet ange » et aussi sur sa condition d'homme pauvre. Comment ne pas rattacher ce dernier point à la situation de Giuseppe, naguère jeune homme nécessiteux, assisté et aidé par Antonio Barezzi, le père de sa future épouse ? Comment ne pas penser ici à tout ce qu'il devait à l'un et à l'autre ? C'est sans doute à ces accents de sincérité, ou de dévoilement de soi, que l'opéra doit cette intensité toute particulière, qui a fait l'admiration d'une critique unanime, s'accordant à estimer que *Rigoletto* marque un tournant dans la carrière de Verdi, après ses dix années de travaux de commandes où, malgré la valeur indéniable de la musique, l'inspiration n'était pas forcément au rendez-vous.

Opéra des mensonges, des déshonneurs, des mystifications, des tours et détours, de la raison et de la déraison, *Rigoletto* sert à merveille — et certainement mieux — le propos de Victor Hugo dans son drame romantique. Et dans le jeu des noms et des non-dits, intervient maintenant le leurre du duc de Mantoue qui, pénétrant par ruse dans la maison du bouffon pour séduire sa fille, déguise son identité, et le voilà affublé de ce nom des plus curieux, Gualtier Maldé. Passe pour le prénom, qui, dans sa forme plus italienne, est Gualtiero, l'équivalent du Gauthier en français. Mais que penser de ce Maldé, sinon qu'il sent son paronyme fabriqué. Fabriqué, néanmoins, à partir du nom que prend le roi dans la pièce de Hugo : « Gaucher Mahier ». Il est clair que Piave, dans sa fidélité au *Roi s'amuse*, a là, comme précédemment, transposé au plus près, par une sorte de fidélité littérale obligée, et Gaucher devient donc Gualtiero raccourci en Gualtier, et Mahier donne ce curieux Maldé, qui sonnerait plutôt à l'oreille comme l'apocope de *Maldetto* ou *Maledetto*. Certains y ont pensé*. Et ont pensé que ce nom de Maldé était étroitement lié au moteur de la pièce, la malédiction. Il n'empêche, le « *caro nome* » fera roucouler l'innocente Gilda dans son aria qui renoue, passagèrement, avec le *bel canto* et quelques vocalises dans l'aigu. Mais voilà les courtisans comploteurs qui croient enlever la maîtresse de Rigoletto, et c'est pour découvrir à l'acte suivant qu'il s'agit de la propre fille du bouffon, lorsque Rigoletto, fou de rage, réclame qu'on lui rende son « enfant ».

On peut s'interroger, de surcroît, sur la relation père-fille, qui apparaît ici tellement ambiguë. Le père, en somme, séquestre sa fille dans sa maison, en la laissant à la garde attentive d'une duègne, et, naturellement, elle trompe sa vigilance ni plus ni

* Telle est l'hypothèse de Michel Orcel dans son article « La royauté du fou », *Rigoletto, L'Avant-scène Opéra, op. cit.*, p. 106.

moins qu'une épouse entravée, ou encore d'une Agnès jalousement gardée pour ses propres épousailles par l'Arnolphe de *L'École des femmes* de Molière. Ou, plus près de Verdi, par le Bartholo du *Barbier de Séville*, tuteur de la candide Rosine qu'il entend épouser et qui va se laisser séduire par le comte Almaviva, lui aussi déguisé en un autre : d'abord l'humble étudiant musicien Lindor, puis le maître de musique Alonzo ; il n'est pas interdit de penser que Verdi aurait pu emprunter cette ficelle au grand Gioachino. Pour les courtisans, sans aucun doute, il s'agit d'un amant jaloux, et ils seront détrompés à leur grand ébahissement à l'acte suivant. De sorte que le soupçon d'inceste semble bien suggéré par Piave et Verdi, tout comme il l'est, aussi, chez Hugo. L'apport de Piave tient, on le sait, à la concision de la scène, et donc, là plus qu'ailleurs encore, la fureur du père éclate, submergé par un impérieux sentiment d'amour pour… sa fille.

La rage du bouffon devant les courtisans est l'un des temps forts de l'opéra, un morceau de bravoure du baryton, mais là aussi le dramatisme du chant, qui est moins modulé selon les règles du *bel canto* que rugi et comme sorti des entrailles, illustre bien la nouvelle esthétique de Verdi telle qu'il la formulait pour son *Macbeth*, réclamant « une voix âpre, suffoquée, obscure[3] » : priorité au dramatisme de la voix plutôt qu'à sa beauté. Il s'agit, en somme, de faire juste et non plus de faire beau ; c'est pourquoi nous n'applaudirons pas à telle ou telle prouesse des chanteurs et chanteuses — comme par exemple ce contre-*ut* forcé du chant d'amour de Gilda, que certaines sopranos coloratures, dans l'héritage belcantiste, veulent à tout prix pousser pour se faire applaudir —, nous devons n'être sensibles qu'à la vérité dramatique des personnages, Verdi ne cessera de le répéter au fil des œuvres. Et un chef d'orchestre scrupuleux tel que Riccardo Muti, aujourd'hui, saura y veiller, avec un talent suprême.

Gilda sort enfin des bras et de la chambre du Duc, son père la presse contre lui en pleurant puis, se tournant vers les courtisans, il cesse d'être leur bouffon et déclare cette phrase qui le hausse à la dignité et à la noblesse d'un père :

> Ite di qua voi tutti...
> Se il duca vostro d'appressarsi osasse,
> Che non entri, gli dite, e ch'io ci sono*.

La fille confie à son père l'offense qui lui a été faite et pleure contre son sein, et soudain, de la façon la plus théâtrale et dramatique, le comte Monterone fait son entrée au milieu des sbires qui le conduisent en prison ; le Comte, qui était apparu à l'acte I comme le premier offensé de ce drame, invective le portrait du Duc en regrettant que ni la foudre (*fulmine*) — toujours cette fameuse « foudre de Dieu » — ni l'épée ne l'aient frappé ; c'est alors que Rigoletto, se retournant, rugit qu'il sera

* « Sortez de là, vous tous... / Si votre Duc ose approcher, / Qu'il n'entre pas, dites-lui que je suis ici » (*L'Avant-scène Opéra, op. cit.*, p. 45).

son vengeur, et l'acte va se clore sur un air d'une grande bravoure sur le thème de la *vendetta.* On notera, dans la diatribe fougueuse, deux vers en particulier qui sonnent comme un rappel du souvenir d'enfance :

> Si, vendetta, tremenda vendetta,
> Di quest'anima è solo desio...
> Di punirti già l'ora s'affretta,
> Che fatale per te suonerà.
> Come fulmin scagliato da Dio
> Il buffone colpirti saprà*.

Nous retrouvons bien la main de Dieu et la fameuse foudre — en écho ici à l'imprécation de Monterone — qui avait frappé le curé de Le Roncole après la malédiction que l'enfant Giuseppe avait proférée contre lui. Cette « foudre de Dieu » est à nouveau, et à deux reprises, invoquée. Et logiquement, plus tard, au moment de l'exécution du contrat par Sparafucile, le bouffon aura recours au même vocabulaire : « Je saurai le foudroyer (*fulminar*). » Saura-t-elle atteindre et châtier l'ignoble libertin qui attente à l'honneur de cet homme déchu qu'est le bouffon, et néanmoins père digne et noble ?

Le troisième et dernier acte nous livre la clé de cette *Maledizione*, titre initial, rappelons-le, de cet opéra. Le rideau s'ouvre sur les bords du Mincio,

* « Oui, vengeance, terrible vengeance, / C'est le seul désir de mon âme... / L'heure de ta punition approche, / Elle sonnera fatale pour toi. / Comme l'éclair que lance la main de Dieu, / Le bouffon saura te frapper » (*ibid.*, p. 49).

à Mantoue, et le bouge de Sparafucile. Les spectateurs voient, par un artifice scénique voulu par Verdi lui-même, tout à la fois ce qui se passe à l'intérieur et à l'extérieur. Gilda et son père sont dehors, mais par une fente du mur (« *fessure del muro* », indique la didascalie) ils peuvent assister au manège du tueur, de sa sœur Maddalena et du Duc, déguisé ici en simple officier de cavalerie (faut-il qu'il se travestisse à chaque acte ?). Comme Gilda confie à son père qu'elle aime toujours cet homme trompeur, cet abuseur des vertus, Rigoletto lui demande de regarder de tous ses yeux le comportement de cet homme, qui entre dans l'auberge. À la question du spadassin : qu'y a-t-il pour votre service, il clame, tonitruant : « *Tua sorella e del vino* » (« Ta sœur et du vin ») — réplique qui souleva tellement le sourcil broussailleux des censeurs que la phrase fut modifiée, en son temps, en « une chambre et du vin », ou, plus encore, en « une chaise et du vin ». Mais aujourd'hui nous savons regarder le drame en face, sans cette peur pudibonde des mots — du moins faut-il l'espérer encore. C'est alors que le Duc pousse son aria, qui est l'un des airs les plus célèbres de tout l'opéra italien : « *La donna è mobile / Qual piuma al vento* » (« Comme la plume au vent / Femme est volage », vers suivis de : « Et bien peu sage / Qui s'y fie un instant » — culminant dans l'aigu sur un *si* bécarre — tel qu'on le chantait naguère dans la version française de cet opéra). Soudain les choses se précipitent, Sparafucile sort annoncer à Rigoletto que son homme est là et qu'il pourra bientôt prendre livraison du corps. Nous assistons de l'extérieur au badinage et libertinage du Duc avec la belle *zingara* (car il y a toujours, ainsi qu'une marque du destin, une Tsigane ou Gitane quelque part, comme dans *Le Trouvère*), et Gilda, qui voit tout par la fissure du mur, ne peut s'empêcher de s'écrier : « *Iniquo traditor* » (« Infâme traître »). Se déclenche alors la scène de la tempête, où tout se précipite et se dénoue, et qui constitue, assurément, la plus belle page de cette partition, la plus puissante aussi. Les cordes — altos, violoncelles, contrebasses — démarrent dans le grave, puis l'aigu irradie, avec l'intervention ici du hautbois, là de la flûte et du piccolo (encore plus aigu), et, trouvaille extraordinaire du compositeur, un chœur d'hommes chante la bouche fermée, donc sans aucune parole, en se contentant de murmurer en montant et descendant la gamme vocalique : l'effet est saisissant. On voit les éclairs sur scène, on entend la foudre et le tonnerre, Verdi réalise la vision insistante de son enfance quand il maudissait le curé rageur et brutal qui l'avait envoyé rouler au bas de l'autel d'un coup de pied : « *Vendetta, tremenda vendetta !...* » Pendant une bonne partie de la scène, Gilda est absente, car son père lui a recommandé de quitter la ville, pour gagner Vérone, en se déguisant en garçon. Et elle réapparaît justement quand Maddalena suggère à son frère de tuer non pas ce bel officier qui est dans ses bras, mais le premier homme qui frapperait à la porte (Albert Camus, qui aurait bien pu assister à l'une de ces représentations périodiques de *Rigoletto* à l'Opéra d'Alger, s'est-il inspiré de cet épisode dans *Le Malentendu*, où la mère et la fille, tenancières d'une auberge, tuent cet homme de passage qui n'est autre que leur fils et frère ?).

La tempête est propice à la confusion et au délire, et voilà que Gilda, tout à son amour, éperdu, et elle est perdue pour la raison (« Je ne sais plus ce que je fais », s'écrie-t-elle), et tout à son sacrifice, va toquer, et elle apparaîtra comme un pauvre garçon anonyme égaré dans la nuit, victime désignée sous le poignard du spadassin. Elle frappe, entre en se lamentant quand même sur son jeune âge et une mort si injuste : « *Ah, presso alla morte, si giovine sono !* » (« Ah, près de ma mort ; si jeune encore ! »). Tout est joué, sur un dernier coup d'éclat, d'éclair, de tonnerre, au sommet de la tempête et à la culmination de ce quatuor où chacun chante sa partition — ce qui, par parenthèse, émerveilla Victor Hugo, pourtant peu convaincu, initialement, par la mise en musique de son *Roi s'amuse*, et qui se serait écrié : « Ah ! si je pouvais, moi aussi, faire jouer simultanément deux scènes, où les gens disent des choses différentes[4] ! » L'opéra ici va, à l'évidence, plus loin que le drame hugolien.

La scène ultime met en jeu le fameux sac contenant le corps de l'assassiné, et que la censure voulait supprimer pour raison de bienséance. Ce sac est présent chez Hugo, et Verdi voulait à tout prix conserver cet élément trivial, en contraste violent avec l'élévation sublime du quatuor que l'on vient d'entendre. Tout comme dans *Macbeth* Verdi insistait sur la vulgarité volontaire du chœur des sorcières. Le bouffon paie et reçoit son dû, mais comme Rigoletto s'en va jeter son sac dans le fleuve, voilà que retentit, derechef, la fameuse ritournelle du Duc : « *La donna è mobile...* » Rigoletto — cet « homme qui rit »... ou rigole alors qu'il devrait pleurer —, au comble de la confusion, ouvre alors son sac et découvre, dans un éclair lumineux, le visage de sa fille qui, avant de mourir pour de bon, chante encore un peu, au bord des lèvres et dans d'ultimes hoquets : « *Non più... Ad... dio...* » (« Je n'en peux plus... A... dieu »), tandis que le bouffon, qui voit s'écrouler son rêve de vengeance, et tout ce qui faisait sa vie, ne sait que dire *in fine* : « *Ah, la maledizione !* » (« Ah, la malédiction ! »). Alors que Hugo, toujours prolixe, terminait sur la répétition de cette phrase d'une grande platitude : « J'ai tué mon enfant. »

Incontestablement, Verdi aura compris avec cet opéra novateur que seule la concision, l'expression ramassée, peut servir le dramatisme véritable. Là où Hugo, comme l'on sait, alla droit vers le four et le ratage, avec une pièce où toute l'armature dramatique se noyait dans une incroyable logorrhée — qui n'est supportable que dans un roman —, Verdi qui, très vite, sut deviner les ressources de tels caractères, a pu ici concrétiser son rêve d'un drame total, et totalement efficace, autour du thème de la malédiction, et du destin.

Cet opéra est à marquer d'une pierre blanche dans la production verdienne, parce qu'il concrétise les promesses antérieures. Déjà, dans *Luisa Miller*, le compositeur brisait le carcan de l'air — aria, stretto, cabaletta, cavatine — comme réceptacle et expression dramatique, et proposait une écriture continue sous forme de scènes, qui restaient néanmoins mélodiques et mettaient en valeur voix et caractères. Dessinant par là même une ligne continue du chant qui va caractériser l'opéra du XXe siècle, de Bruckner à Debussy en passant par Janáček. Ce qui prime désormais, c'est l'expression. Et, pour la servir, la voix se détache des contraintes et des fioritures du *bel canto* pour n'être au service que de l'expressivité et du dramatisme. Au demeurant, rien ici n'est forcé, ni convenu, ni attendu : le spectateur reçoit et perçoit *Rigoletto* avec brutalité, spontanéité, surprise, comme s'il assistait à la création d'un monde.

Le 11 mars 1851, le théâtre de la Fenice connaît l'un de ses plus grands triomphes, et l'opéra va tenir l'affiche vingt et une fois d'affilée — un record —, avant de parcourir toute l'Italie, et bientôt l'Europe et le monde. L'Allemagne, l'Autriche, la Hongrie, la Bohême l'applaudissent cette même année, l'Angleterre l'année suivante ; mais la France tarde six années du fait des exigences de droits d'auteur de Victor Hugo, alors même que *Le roi s'amuse* avait connu un échec total. *Rigoletto* fut joué plus de cent fois en une année, et son succès, au cours des années, des décennies, et désormais des siècles, ne s'est jamais démenti. C'est l'une des œuvres les plus affichées au répertoire.

Deux ans plus tard, Verdi allait produire une autre œuvre maîtresse, *Le Trouvère*, en prenant plus de temps que lorsqu'il était à la tâche pendant ses dix années de galère, multipliant ses notes sur les portées, accumulant les œuvres. La sagesse du musicien apparaît aussi, avec sa maturité. Giuseppe dirige les trois premières représentations de la Fenice, puis s'en retourne chez lui à Sant'Agata. Là il réfléchit à la suite, songe encore, inévitablement, à ce *Roi Lear* qui ne cesse de lui échapper, et tombe sur le drame romantique d'Antonio García Gutiérrez, *El Trovador*, une pièce espagnole qui fait le tour des scènes espagnoles depuis sa création en 1836 — presque un contemporain, donc. Il aime bien ce théâtre romantique — il s'inspirera du *Simón Bocanegra*, du même, ainsi que de son collègue Ángel de Saavedra duc de Rivas, qui avait donné en 1836 à Madrid *Don Álvaro o La fuerza del sino*, qui allait devenir le très célèbre opéra de Verdi : *La Force du destin*. Il aime ce théâtre-là, celui des dramaturges espagnols tout autant que celui de Hugo, de *Hernani* au *Roi s'amuse*. Ainsi, dans sa retraite, Verdi lit et s'émerveille, entendant déjà dans sa tête les notes du trouvère et de sa Gitane de mère, et voyant s'élever dans le ciel parmesan, conjointement, les flammes des forges et celles des bûchers. Avec cette même profusion d'éclairs et de coups de tonnerre qu'il vient de faire retentir sur la scène de la Fenice, et pour lesquels il tient toute prête la difficile orchestration. Il contacte aussitôt Salvatore Cammarano pour en tirer un livret d'opéra. Entre-temps, la mère de Verdi meurt le 30 juin 1851, et l'on imagine bien la peine de Giuseppe, et ses remords aussi, lui qui a chassé ses parents de Sant'Agata pour s'y installer avec Giuseppina Strepponi. Verdi, qui a fait le voyage à Paris et a pu applaudir à *La Dame aux camélias*, d'Alexandre Dumas fils, travaille déjà à sa *Traviata* en même temps qu'il se consacre à son *Trouvère*, les deux opéras étant créés la même année, à deux mois d'intervalle, l'un à Rome, l'autre à Venise. Désormais commencent les années flamboyantes où Verdi donne en deux ans ses plus beaux opéras, trois chefs-d'œuvre.

LE TROUVÈRE : LA VENGEANCE D'UNE GITANE

> *Celiamoci fra l'ombre, nel mister** !
>
> Le Trouvère

L'opéra aurait dû s'appeler *Azucena*, du nom de la Gitane sorcière moteur de ce *melodramma*. Mais la pièce espagnole de García Gutiérrez d'où est tiré le livret s'intitulait, on l'a vu, *El Trovador*, et *Il Trovatore* l'a emporté. Malgré Verdi. Il est vrai que la gestation de cet opéra a été difficile. D'abord du fait du malheur qui frappe le musicien, comme au temps de *Nabucco* : sa mère, on vient de le voir, meurt à la fin de juin 1851 et c'est pour Giuseppe un immense chagrin. Et aussi parce qu'elle succombe au cœur du conflit opposant ce dernier

* « Cachons-nous dans les ombres, dans le mystère ! »

à son père, et qui a conduit les parents à quitter la ferme de Sant'Agata, que leur avait laissée Giuseppe en 1849. Pourtant, au début, quel bonheur pour eux que cette installation hors les murs de Busseto, en pleine campagne ! Mais deux ans plus tard, le torchon brûlait entre Carlo et Giuseppe pour des questions d'argent et de traites impayées. Le sens aigu des affaires et l'amour immodéré de l'argent de Verdi, qui ressort constamment de sa correspondance, en particulier dans ses rapports avec les directeurs de théâtre et ses imprésarios, ont sans doute contribué à rendre ce conflit insoluble. Il est donc probable que Luigia Uttini, épouse de Carlo Verdi, malade depuis des mois, ait également succombé à la peine d'avoir à quitter la ferme, avec les soucis d'un déménagement forcé alors qu'elle a déjà soixante-quatre ans et, de surcroît, une santé chancelante. Giuseppe ne pouvait qu'en éprouver une grande culpabilité mêlée à un profond chagrin. Comme toujours en pareil cas, Verdi se terre, s'enferme chez lui, à Sant'Agata, muet et dépressif, refuse de voir ses amis venus lui présenter leurs condoléances, laissant à son fidèle Emanuele Muzio le soin d'expédier les affaires courantes. Il fallut trois mois à Verdi pour surmonter cette crise, et se tourner alors vers l'œuvre qui succéderait à son *Rigoletto*, ce bel opéra qui rencontrait partout un succès phénoménal.

L'idée d'adapter le drame espagnol avait germé en lui depuis plus d'un an. C'est lui qui avait alerté d'abord Piave, puis Cammarano, sur la possibilité d'adapter *El Trovador*. Ce que fit ce dernier, avec peu d'entrain d'ailleurs, car il n'était pas très convaincu par cette histoire à première vue fort embrouillée : mais cette tiédeur dissimulait chez le librettiste un état maladif qui allait bien vite l'emporter, le 17 juillet 1852. Ajoutant ainsi à la peine de Verdi et à ces deuils antérieurs. Il fallut donc le remplacer par le jeune poète Leone Emanuele Bardare, qui se révéla assez peu préparé à cette tâche. Il semble évident que Verdi aura mis longuement la main à la pâte pour modeler ce « terrible » opéra où il versera tant de sa science dramatique et de sa vision sombre de l'existence. Il faut entrer dans ce livret que, par une étrange insuffisance, la critique a jugé totalement invraisemblable, ignorant tout des ressorts du théâtre romantique. Comme si les tourments de l'âme et les délires de l'esprit n'étaient pas, finalement, dans la confusion des sentiments, la chose la mieux partagée au monde. Ce n'est certes pas un conte de fées qu'entend représenter sur scène le compositeur, mais ce qu'on a appelé la *España negra*, celle d'un Goya, l'artiste des *Peintures noires* et des *Caprices*, plus en amont celle de l'Inquisition, de Philippe II et de son glacial palais de l'Escurial, et qu'on retrouvera, bien entendu, dans l'autre grand opéra espagnol de Verdi : *Don Carlos*. Monde de feu et de sang, univers de sorcières et de folie. Romantisme noir tel que l'a peint Victor Hugo dans ses encres et dans ses trames.

Le Trouvère commence, dans l'atrium du palais d'Aliafiera en Aragon, par le récit d'événements antérieurs, confié à une voix de basse, Ferrando, commandant des troupes du comte de Luna. Ce vieux soldat tient sa troupe éveillée en lui rapportant une terrible histoire. La nuit est profonde, mais il ne convient pas de dormir ; c'est pourquoi les premiers mots au lever du rideau sont cet « *All'erta ! all'erta !* » de Ferrando, appelant à la vigilance les soldats à la garde du comte qui, la nuit, sort souvent, pour surveiller son rival amoureux, un « trouvère » qui chante ses chansons à la lune et ravit les cœurs. Cette entrée fracassante, cet « *All'erta* » clamé si sonore, sonne comme les trois coups du théâtre : on va voir ce que l'on va voir ! Alors les hommes s'éveillent, ils sont curieux de savoir, mais c'est nous, spectateurs, bien sûr, qui voulons savoir et sommes mis en appétit par cette atmosphère ténébreuse à souhait et inquiétante, sur fond de rivalité, à laquelle se prête admirablement la voix grave de l'exposant : c'est d'ailleurs là sa justification, puisque l'on sait que Verdi « inventait » toujours la voix servant le mieux les teintes de son univers dramatique. Ce premier acte est intitulé, de façon significative, « Le duel ». Nous apprenons donc l'histoire de feu le comte de Luna, père de deux enfants que l'on suppose jumeaux ; un jour, une « immonde gitane » (« *abbietta zingara* ») pénétra dans la maison, s'approcha du berceau du « *secondo nato* » (« le plus petit ») et lui jeta un sort, semble-t-il, car aussitôt après l'enfant eut la fièvre et manqua de mourir ; on le crut « envoûté » (« *ammaliato* »), on arrêta donc la « sorcière » qui fut brûlée sur un bûcher.

C'était là chose courante dans cette Espagne inquisitoriale — l'action est censée se passer en Aragon au XVe siècle. Plus tard, dans *Don Carlos*, Verdi nous fera assister à une exécution *in vivo* avec toutes les flammes nécessaires. Mais le feu est déjà présent dans cet opéra : la fille de la sorcière brûlée s'empare de ce bébé sur lequel elle avait précédemment jeté le « mauvais œil » (« *occhio torvo* »), et l'on va découvrir dans le même brasier où brûla la sorcière les restes calcinés d'un enfant. Est-ce le même ? Le père en doute : « Un obscur pressentiment de son cœur / Lui disait que son fils / N'était pas mort. » Il fait jurer à son autre fils de tout faire pour retrouver son frère. On en est là au lever du rideau, et le suspense est enclenché, d'autant que Ferrando affirme que, malgré ou justement à cause de son âge, il est capable, lui, de reconnaître la fille de la Gitane. Les pistes sont ainsi tracées et les fils noués pour une parfaite quête ou enquête policière. La scène se termine par une évocation du monde noir et inquiétant de la sorcellerie : « On croit ici que l'âme damnée / De la sorcière impie / Erre encore dans le monde, / Et que, lorsque le ciel est noir, / Elle se montre sous des formes variées », tout cela sur une musique des plus sombres, syncopée dans la gorge du chœur, évoquant assez bien — d'autant que les paroles le soulignent — le froissement d'ailes d'une chauve-souris « *a mezzanotte** ». On le voit, la représentation du monde des sorciers n'a guère changé et n'a cessé de séduire :

* « À minuit ».

Hollywood nous en fournit encore aujourd'hui d'assez fortes — et fascinantes — images.

Quelle intrigue va se greffer sur ce terreau fantastique ? Un romancier colombien, Rafael Umberto Moreno Durán, aimait raconter son expérience des ateliers d'écriture ; le professeur ayant défini les quatre ingrédients essentiels à toute histoire — Religion, Noblesse, Sexe, Mystère —, il rendit sa copie qui tenait en une seule phrase rassemblant, en un incroyable raccourci, ces quatre éléments : « Ciel, dit la Marquise, je suis enceinte, et je ne sais de qui ! » Eh bien, nous y voilà : le monde des nobles seigneurs aragonais, affronté aux immondes Gitans de Biscaye, la religion pourchassant la sorcellerie et dressant ses bûchers, le mystère de la naissance et le sexe, ici représenté par l'amour d'une femme, Leonora, dont sont amoureux les deux rivaux, le comte de Luna et Manrico, tout en ignorant qu'ils sont frères. Alors que l'écho sonore des imprécations du chœur retentit encore — « *Sia maledetta la strega infernal* » (« Maudite soit la sorcière infernale ») —, la scène se transporte aux jardins du palais, où le dialogue de deux femmes n'est pas sans rappeler celui de Phèdre ouvrant son cœur brûlant, et de sa confidente Œnone, dans la pièce de Racine. Avec, comme toujours, un début caractéristique *in media res*, autrement dit au milieu de l'action. On déduit de ce dialogue que Leonora est dame de compagnie de la reine ; la confidente la presse, on l'attend au palais, mais Leonora a bien d'autres pensées et d'autres urgences : dévoiler son sentiment amoureux pour un homme, un valeureux jouteur qu'elle couronna naguère lors d'un tournoi, disparu ensuite en raison d'une guerre civile, et qui est réapparu sous forme de trouvère chantant à la lune son amour pour… Leonora. Tout cela baigne dans une sorte de pénombre mélancolique, propice à l'aveu, et aussi lourde de menaces, car la confidente, qui nous révélera que le comte de Luna est épris de Leonora, qualifie d'emblée cet amour de « *perigliosa fiamma* ». Quel étonnant enchaînement ! les flammes de l'amour répondent aux flammes de la malédiction, et l'amoureuse Leonora, qui brûle de passion, fait écho à la vindicative Azucena, obsédée par le feu dévorant le corps de sa mère, puis celui de l'enfant. Un éclairage tragique enveloppe toute cette scène. Et voilà justement le comte de Luna qui, dans un air magnifique de « baryton Verdi », confie son amour, interrompu toutefois par Manrico, chantant derrière la scène une romance d'une grande beauté qui justifie qu'on l'appelle « le trouvère ». L'obscurité règne toujours et les trois personnages se retrouvent ensemble sur le devant de la scène, mais à la faveur d'un quiproquo : Leonora, redescendue au jardin à l'appel de Manrico, se jette dans les bras de Luna, qu'elle prend pour son amant ; ce dernier s'indigne, les deux hommes tirent l'épée et le rideau tombe sur ce duel que, selon une tradition bien établie, nous ne devons pas voir sur scène.

Le spectateur est électrisé par tant de dynamisme, et excité aussi par une intrigue qui lui paraît compliquée. Verdi, au deuxième acte, va satisfaire sa curiosité en donnant, enfin, la voix au personnage majeur de cet opéra, Azucena. C'est pourquoi l'acte est intitulé « *La Gitana* ». Le rideau se lève sur un campement de *Zingari* dans une atmosphère tout à l'opposé du premier acte, au caractère militaire et courtisan. Seule la lumière est pareille, sombre à souhait, éclairée seulement par le feu au fond de la scène, la musique étant rythmée par les marteaux des forgerons cognant et crépitant sur l'enclume. Cette orchestration originale en a fait un chœur des plus populaires. Tout est métal et feu dans cette scène où la sorcière raconte ce qui s'est vraiment passé : sa mère a péri au bûcher — « *Stride la vampa* », scande superbement la Gitane, « la flamme crépite » — et elle, Azucena, a enlevé le fils du Comte pour se venger sauf que, dans son égarement ou sa folie, c'est son propre fils qu'elle a jeté au feu, élevant donc comme son fils l'autre enfant, le fils du Comte. Enfin, elle dit cela de façon confuse, sur un débit précipité et l'esprit égaré, de telle sorte qu'on ne sait trop que croire. Seule la musique, répétitive, entêtante, et l'étrange lumière nous permettent de comprendre la tragique erreur, et d'en accepter l'invraisemblance. Manrico, à ses côtés, reçoit lui aussi la révélation, sans toutefois réaliser pleinement la situation, car Azucena lui répète qu'elle est sa mère et qu'elle l'a toujours aimé comme un fils. Sait-il vraiment qu'il est le frère du comte de Luna, son rival amoureux ? Dans son inconscient peut-être, car il avoue alors à sa « mère » que lors du précédent duel, alors qu'il tenait le Comte à la pointe de son épée, il n'a pu achever son geste et le tuer, une force supérieure paralysant son bras. Sur ces entrefaites, on apprend que la bataille a eu lieu entre les rebelles, dirigés par Manrico, et les troupes du Comte, dont l'enjeu est la prise d'une forteresse. En apprenant que Leonora, croyant que Manrico a péri au combat, veut dans son désespoir entrer au couvent, le trouvère se précipite au cloître de la Croix, pour l'empêcher de prendre le voile. Mais quand le rideau se lève sur le deuxième tableau, c'est le comte de Luna qui vient protester de son amour, dans un des plus beaux morceaux de bravoure de baryton de tout le répertoire verdien, implorant que « le soleil de son regard disperse l'orage de [son] cœur » (« *Sperda il sole d'un suo sguardo la tempesta del mio cor* »). Comme répondant aux flammes embrasant la sorcière et au feu de la forge des *Zingari* où Azucena rapportait la terrible scène de l'échafaud crépitant, le comte évoque un tout autre feu, tout aussi enveloppant et dévorant : « *Tutto m'investe un foco* » (« Une flamme envahit tout mon être »), et cet amour dans lequel, comme la mère de la Gitane au bûcher, il brûle (« *l'amor on d'ardo* »). Il y a, donc, une parfaite symétrie entre, en quelque sorte, le bourreau et sa victime, et cette justice-là, transcendante, supérieure, ne peut que satisfaire le spectateur qui vibre aux deux tourments parallèles, enflammé à son tour par la musique de Verdi. Quand Azucena brûle du désir de vengeance, Luna brûle de passion amoureuse. Le comte de Luna entend enlever Leonora, mais lorsqu'elle apparaît on voit surgir aussi

Manrico, et sa troupe, et la confrontation tourne en faveur du trouvère dont les hommes désarment ce pauvre Comte transi, qui se dit possédé par les furies : « *Ho le furie nel cor* » (« Les furies me dévorent le cœur »). Manrico entraîne Leonora qu'on va retrouver au troisième acte, au cœur de la bataille décisive. Le rideau s'ouvre sur le campement du comte de Luna avec, à droite, le pavillon de Luna et au loin les remparts de la forteresse de Castellor où les deux amants se jurent fidélité.

Le spectateur, l'oreille attentive à cette musique fortement dramatique, tout en syncopes et en élans contrastés, ne peut que s'interroger. Les personnages sont finalement peu crédibles, l'histoire assez invraisemblable, et l'atmosphère est toute d'ombre et de feu. L'histoire évolue dans des teintes goyesques, dominée par la sorcellerie, la passion amoureuse, le désir de vengeance. Mais, sous-tendant cette écriture musicale, nous ne pouvons nous empêcher de penser à l'Italie divisée, à ses factions et à ses rivalités, à cet absurde morcellement qui va mettre encore quelques années — pas moins de quatre lustres — à se recomposer et à trouver un semblant d'équilibre. La guerre qui nous est montrée sur scène oppose un comte aragonais et un rebelle au service du comté d'Urgel (dont l'archevêque, rappelons-le, est encore aujourd'hui coprince, avec le président de la République française, de la principauté d'Andorre) ; nous sommes là aussi dans l'émiettement provincial et dans les rivalités d'un pouvoir rien de moins que féodal. Alors, ce que nous entendons au lever de rideau du dernier acte est une marche militaire célébrant la « trompette guerrière » (« *la tromba guerriera* ») semblable à notre *Chant du départ*, avec même quelques flonflons sur laquelle s'inscrit un chœur de soldats autour de Ferrando, maître du jeu initial, célébrant les armes et le sang : « *Questo acciar, del sangue or terso / fia di sangue in breve asperso* (« Cette épée dont on a lavé le sang / à nouveau de sang sera baignée »), et cela d'entrée de jeu, annonçant la couleur.

Nous sommes donc au troisième et avant-dernier acte, sous-titré par Verdi « *Il figlio della zingara* ». Et justement, après cette entrée musicale appelant à la guerre, des soldats trouvent, rôdant autour du campement, une Gitane, précisément la « mère » de Manrico inquiète du sort de son fils ; et Ferrando, le vieux capitaine, qui joue ici le fil d'Ariane, la reconnaît comme celle qui, naguère, enleva le fils du vieux Comte pour le jeter au feu. Dès lors, le destin se met en marche et s'emballe : un bûcher est dressé devant la Gitane ligotée, et voilà que du haut de la forteresse les amants, qui s'apprêtaient à s'unir dans la chaste musique de l'église dont l'orgue résonne un moment, voient les préparatifs du supplice. Manrico avoue alors à Leonora qu'il est le fils de la Gitane et que rien ne peut plus l'empêcher de voler à son secours. Nous touchons là à l'acmé de l'opéra, au point culminant du dramatisme : tous les protagonistes savent désormais qui est qui : Azucena a reconnu dans le Comte le frère de Manrico, Ferrando l'a reconnue comme la Gitane coupable du meurtre du petit frère du Comte, Leonora a appris que Manrico est le fils d'une Gitane et le comte retient que cette Gitane est la mère de son rival amoureux. Tout est désormais prêt pour l'explosion : Manrico dégaine et lance alors le plus beau morceau de bravoure que tout ténor rêve de chanter, avec ses deux contre-*ut* dont on sait que Verdi ne les a pas vraiment écrits sur sa partition, mais qu'il a consenti à le faire à la demande expresse de son interprète, Enrico Tamberlick, et avec raison. Plus tard, l'artisan de l'unité italienne, Cavour, du haut de son balcon à Turin, apprenant le 27 avril 1859 la déclaration de guerre de l'Autriche à la France et au Piémont, allait entonner à son tour — bien qu'il chantât faux — le célèbre « *Di quella pirra l'orrendo foco* » (« De ce bûcher l'horrible feu »). Répondant ainsi aux tourments brûlants qui embrasaient l'âme de son rival, le Comte, Manrico, lui aussi, en parfait parallélisme, crie que cet horrible feu embrase tout son être, « *tutte le fibre m'arse* ». Et voilà aussi que toute l'Italie s'embrase en criant vengeance contre… les Autrichiens. Comme on peut le voir dans *Senso*, du cinéaste Luchino Visconti.

Le dernier acte s'intitule, logiquement, « L'exécution » (« *Il supplizio* »). Ambiance ténébreuse au lever du rideau, on entend le son lugubre de deux clarinettes graves et deux bassons. Nous sommes dans la clôture de l'œuvre : Leonora clame son amour impossible, tandis que Manrico, prisonnier, chante son dernier matin ; leur chant s'élève « sur les ailes des ténèbres » (« *con ali di tenebre* ») — aux antipodes des « *ali dorate* », les « ailes dorées », du chœur des Hébreux, plein d'espoir et de foi, de *Nabucco*. Surgit le Comte, et Leonora s'adresse à lui — en fait, c'est la première fois qu'ils se parlent — pour lui demander la grâce de son amant ; pour ce faire, selon un ressort bien connu — et que Puccini reprendra dans sa *Tosca* —, elle s'offre au comte contre promesse de grâce, tout en se réservant, en son for intérieur, le droit de se donner la mort avant consommation. Confrontation finale entre les deux amants : Manrico comprend cependant tout du stratagème de Leonora et la repousse en l'insultant avant de comprendre qu'elle est déjà à l'agonie, ayant avalé le poison qui lui permet de ne pas se méjuger. Elle meurt dans les bras de Manrico. Tout se précipite alors, le Comte fait décapiter Manrico, et montre la scène à Azucena qui, clamant enfin la vérité : « *Egl'era tuo fratello !* » (« C'était ton frère ! »), pousse alors un cri à double sens, douleur d'une mère et vengeance d'une fille : « *Sei vendicata, o madre* » (« Tu es vengée, ô mère » !). Tandis que le Comte s'écrie, horrifié : « *Quale orror !* » (« Quelle horreur ! »), avant d'ajouter, Azucena s'écroulant à ses pieds, au moment où le rideau tombe : « *E vivo ancor !* » (« Et moi, je vis ! »). Ce qui suppose un long calvaire à venir de culpabilité et de remords.

Le triomphe de cet opéra terrible — ou terrifiant — fut considérable et l'œuvre se vit tout aussitôt programmée dans tous les théâtres d'Italie et sur les meilleures scènes d'Europe et du monde.

Notamment à Saint-Pétersbourg, où l'on va s'intéresser de près à cet Italien singulier. Mais pour l'heure, quatre jours après cette soirée mémorable, Verdi regagne Busseto : il doit achever sa *Traviata* donnée deux mois plus tard. Mais il vogue désormais sur les eaux gratifiantes du succès et nous promet un nouveau chef-d'œuvre.

Pour beaucoup, *Le Trouvère* avec tous ses airs vaillants ou bouleversants, avec *stretto*, cavatine, aria et cabalette, serait en régression par rapport, disons, à *Luisa Miller*, qui s'acheminait vers la déclamation *cantabile*. Mais nous savons que Verdi n'était ni ne se voulait tenu par aucun impératif esthétique, et n'abhorrait rien tant que les théories d'école. Son art est, apparemment, tout d'instinct et de tempérament, soutenu il est vrai par une pratique consommée du contrepoint. C'est un maître de musique, et justement il fait ce qu'il veut. Pourquoi gâcher notre plaisir en introduisant des attendus ou des a priori ? Son *Trouvère* est une plongée dans l'Espagne noire, le monde des Gitans et des sorcières, un Moyen Âge fantasmé : tout est noir, sombre, inquiétant, envoûtant sur la scène de ce théâtre, et la musique est au service de ces sortilèges, quelque moyen qu'elle se soit donné. Nous marchons, nous délirons avec Azucena, nous pleurons d'amour avec ce pauvre Luna, orphelin de son frère, et la malheureuse Leonora, nous prenons la pose héroïque avec Manrico, nous sommes attentifs au récit de Ferrando avec l'âme émerveillée des enfants à qui l'on parle du loup-garou ou de l'ogre. Tout est magique dans cet opéra. Quoi d'étonnant qu'il ait, depuis sa création, constamment figuré à l'affiche et soit toujours, aujourd'hui comme hier, une œuvre de choix pour chanteurs exigeants qui trouvent là de quoi bâtir leur gloire ?

LA TRAVIATA : IMMOLATION ET RÉDEMPTION D'UNE « DÉVOYÉE »

Tutto è follia, follia nel mondo[*].

La Traviata

Le 11 décembre 1851, Giuseppe et Giuseppina quittent Sant'Agata pour Paris, capitale encore secouée par le coup d'État de Louis-Napoléon Bonaparte, neuf jours plus tôt. Paris enchante le couple, qui habite dans le IXᵉ arrondissement, rue Saint-Georges, à deux pas de la rue Pelletier, où se trouvait alors l'Opéra — le palais Garnier ne sera inauguré qu'en 1875. Quartier de théâtres, les Grands Boulevards séduisent le jeune couple, qui est assidu à toutes les nouveautés dramatiques. Et, entre toutes, une pièce retient l'attention de Verdi, *La Dame aux camélias*, adaptation par Alexandre Dumas fils de son roman éponyme, publié en 1848. Le 2 février 1852, au théâtre du Vaudeville, situé place de la Bourse, Verdi et sa maîtresse assistent, médusés, émerveillés, au drame inspiré à l'auteur par sa

* « Tout est folie, folie dans le monde. »

propre liaison avec Marie Duplessis, une courtisane rachetée par l'amour — dont la tombe au cimetière de Montmartre est ornée d'une couronne de camélias blancs artificiels scellée au marbre. Il s'agit là du plus grand succès théâtral du moment, et sans doute aussi du XIXe siècle parisien.

Le camélia est une fleur sans odeur qui se fane au bout de quelques heures. Symbole de beauté et de vie éphémère, elle va hanter l'esprit de Verdi qui, à ce qu'il aurait dit autour de lui, notamment à sa fille adoptive, Filomena Maria, composa, le soir même de cette représentation mémorable, quelques mesures de l'opéra à venir. Et alors même qu'il était encore dans l'écriture du *Trouvère*, et donc à cent lieues de cette inspiration-là. Il entend, dans cette œuvre future, privilégier d'abord un décor, Paris, omniprésent dans *La Traviata*, et surtout la relation amoureuse d'un jeune bourgeois peu fortuné avec une courtisane ivre de richesses et d'aventures. Mais qui garde une âme pure. Dumas fils, au début du roman *La Dame aux camélias*, évoque ce visage de Marguerite et en souligne « l'expression virginale, enfantine même ». Le thème que retient Verdi de la pièce de Dumas est le rachat de la pécheresse par le sacrifice de son amour sous l'injonction du père d'Armand Duval, implacable dans la rigueur de ses préjugés. Verdi alerte aussitôt son librettiste, Piave, encore aux prises avec l'opéra précédent, et le voilà au travail pour ce nouvel opéra dont il propose pour titre « *Amore e Morte* » (« Amour et Mort ») — étonnante platitude, sauf que l'oreille italienne perçoit aussitôt le poème que Leopardi composa sous ce titre à Florence en 1832, pour évoquer sa passion amoureuse pour Fanny Targioni. Titre que Giuseppe rejette vivement pour proposer ce qui va devenir le titre définitif de son chef-d'œuvre, *La Traviata*, autrement dit « la dévoyée ». Indiquant aussi, par là, que toute l'œuvre tournera autour d'une femme, et non d'une situation ou d'une circonstance. Oui, le titre est de lui, et il s'arrangera pour que le mot « *traviata* » soit prononcé par Violetta elle-même, sur son lit d'agonie, à l'acte III de l'opéra.

Mais auparavant qui l'a prononcé, ou du moins sous-entendu, ce mot de « dévoyée » ? Nul autre que le beau-père de Giuseppe, qui voit d'un très mauvais œil l'officialisation de la relation scandaleuse de son beau-fils et protégé avec Giuseppina Strepponi, cette cantatrice qui a eu tant d'amants, et tant d'enfants aussi dont on ne sait trop rien, morts, abandonnés ou placés. Le couple, on l'a noté, s'est installé à Sant'Agata, cette propriété acquise en 1848, hors les murs de Busseto, gros bourg que Giuseppe a pris en aversion. En 1851, excédé par les commérages autour de cette relation illégitime, le couple s'enferme dans sa propriété, n'allant même pas écouter la messe à l'église, au grand scandale de la population bussetane. Antonio Barezzi écrit alors à Giuseppe pour lui faire quelques remontrances au nom de la morale et des bonnes mœurs. Il se voit aussitôt répondre, vertement, depuis Paris, par Giuseppe : sa lettre, datée du 21 janvier 1852, est exemplaire à plus d'un titre, car elle explique bien mieux que ne le ferait aucun

1 Giuseppe Verdi vers 1845. Museo della Scala, Milan. 1

« Je suis extrêmement franc, décidé, parfois irascible, sauvage même, mais jamais difficile ni exigeant. »

2

2 Maison natale de Verdi à Le Roncole, dans la province de Parme.

« Ne croyez pas que lorsque je parle de mon ignorance crasse, ce soit par plaisanterie. Non, c'est la vérité pure. »

3

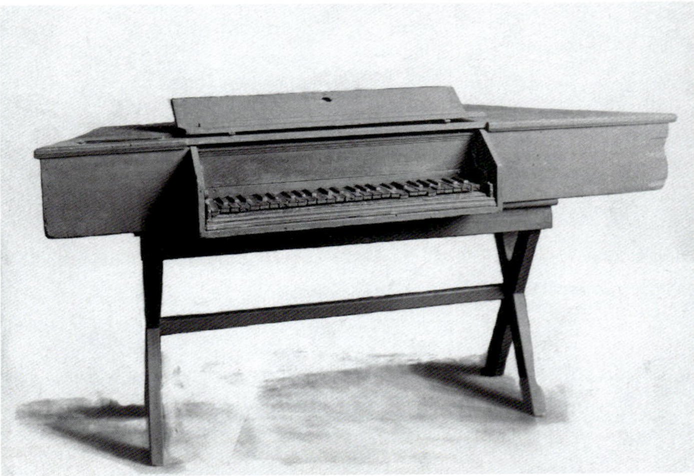

3 Épinette (famille des clavecins) offerte à Verdi dans son enfance.

4

4 Les personnages de Maddalena et de Sparafucile dans l'acte III de *Rigoletto* (1851).

5 Manrico et Azucena, emprisonnés dans le donjon du palais Aliaferia : Leonora essayant de les libérer. Illustration de 1880 pour *Le Trouvère* (1853).

5

6

6 Intérieur du théâtre de la Scala de Milan – initialement conçu par l'architecte Giuseppe Piermarini (1776-1778) – après sa restauration par Mario Botta en 2004.

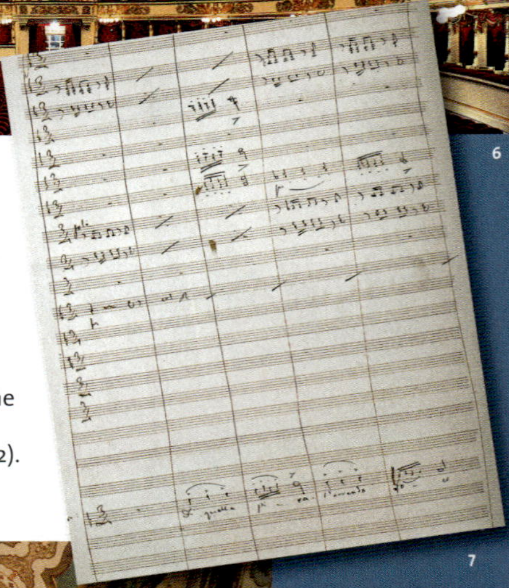

7

7 Partition originale autographe du *Trouvère* : « *Di quella pira l'orrendo foco* » (acte III, scène 2).

8

8 Teatro Verdi, à Busseto, dans la région d'Émilie-Romagne ; inauguré en 1868, avec les représentations de *Rigoletto* et d'*Un bal masqué* (1859).

9 La soprano Giuseppina Strepponi, épouse de Verdi. Anonyme, vers 1850.
Villa Verdi, Sant'Agata di Villanova sull'Arda.

9

10

10 La soprano Teresa Stolz, vers 1870.
Collection particulière.

11

« On crie tellement contre les conventions et on en abandonne une pour en embrasser une autre ! Oh, les moutons ! »

11 Portrait de Giuseppe Verdi par Giovanni Boldini (1886).
Casa di Riposo per Musicisti, Fondazione Giuseppe Verdi, Milan.

12 Représentation de *La Traviata* (1855) au théâtre de l'Archevêché, le 1er juillet 2011, dans le cadre du Festival d'Aix-en-Provence, dans une mise en scène de Jean-François Sivadier, avec le London Symphony Orchestra sous la direction musicale de Louis Langrée ; lumières : Philippe Berthome. Interprètes : Irina Lungu (Violetta) et Charles Castronovo (Alfredo Germont).

13 Affiche annonçant la première représentation à Venise d'*Otello*, d'après l'œuvre de William Shakespeare, au théâtre de la Fenice, le 17 mai 1887.

14

15

14 *Otello* à l'Opéra Bastille, le 11 juin 2011 à Paris, dans une mise en scène d'Andrei Serban, avec l'orchestre et les chœurs de l'Opéra national de Paris sous la direction musicale de Marco Armiliato ; lumières de Joël Hourbeigt. Interprètes : Alexandre Antonenko (Otello), Renée Fleming (Desdemona), Michaël Fabiano (Cassio), Francisco Almanza (Roderigo), Nona Javakhidze (Emilia) et Carlo Cigni (Lodovico).

16

15 Couverture du numéro spécial de l'*Illustrazione italiana* à l'occasion de la première de *Falstaff* à la Scala de Milan en 1893.

16 Couverture du *Monde illustré* à l'occasion de la représentation de *Falstaff* (1893) à l'Opéra-Comique de Paris, en avril 1894.

17 Verdi à Sant'Agata di Villanova sull'Arda, par Leopoldo Metlicovitz. Biblioteca Nazionale Braidense Archivio Storico Ricordi, Milan.

« Je désire des funérailles simples. Ni chants, ni musique. J'en ai assez entendu de mon vivant. »

critique le sens que Verdi donne à son œuvre, toute son œuvre, qui apparaît toujours comme l'expression d'une rébellion et la revendication d'une liberté essentielle.

Tout en réitérant le respect dû à la personne à qui il doit tant, Verdi recommande à son beau-père de ne pas prêter l'oreille aux méchantes langues et aux calomnies, car lui, Giuseppe, n'a rien à se reprocher et ne voit pas ce qu'il aurait fait de mal. Pour le signifier, il use d'un langage vigoureux, alerte, colérique, qui justifie précisément qu'il se soit retiré à Sant'Agata, loin du bruit du monde et de ses vanités :

> Vous vivez dans un pays où les gens ont la mauvaise habitude de se mêler souvent des affaires d'autrui et de désapprouver tout ce qui n'est pas conforme à leurs idées ; moi, j'ai pour habitude de ne pas me mêler, à moins qu'on ne me le demande, des affaires des autres. Aussi, j'exige qu'on ne se mêle pas des miennes. [...] La liberté d'agir, qu'on respecte même dans les pays moins civilisés, j'ai le droit de l'exiger entièrement dans le mien[5].

Mais, dépassant le principe général du « chacun est maître chez soi » et de l'exigence de liberté, il entend bien aussi préciser le fond de sa pensée, et le voilà qui, sans détour, entre dans le vif du sujet :

> Je n'ai rien à cacher. Une dame habite chez moi. Elle est libre, indépendante, elle aime, comme moi, une vie solitaire qui la mette à l'abri de toute obligation. Ni moi ni elle ne devons de compte de nos actions à qui que ce soit. D'autre part, qui sait quels sont nos rapports ? Nos affaires ? Nos liens ? Les droits que j'ai sur elle, ceux qu'elle a sur moi ? Qui sait si elle est ou

non ma femme ? Et, dans ce cas, qui sait quels sont les motifs, les opinions qui nous empêchent de rendre ce lien public ? Qui sait si nous agissons bien ou mal ? Et pourquoi cela ne serait-il pas bien ? Et même si c'était un mal, qui a le droit de nous jeter l'anathème ? Je vous dirai toutefois qu'on lui doit, chez moi, un respect aussi grand que celui qu'on me doit et qu'il n'est permis à personne d'y manquer à quelque titre que ce soit. Elle a tous les droits à ce respect par son maintien, par son esprit et par les égards spéciaux que l'on doit à ceux qui en ont pour les autres[6].

C'est douze jours plus tard que Giuseppe et Giuseppina assistent à la première de *La Dame aux camélias*. On imagine bien le choc qu'a pu éprouver Verdi en voyant ce portrait d'une femme « dévoyée » rachetée par l'amour. Tout était, dès lors, très clair dans son esprit, et cela allait déclencher une véritable révolution dans sa conception de l'opéra : loin des hymnes patriotiques, des grands sujets historiques, des décors médiévaux et des actions héroïques, Verdi conçoit d'emblée un opéra dans l'esprit de ce qu'il vient de voir à Paris, un thème contemporain, un drame bourgeois, mais dont la grandiloquence ou le verbiage (bien réel, malgré tout le talent d'Alexandre Dumas fils, et surtout celui de ces grandes tragédiennes que furent Sarah Bernhardt, la Duse, Cécile Sorel ou, plus près de nous, Edwige Feuillère) sont remplacés par des paroles succinctes qui sonnent bien plus juste, par la suggestion musicale, le dramatisme de scènes courtes et efficaces.

La gestation de cet opéra va prendre une bonne année. Le théâtre de la Fenice de Venise passe commande à Verdi pour un opéra à représenter au printemps de l'année suivante. L'été 1852, Piave, son librettiste du moment, se rend à Sant'Agata pour travailler avec le maître. La chose ne se fait pas aussi aisément qu'il aurait semblé, au vu de l'enthousiasme initial du compositeur. Le 15 octobre, une ébauche du livret est envoyée à la Fenice. Choquant, bien sûr, les autorités vénitiennes, qui décident de faire reculer de deux siècles dans le passé cette histoire de pécheresse. Malgré qu'il en ait, Verdi doit passer sous les fourches caudines et accepter — temporairement — que son opéra soit joué en costumes du XVIIe siècle, avec perruques et robes à panier, jabots blancs en dentelle et bas de soie. Ce n'est que cinq ans après la mort de Verdi que *La Traviata* fut représentée, à Milan en 1906, en costumes contemporains (et les metteurs en scène d'aujourd'hui, dont on connaît la hardiesse, peuvent même affubler Violetta d'un pantalon et prendre pour décor la rue, ses murs et ses tags : la « dévoyée » est de tous les temps et son métier est le plus vieux du monde). Pour comble de malchance, la distribution ne répondait pas aux vœux du musicien. La première à la Fenice, le 6 mars 1853, fut un fiasco total. Mais Verdi sut « encaisser » cet échec et trouver le mot juste : « *Il tempo giudicherà*[7]. » Le temps, en effet, devait réparer cette injustice, et *La Traviata* deviendra l'opéra de Verdi le plus joué de par le monde, et au succès jamais démenti (Nathalie Dessay a réalisé son désir, au festival d'Aix-en-Provence en 2011, de couronner sa brillante carrière de soprano en abordant enfin, et avec bonheur, le rôle de Violetta, qui reste un défi pour toute cantatrice). L'opéra fut repris, en mai 1854, toujours à Venise mais au théâtre San Benedetto, avec une autre distribution (lors de la première, la cantatrice Fanny Salvini-Donatelli, trop fortement charpentée, avait soulevé les fous rires dans le rôle d'une phtisique mourant de consomption), et ce fut un immense succès. Le premier d'une longue liste, et pour un rôle où s'illustrèrent les plus grandes de notre temps : la Callas, la Caballé, la Sutherland ou la fragile Ileana Cotrubas qui joua Violetta pas moins de soixante-quinze fois.

Il faut maintenant entrer dans cet opéra et en voir toutes les subtilités et toute la nouveauté. Ce que l'on entend d'emblée, dès le lever du rideau, c'est l'exaltation du plaisir. Les mots récurrents sont « *godiam* » (« jouissons »), « *piacer* » (« plaisir)», « *follia* » (« folie », ici dans le sens d'ivresse des sens), « *delizia* » (« délice »), « *voluttà* » (« volupté ») et, maintes fois répété, « *gioir* » (« jouir »). Dans son dernier soupir, Violetta murmure encore « *gioia* » (« joie »). Nous sommes dans le Paris du plaisir et de la volupté, celui aussi de Balzac qui vient d'achever, en 1847, le long feuilleton de *Splendeurs et misères des courtisanes*, centré sur ce Paris de l'argent et de la spéculation, du sexe et de l'arrivisme, et, au cœur du système, sur le rôle des demi-mondaines, de ces femmes engagées dans ce que Balzac appelle — avant la « dévoyée » de Verdi — « les mauvais chemins ».

La fièvre des plaisirs qui anime les soirées mondaines de Violetta est tout aussitôt minorée par la maladie qui la ronge. Dès les premières répliques, on fait allusion à sa santé chancelante — « *Egra foste* » (« Vous avez été malade ») — ; et l'on assiste, dès la première scène, à son premier malaise. Si bien qu'on a beau chanter l'exaltation des plaisirs, le temps, le temps fugitif et implacable, intervient et tempère brutalement cette soif de jouissance. « Dans les jeux, le temps s'est envolé[8] », entend-on à la seconde réplique de la pièce, tandis que plus loin on évoque « *la fuggevol ora* » (« l'heure fugitive »). On sait dès le départ que Violetta va mourir. Et lorsque, au deuxième acte, le père de son amant vient lui demander de renoncer à lui, elle s'écrie et répète : « *Morrò !... Morrò !...* » (« Je mourrai !... Je mourrai !... »). Certes, elle est tuberculeuse et la vie qu'elle mène va hâter sa mort, mais la rupture avec Alfredo, sans nul doute, la hâte encore plus. Quelle raison aurait-elle de vivre, après avoir connu le bonheur, à travers cet amour auquel, dit-elle, elle aspirait depuis son enfance ? Une enfance dévastée par la vie (chez Dumas, elle est née prolétaire, de son état lingère, mais Verdi et Piave ne nous disent rien de son passé) ; et elle exprime son désespoir, après ce dialogue dramatique avec Germont : « *Che a morir, che a morir preferirò, si* » (« Que je préférerais, que je préférerais mourir, oui »).

L'ouverture de cet opéra est, d'ailleurs, un adagio où les cordes et les violons dominent l'orchestre, en nous donnant une impression de calme et de tristesse propres à suggérer la fin dramatique : la mort de l'héroïne en sa lente agonie. Aujourd'hui, un metteur en scène a même pu, par un flash-back saisissant, montrer, pendant le déroulement de ce prélude, Violetta sur son lit d'agonie derrière un voile transparent. Sitôt étirée du violon la dernière note de cette entrée en matière, Verdi, qui aime à jouer des contrastes et fonde sur ces oppositions son esthétique dramatique, nous plonge d'un coup d'archet extrêmement sonore, voire tonitruant, dans la fête et la fièvre parisienne. Nous sommes dans le salon, des plus luxueux, d'une demi-mondaine, et la pièce commence, comme le roman a accoutumé de le faire, et comme Verdi l'affectionne, *in media res*. Dans le brouhaha des conversations, on perçoit « Vous êtes en retard », puis « Nous jouions chez Flora / et, dans les jeux, le temps s'est envolé ». Au second acte, nous serons justement chez Flora — autre salon à la mode du Tout-Paris — et comprenons d'emblée qu'il y aura deux lieux de fête. Violetta intervient pour recevoir ces invités « en retard » et explique qu'elle donne ce soir une fête afin, dit-elle, d'« apaiser mes malheurs par ce remède ». De quels malheurs s'agit-il ? À la dix-septième réplique, alors qu'on vient de présenter ce beau jeune homme — Alfredo — à Violetta, l'ami de cette dernière, Gastone, lui apprend : « Quand vous étiez malade, il venait chaque jour, / avec anxiété, prendre de vos nouvelles... » Ainsi savons-nous que l'héroïne a été gravement malade, qu'elle tient salon pour oublier ou compenser ses maux, et que son avenir est, sans doute, compromis par la maladie — soulignée par un étourdissement, presque un évanouissement, sitôt fini le toast (*brindisi*), moment heureux, glorieux, héroïque, de ce premier acte. Tandis que les invités passent dans la pièce à côté où quelques violons jouent une valse, Alfredo, resté seul avec Violetta, lui déclare son amour, auquel elle répond en détachant une fleur de son corsage, un camélia, qu'elle lui tend en lui demandant de le lui ramener lorsqu'il sera fané. L'amoureux comprend tout de suite, sachant la fleur de courte vie, qu'elle lui donne rendez-vous pour le lendemain et, de cette façon astucieuse, nous voyons cet amour scellé, quand bien même il repose sur l'éphémère et le transitoire. Avec un art consommé du dramatisme, Verdi et Piave vident progressivement la scène : après la mise à l'écart des invités et de la fête, puis le duo amoureux, Violetta demeure seule en scène, et nous saisissons que l'opéra tourne seulement autour d'elle. Pour la première fois dans sa production, et juste après un *Trouvère* des plus spectaculaires, le compositeur entend plonger dans le drame intimiste et les tourments d'une âme solitaire. On comprend que ses contemporains, peu habitués à la musique de chambre dans un *melodramma*, aient tardé quelque peu à applaudir cette œuvre novatrice. Et d'ailleurs la première réplique de Violetta, sitôt Alfredo parti, est : « *È strano ! È strano !...* » (« C'est étrange, étrange ! »). Oui, nous sommes dans une atmosphère étrange, dans une intimité qui n'est pas coutumière, et la chanteuse elle-même s'en étonne, en épelant plus qu'en chantant ces deux mots. Il y a parfaite adéquation entre musique et paroles, entre message et situation. Le débat qui occupe l'aria de Violetta est fortement contrasté : d'un côté, il y a cet amour auquel elle aspirait depuis toujours sans y croire, de l'autre, les folies de sa vie mondaine de femme entretenue, ce qu'elle qualifie d'« *aride follie del viver moi* » (« les stériles folies de ma vie »). Elle met ces deux options sur la balance et conclut que « *amor è palpito* », que « l'amour est la vie ». Pourra-t-elle franchir le pas, changer d'existence ? Hélas ! elle n'est qu'une « pauvre femme solitaire / abandonnée au milieu / de ce désert peuplé / qu'on appelle Paris » (on remarquera l'appréciation toute verdienne de la capitale française, de la part de ce paysan de Sant'Agata qui préférera toujours la solitude de son Émilie-Romagne aux fastes fallacieux des grandes villes).

Malgré la voix d'Alfredo qui intervient en fin d'aria, l'accompagnant et l'encourageant du dehors, sous son balcon, et qui répète « *Amor, amor è palpito* », Violetta, « sagement », opte encore pour cette liberté qui est la sienne — « *Sempre libera* » (« toujours libre ») —, allant de cœur en cœur, d'amant en amant, ou, comme elle dit : « *Folleggiar di gioia in gioia* » (littéralement « faire des folies », mais l'ancien français disait pareillement « folloyer », aller de joie en joie), et Violetta répète ce qui est, dans cet acte, son leitmotiv : « *Gioir* » (« jouir »). La musique est à l'image de cette fièvre, tantôt emportée et presque parlée, tantôt *cantabile*, chantante et réclamant de la soprano une tessiture exceptionnelle, puisque l'acte se termine généralement par la note la plus élevée, un contre-*mi* (à la portée de peu de cantatrices). L'interprète idéale de ce rôle, et par l'étendue de la voix, qui va du *si* grave au contre-*mi*, et par l'expressivité dramatique, et le physique, a été la Callas, dont on a maints témoignages discographiques et filmographiques. Mais Ileana Cotrubas, pendant longtemps, par sa fragilité physique, et même vocale — bien qu'ayant toute l'étendue de voix nécessaire —, a incarné une Violetta crédible et extrêmement émouvante.

L'acte II nous emmène à la campagne, trois mois plus tard (Alfredo le souligne dès le lever du rideau), loin du bruit et de la vanité du monde parisien. Le couple s'est constitué, a choisi un havre et vit de l'air du temps. Pas tant que cela, puisque cet acte est centré sur l'argent nécessaire à la survie du couple. Violetta est amenée à vendre peu à peu ses biens (« chevaux, calèches et tout ce qu'elle possède »). Alfredo l'apprend et décide d'aller à Paris pour annuler l'opération et dénicher à son tour de l'argent. Entre-temps, Violetta reçoit une invitation à une soirée chez Flora ; nous situons donc bien la scène et son rapport à la vie mondaine. La balance est toujours entre ces deux options. Pourtant, Violetta est heureuse de sa nouvelle vie, tout comme Alfredo, chantant au début de l'acte — c'est un des grands airs du ténor — la fidélité à cet amour (« Je veux vivre fidèle à toi, oui, oui ») : oublieux de l'univers et de tout ce qui l'entoure — et qui ne va pas tarder à lui tomber dessus —, il se sent vivre « *quasi in ciel* » (« presque dans les cieux »). Et voilà soudain que le ciel lui tombe sur la tête. Son père se fait annoncer, alors qu'Alfredo est parti pour Paris, et vient demander à Violetta de renoncer, au nom des principes moraux en vigueur dans la bourgeoisie de cette époque, à cette liaison qui porte tort à sa fille, dont les justes noces seraient compromises par la fréquentation par son fils d'une femme aussi légère, une créature du demi-monde. La réaction de Violetta est celle de la dignité offensée : « Je suis chez moi, monsieur, et je suis femme. » Face aux accusations du père qui lui reproche de profiter financièrement de son fils, elle lui montre le papier prouvant, bien au contraire, qu'elle vend ses biens pour entretenir Alfredo. Renversement de la situation. Giorgio Germont, dans un très bel air — morceau de bravoure du baryton —, exerce alors un chantage sentimental : la préservation de la pureté de son ange de fille (« *Pura siccome un angelo* », « Aussi pure qu'un ange ») l'exige, et il prononce à ce moment le mot qui sonne comme un couperet : « *sacrifizio* ». Violetta est touchée au cœur, dans sa partie la plus vulnérable. C'est donc par amour pour Alfredo qu'elle va sacrifier le sien, et elle rédige deux lettres, l'une à Flora, acceptant finalement son invitation à rejoindre la grande meute des fêtards parisiens, l'autre à Alfredo, dont nous ne connaissons pas le contenu, mais suffisamment claire pour qu'il explose en la lisant : « *Mille serpi divoranmi el petto* » (« Mille furies me dévorent le cœur[9] »). Tandis qu'elle écrit cette lettre à

Alfredo, on entend les accents déchirants d'une clarinette solo (*ré-si* bémol-*la*, répété deux fois, comme une plainte). La musique est dépouillée à l'extrême, comme désormais tout ce qui touche à l'intime sentiment de cette *traviata*. Et lorsque Alfredo revient et la voit écrire, lui cachant sa lettre, elle laisse parler son cœur et sa blessure en une déchirante imploration, une injonction désespérée : « *Amami, Alfredo, amami quant'io t'amo* » (« Aime-moi, Alfredo ! Oh, aime-moi, comme je t'aime »). Le reste de la scène est occupé par le père raisonnant son fils qui, n'en pouvant plus, quitte la place en jurant de se venger.

Le rideau se relève aussitôt sur le second tableau de cet acte, et nous retrouvons les salons parisiens, la futilité, le jeu et les amis de Flora, bientôt rejoints par Violetta au bras de son ancien protecteur, un baron (comme une réminiscence du baron de Nucingen, de Balzac, exhibant Esther, sa maîtresse). Un intermède musical et dansant fait surgir un chœur de Gitanes, comme échappées de l'opéra précédent, *Le Trouvère*, des diseuses de bonne aventure, comme on en trouvera aussi dans *Un bal masqué* et dans *La Force du destin*, toujours annonciatrices du pire, du moins sont-elles là pour signifier que le destin va frapper ; ce chœur des femmes est suivi par celui des hommes, des amis de Flora, travestis en matadors et picadors espagnols. Ils chantent la gloire du torero qui, après avoir abattu la bête, conquiert le cœur de la femme : Carmen et le toréador ne sont pas loin. Mais, au-delà de l'aspect anecdotique et du pur divertissement, comment ne pas penser que l'allusion à la corrida renvoie clairement à une mise à mort : c'est la « *traviata* » qui est promise au sacrifice, comme annoncé précédemment par Germont. Entre Alfredo qui s'assied à la table des joueurs. L'art incomparable de Verdi consiste à opérer alors un contraste dramatique entre la futilité anodine des joueurs (« *Ben desinvolto !* », « Quelle désinvolture ! ») et l'angoisse de Violetta face à son ex-amoureux, qui se traduit à trois reprises par un *ostinato* : « *Pietà, gran Dio, pietà, gran Dio, di me !* » (« Pitié, mon Dieu, pitié, mon Dieu, pour moi ! »). Nous touchons là au sommet du dramatisme et de l'émotion. Alfredo gagne aux cartes — heureux au jeu, malheureux en amour, il ne manque pas de le souligner. Et tout l'argent gagné, il le jette au visage de Violetta, qui s'effondre, au cours d'une scène d'une extrême violence musicale, interrompue par l'arrivée du père, figure tutélaire désormais, qui reconnaît la générosité de Violetta et ne supporte pas que son fils l'offense de la sorte (cette irruption du père, absente de la pièce de Dumas, a été ajoutée par Verdi et Piave, en vertu du jeu de contrastes habituel dans le *melodramma*). Le chœur entame alors un des plus beaux airs de l'opéra : « *Oh quanto peni ! Ma pur fa cor... / Qui soffre ognuno del tuo dolor* » (« Que de souffrances ! mais prends courage... / Nous souffrons tous de ta douleur »), tous les personnages s'unissant dans leur monologue vocal conjugué ; « Moi seul ici sais quel courage cache le cœur de cette malheureuse », dit le père, « Hélas ! Hélas ! Qu'ai-je fait ? » se lamente le fils, « Alfredo,

Alfredo, tu ne peux pas comprendre tout l'amour de ce cœur », chante Violetta ; les voix s'élargissent et décroissent en gammes montantes et descendantes, comme une marée vocale d'un saisissant effet. Au point que dans son film *E la nave va…*, où Federico Fellini tout à la fois raille l'opéra, dont son enfance a été allaitée, et lui rend un magistral hommage, c'est ce chœur de *La Traviata* qui rythme le naufrage de la nef, torpillée par le cuirassé austro-hongrois, après que les cendres de la regrettée cantatrice au nom évocateur, Edmée Tetua (tais-toi, donc), ont été dispersées au large de son île natale. Le baron protecteur prend la défense de Violetta et défie en duel Alfredo tandis que le rideau tombe.

L'acte III est celui de l'immolation. Le prélude est un andante pour cordes reprenant, un demi-ton plus haut, l'ouverture de l'opéra. Nous sommes dans l'ombre, Violetta au lit, en déshabillé. La musique, d'une grande mélancolie, aux tonalités funèbres, nous signifie que la mort est proche. « On dirait une fine dentelle tissée avec les derniers fils qui retiennent Violetta à la vie[10] », écrit dans sa vibrante analyse le prince de Valori, contemporain de Verdi. De fait, l'action est quasi inexistante, le chant est du langage parlé — notamment quand Violetta lit la lettre du père d'Alfredo l'informant que son fils va venir lui demander pardon. Un langage épuré, sans nul effet, pas de métaphore, pas d'envolée poétique ; et le docteur annonce à la femme de chambre que sa maîtresse n'a plus que quelques instants à vivre. Mais voilà qu'Alfredo, qui a réchappé au duel, revient vers elle et, reconnaissant ses erreurs, lui demande pardon. Ce pardon est accentué par celui — plus étonnant, car Dumas ne l'avait pas prévu dans sa pièce — du père d'Alfredo. Et ce qu'il dit à Violetta a valeur de réparation : « *A stringervi qual figlia vengo al seno* » (« Je viens vous serrer dans mes bras comme si vous étiez ma fille »), répondant ainsi à la promesse qu'il lui avait faite au second acte : « *Qual figlia, qual figlia m'abbraciate* » (« Embrassez-moi, embrassez-moi comme votre fille », l'avait-elle imploré en acceptant de se séparer d'Alfredo). Il la place ainsi à égalité avec son fils, et rétablit ce couple qu'il avait détruit, ce pourquoi Violetta lui répond, dans une réplique à double sens : « *Ahimè ! tardi giungeste* » (« Hélas ! Vous arrivez bien tard »). Mais cette mort qu'elle vit dans sa chair martyrisée, est-elle mort de phtisie ou mort d'amour ? Le musicien et son librettiste sont bien clairs. Dès lors que Germont lui demande de libérer son fils, elle s'écrie : dites à votre fille, si belle et si pure, que cette femme que je suis se sacrifie pour elle « et qu'elle mourra », « *Che a lei il sacrifica e che morrà, / E morrà, e morrà* ». Par trois fois, elle déclare que son sacrifice la fera mourir. Et voilà qu'ils sont tous deux à son chevet, le fils et le père, mais il est trop tard. Le bonheur qu'elle a à retrouver les bras d'Alfredo lui donne une ultime force, et c'est l'air ultime de Violetta : « Les spasmes de la douleur / Ont cessé… / En moi… renaît, renaît… m'anime / Une force insolite !… / Ah, je… Mais je reviens à la vie » — « *Ah ! ma io… ah ! ma io ritorno a viver ! Oh gioia* » — « Oh, joie !... » Comme l'aura précédant une crise comitiale — le haut mal —, le chant s'élève à un état de grâce, presque mystique, avec cette « joie » ultime qui est comme le visage de Dieu entrevu vers lequel son âme simple et pieuse aspirait. La voix de Violetta parcourt alors toute l'étendue de sa tessiture, du *mi* grave à ce *si* aigu où culminent et son cri de joie et son dernier souffle. Qui n'a pas pleuré en l'entendant ? Oui, nous pleurons tous sur le destin malheureux de la « *traviata* », nous pleurons sur elle depuis que Germont a exigé d'elle le sacrifice de sa vie. Femme immolée, martyre de la passion d'amour la plus haute, la plus noble et digne, elle touche et broie, depuis un siècle et demi, le cœur de tous les spectateurs de cet opéra, le plus joué de par le monde et sur toutes les scènes.

Alexandre Dumas fils n'avait pas prévu de faire venir le père au dernier acte pour demander pardon du sacrifice de la « Dame aux camélias ». Mais Verdi, lui, le convoque, et on sait même qu'il l'aurait exigé de Piave. Giuseppe, on l'a vu, a un compte à régler avec ces pères guindés et exigeants dans leur morale étroite et leurs préjugés. Comment ne pas croire que c'est Antonio Barezzi qu'il convoque ici, lui qui a essuyé les foudres de son beau-père, mais qui a su lui répondre avec force, en faisant valoir les droits d'une liberté essentielle, celle que Violetta proclamait au premier acte dans son fameux « *Libera* » — un « *Libera* » qui sera aussi la plus belle page et la plus significative du *Requiem* de Verdi : il oblige le père noble à demander publiquement pardon.

Mais le plus bel hommage rendu à cet opéra est cette réflexion de l'auteur de la pièce lui-même, Alexandre Dumas fils, qui, selon des propos rapportés par le prince de Valori — trouvant l'adaptation verdienne « comme inspirée, comme ennoblie » et s'écriant : « On a de la pitié pour *La Dame aux camélias* ; on a des pleurs pour *La Traviata*[11] » —, déclara : « Dans cinquante ans qui se souviendrait de *La Dame aux camélias* ? Verdi l'a rendue immortelle[12]. »

La « Grande Boutique » : *Les Vêpres siciliennes*

Frappez-les tous ! que vous importe ?
Français ou bien Siciliens,
Frappez toujours ! Dieu choisira les siens !
Les Vêpres siciliennes

Il fallait un sacré culot pour venir à Paris présenter sur scène le massacre de Français par des Italiens. C'est ce que fit Verdi en donnant à l'Opéra de Paris le 13 juin 1855 ces *Vêpres siciliennes* dont le livret lui avait été concocté par Eugène Scribe, immense librettiste à qui Halévy devait sa *Juive* — dont l'héroïne, à l'instar du Manrico du *Trouvère*, n'est pas ce qu'elle a l'air d'être : elle est autant la fille du Cardinal que Manrico, prétendument gitan, est fils du comte de Luna. L'Opéra de Paris avait inventé ce type de grand spectacle de cinq actes et cinq heures de rang, avec des œuvres grandioses telles que *Robert le Diable* ou *Les Huguenots*, fleurons du grand maître de la scène parisienne, Giacomo Meyerbeer, le plus célèbre compositeur d'opéra des années 1830, justement admiré par Verdi. Pour être joué à Paris, il devra se soumettre aux canons esthétiques de ce qu'on appelait « le

Grand Opéra », celui qui commençait à 19 heures pour ne s'achever qu'à minuit. Il lui faudra systématiquement écrire sur un drame historique, introduire obligatoirement un ballet et, surtout, recourir à Eugène Scribe, celui qui réclamait à Meyerbeer le perfectionniste 50 centimes pour chaque vers modifié de son livret, et qui avec son armée de « nègres » fournit à la scène française quelque quatre cents livrets. Scribe était à lui tout seul une institution, tyrannique, irascible et pingre, il personnifiait ce que Verdi qualifia alors, non sans mépris, de « Grande Boutique ».

Mais Paris était accueillant envers les artistes étrangers. D'ailleurs Meyerbeer était né berlinois, c'était un musicien allemand qui fit toute sa carrière à Paris, tout comme Rossini ou Cherubini. De même, sous le Second Empire, Paris accueillera Offenbach, né allemand à Cologne. Et voilà que Paris appelle Verdi et le sollicite pour créer un opéra à l'occasion de l'Exposition universelle de 1855. Rappelons que l'institution de l'Exposition universelle — la première eut lieu à Londres en 1851 — visait, pour le pays invitant, à montrer son savoir-faire et ses talents ; c'est donc assez contradictoire, et finalement rassurant quand on accuse trop souvent, et à tort, les Français de chauvinisme, de voir que la France, célébrant pour la première fois une Exposition universelle, au lieu de faire appel à quelques grands noms de la musique française du moment, comme Auber, Halévy ou Berlioz (qui dirigera, néanmoins, l'orchestre pour la cérémonie de clôture de l'Exposition), s'adresse à Verdi. Et lui propose un curieux livret, celui des *Vêpres siciliennes*, de la main de Scribe. Curieux, et pour le moins insolite, car ce nouvel opéra de Verdi, en plongeant dans un passé reculé du XIIIe siècle et de l'occupation de la Sicile par la France, raconte ni plus ni moins que le massacre de la garnison française par les rebelles siciliens. Un opéra antifrançais, en somme, pour celui qui était le chantre de la résistance et de l'unité italienne.

C'est le 15 octobre 1853 que Giuseppe a pris le train pour Paris en compagnie de sa fidèle Giuseppina (ils ne se marieront que six ans plus tard). Il vient d'essuyer une nouvelle déconvenue de la part de ses concitoyens de Busseto, qui ont refusé de nommer maître de chapelle son protégé Emanuele Muzio. Un nouveau voile de tristesse sur ses yeux pâles. En revanche, Paris lui sourit : Napoléon III vient de l'élever à la dignité de chevalier de la Légion d'honneur, et voilà qu'on le réclame avec un opéra tout spécialement créé pour l'Opéra de Paris — qui s'appelle alors « Académie impériale de musique ». Ce séjour dans la capitale française, le plus long de son existence, va durer deux ans, le temps nécessaire pour écrire et monter ses *Vêpres siciliennes*, au terme d'une course contre la montre riche en incidents. Le couple s'installe dans le IXe arrondissement, quartier musical s'il en fut, et vit d'abord rue Richer, au numéro 4, non loin du site des Folies-Bergère (théâtre fondé en 1870). Et les consultations commencent, avec ce Scribe qui fait traîner en longueur l'écriture de ce curieux livret.

Sans parler de la défection initiale de la soprano qui devait créer le rôle, la Cruvelli (en fait, une Allemande nommée Sophie Crüwell, mais la mode était alors à l'italianisation, c'est pourquoi aussi Meyerbeer, qui se prénommait Jakob — tout comme Offenbach, devenu « Jacques » —, avait adopté le prénom de Giacomo). Cette cantatrice, créatrice d'*Ernani* à Paris, et qui allait triompher aussi dans *Les Huguenots*, pour laquelle Verdi écrivait spécialement un rôle — avec toute l'attention qu'il apportait toujours à écrire ses notes en fonction de la voix qui les chanterait —, avait abandonné la troupe pour partir sur la Côte d'Azur filer le parfait amour avec un baron (un de ces barons protecteurs comme Verdi en avait campé dans sa *Traviata*) qui, en définitive, au vu du scandale provoqué par sa fuite, la laissa remonter sur les planches et créer le rôle d'Hélène. Les répétitions, néanmoins, durèrent cinq longs mois, désespérant Verdi qui, s'il appréciait malgré tout la vie mondaine et parisienne, voyait bien ce qu'il perdait, financièrement, à rester cloué dans la capitale française. L'opéra, grâce notamment à la voix prodigieuse de la Cruvelli, remporta un grand succès. Au demeurant, de nombreux Lombards et Piémontais étaient venus assister au triomphe de leur idole pour son premier opéra français, et la claque fut donc particulièrement convaincante. Sans parler de l'entente cordiale entre la France et le Piémont : le roi Victor-Emmanuel II et son Premier ministre Cavour venaient d'expédier un régiment piémontais en Crimée pour appuyer l'offensive française contre les Russes (la guerre de Crimée dura de 1853 à 1856). Verdi ne pouvait se produire sous de meilleurs auspices. Mais qu'était donc cette œuvre, si peu accordée au génie du compositeur qui, avec *Luisa Miller* et surtout *La Traviata*, se tournait vers le drame intimiste et l'époque contemporaine ? Un retour en arrière, en réalité, pour plaire au public parisien.

Nous sommes donc à Palerme en 1282. Guy de Montfort gouverne la Sicile pour le compte de Charles d'Anjou, qui a étendu son empire vers l'Orient (il est aussi roi de Jérusalem). Ses troupes sont plutôt dissipées et, comme toutes les troupes d'occupation, désinvoltes quant à l'honneur des femmes. Historiquement, c'est le coup de poignard d'un Sicilien jaloux tuant un soldat français qui avait offensé sa femme qui allait déclencher à l'heure des vêpres le massacre des Français à Palerme. Sur scène, alors que les soldats s'égaillent, la duchesse Hélène chante la mort de son frère, Frédéric d'Autriche, exécuté par les occupants, et son chant est une exhortation à la révolte. D'où des heurts entre l'armée et la foule, interrompus par l'entrée du gouverneur, Guy de Montfort. Ce dernier est impressionné par les propos du jeune Sicilien Henri, accusé de trahison mais qui vient d'être libéré, et il lui propose de se joindre à lui, ce que l'autre refuse, indigné. Montfort lui témoigne, néanmoins, et intuitivement, une sympathie émue — on va ensuite comprendre pourquoi. Le médecin Jean de Procida, à l'acte II, rentre d'exil et exalte sa patrie : « Palerme ô mon pays. » Il entend libérer la Sicile et se concerte, pour cela, avec Henri et la duchesse, qui nourrissent l'un pour l'autre un sentiment amoureux. Il suffirait de provoquer un soulèvement. Hélène, qui aime Henri, a pourtant une seule priorité : venger la mort de son frère. Henri lui promet de le faire. À la faveur d'un bal donné par le gouverneur, Procida décide de se glisser parmi les invités. En attendant, Montfort apprend par lettre qu'Henri est, en vérité, le fils qu'il a eu d'une femme autrefois séduite et abandonnée par lui ; plein de remords, il entend se faire reconnaître et aimer par son fils. Ce dernier est atterré par cette révélation, mais lorsque les conspirateurs tentent d'assassiner Montfort, il s'interpose et lui sauve la vie. Hélène et Procida sont arrêtés et condamnés, Henri obtient toutefois leur libération en attendrissant le cœur de son père que, finalement, il reconnaît comme tel. Montfort, par calcul politique, décide de marier Henri et Hélène, mais le conspirateur Procida prépare un mauvais coup et lorsque les cloches de l'église sonnent à l'heure des vêpres, célébrant l'heureuse union, les Siciliens se jettent sur les Français et les tuent tous. À l'origine, Scribe prêtait à Procida la fameuse phrase d'Arnaud Amaury, compagnon de Simon de Montfort (un autre Montfort), lors de la croisade contre les Albigeois : « Tuez-les tous, Dieu reconnaîtra les siens », en la modifiant sensiblement : « Frappez toujours ! Dieu choisira les siens ! », mais Verdi, dans la version italienne, fit supprimer cette phrase qui le choquait en tant qu'Italien. On notera que le massacre général s'opère en quelques mesures, comme si Verdi voulait en finir au plus vite.

Si l'œuvre connut un relatif succès à Paris, elle disparut vite du répertoire, et il fallut que Verdi la retravaille en version italienne — *I vespri siciliani* —, qui est celle que l'on joue encore, avec pour couple Elena et Arrigo. Verdi resta à Paris jusqu'à Noël, le temps de peaufiner la version française du *Trouvère*, enrichie là aussi du nécessaire ballet pour l'Opéra de Paris, et qui sera donnée le 12 janvier 1857. Le retour à Sant'Agata s'effectue donc en décembre 1855 ; le compositeur est épuisé, d'autant que depuis Paris, tout en préparant ses *Vêpres*, il a dû se rendre à deux reprises à Londres pour défendre ses droits. Car le maître ne se laissa jamais déposséder, surtout que rien n'était encore fait, en Europe, pour la protection des œuvres originales. Il faudra, en Italie, que Verdi se défende lui-même et, élu député sur recommandation de Cavour, sa seule action au Parlement consista à défendre les droits de la musique et des musiciens. Et tout particulièrement la protection des auteurs et compositeurs. C'est à son initiative qu'une « charte des droits d'auteur » fut mise en préparation par une commission parlementaire *ad hoc*. Mais nous nous arrêterons au chapitre suivant sur cette nouvelle casquette du compositeur : Verdi député au parlement de Turin.

Un bal masqué : l'amour fou

Non ho che te nell'anima,
*e l'universo oblio**.
Un ballo in maschera

Ici, Verdi marque une pause dans le déchaînement romantique de ses cordes et cuivres. Il veut bâtir un grand opéra de l'amour fou. Et comme toujours — à l'instar des troubadours médiévaux, et comme dans la littérature pastorale ou dans *Don Quichotte* —, un amour idéal, chaste et pur, non consommé. Si ce n'est que le schéma amoureux traditionnel — le mari, la femme et l'amant — est strictement respecté et en constitue la trame. Celle où se greffe, en raison même de ce nœud gordien, le sublime idéal de l'amour fou. Et Verdi nous donne ici l'un de ses plus beaux opéras, l'un des plus attachants, qui là encore, du fait qu'il couronne tant d'œuvres antérieures sur un thème semblable, comme *Le Trouvère*, a valeur de testament. Ne

* « Dans mon âme il n'y a que toi / Et j'oublie tout l'univers » (*Un ballo in maschera*, in Jean Cabourg [sous la dir. de], *Guide des opéras de Verdi*, p. 761-762, traduit de l'italien, ainsi que tous les autres extraits de cet opéra cités, par Béatrice Vierne).

parle-t-il pas, dans le même temps, de se retirer à Sant'Agata et de profiter de ce que sa Giuseppina nomme leur « paradis terrestre » ? Nous imaginons Verdi arpentant ses terres, qu'il ne cesse d'agrandir au fil de ses revenus en droits d'auteur, fouettant son tilbury et portant son coq familier sur l'épaule.

Nous sommes en 1857 et Giuseppe vient d'avoir quarante-quatre ans, avec toute la belle maturité que lui ont conférée ses quelque vingt opéras et les éclatants succès connus par la plupart d'entre eux. Verdi a signé en mai 1856, avec Luigi Alberti, l'imprésario, un contrat avec le San Carlo de Naples, par lequel il s'engage à donner, fin 1857 ou début 1858, une nouvelle œuvre. Certes, son esprit est toujours occupé par l'inaccessible *Roi Lear*, dont il a déjà écrit le résumé, mais sans aller au-delà, la troupe du San Carlo ne lui semblant pas adaptée à une tragédie anglaise. Victor Hugo, à qui il a emprunté deux beaux drames, *Hernani* et *Le roi s'amuse*, le séduit encore avec son *Ruy Blas*, dont on peut certes regretter qu'il ne soit resté qu'à l'état de projet. Il pense alors, avec une certaine facilité initiale, au drame du roi Gustave III de Suède, assassiné en 1792 en plein bal masqué. La chose lui était connue à travers la plume de Scribe — dont il venait juste de mettre en musique *Les Vêpres siciliennes*. Le livret du plus grand librettiste français du moment avait déjà eu l'heur de plaire à de précédents compositeurs, comme Auber, fidèle à Scribe, qui donna à l'Opéra de Paris en 1833 un *Gustave III ou Le Bal masqué* avec pas moins de trois cents figurants dans la scène finale du bal, satisfaisant ainsi au désir mégalomane de la « Grande Boutique ». Au départ, Scribe destinait son œuvre à Rossini, mais ce dernier, sûr de sa gloire et prisonnier de son confort parisien, avait fait la sourde oreille. Plus près de Verdi, en 1843, le grand Saverio Mercadante avait repris ce même sujet et ce même livret, adapté par Cammarano, pour son opéra *Il reggente*, avec un relatif succès. Cependant, Verdi avait déjà commencé et même achevé d'éclipser la gloire de Mercadante, le compositeur glorieux d'*Il giuramento*, célébré par Stendhal. Aussi demanda-t-il à Antonio Somma, avec qui il avait précédemment entrepris de travailler au *Roi Lear*, de laisser de côté Shakespeare et, toute affaire cessante, de reprendre le livret du *Gustave III* de Scribe. La censure napolitaine n'allait pourtant pas accepter pareil livret : impossible de représenter un régicide sur scène. On changea donc l'esprit de l'œuvre, en transposant l'intrigue en Poméranie et en l'affublant du titre *Una vendetta in dominò* (« Une vengeance en domino ») ; tout fut prêt à la fin de 1857, et Verdi arriva à Naples à la mi-janvier 1858. Ce fut pour apprendre que la police refusait purement et simplement un tel livret. Le librettiste rafistola son texte qui devint *Adelia degli Adimari*, mais qui n'avait plus aucun rapport avec l'intrigue initiale, si bien que Verdi refusa de donner sa musique et claqua la porte. L'affaire fut portée devant les tribunaux, mais un compromis finit par être trouvé, Verdi s'acquittant de son engagement auprès du San Carlo en revenant à l'automne diriger la première à Naples de son *Simon Boccanegra* (nous y reviendrons plus loin), où il obtint un triomphe justifié. Quant à son *Ballo in maschera*, son *Bal masqué*, il allait être créé, grâce à l'entregent de l'imprésario Jacovacci, à Rome, au Teatro Appolo, le 17 février 1859.

Cet opéra de Verdi, en fait, loin d'être une réflexion sur les intrigues politiques et de se focaliser sur le régicide, entend privilégier ce que Scribe avait ajouté à l'histoire en inventant l'intrigue amoureuse, et ce bel amour entre Riccardo, le gouverneur de Boston (car toute l'intrigue suédoise a été transposée aux Amériques, au XVIIe siècle), et Amelia, l'épouse de son meilleur ami, Renato. C'est l'amour, le bel amour, qui fait toute l'œuvre. Même si le rideau se lève sur la conspiration *sotto voce* de deux comploteurs, Samuel et Tom, c'est l'annonce d'un bal masqué qui lance toute la musique, et Oscar, le page du Seigneur (on voit, d'ailleurs, l'incongruité de la transposition censoriale : un responsable politique a-t-il jamais eu un page à son service ?), présente à ce dernier la liste des invités, parmi lesquels il voit d'emblée le nom d'Amelia, la femme dont il a toujours été amoureux mais qui lui est interdite puisqu'elle est l'épouse de Renato, son secrétaire et ami intime. Riccardo exprime cet amour impossible avec des accents mélancoliques, dans une atmosphère qui ne cesse pas d'être festive. C'est d'ailleurs le signe de cet opéra marqué par une étonnante légèreté, souvent primesautière, surtout par la bouche du juvénile Oscar (un rôle de travesti, comme le fut le Chérubin de Mozart, à qui il fait forcément penser), qui est l'un des rôles clés, tout en demeurant un personnage secondaire — il n'a que deux airs à chanter, au début et à la fin. La poésie éclate dans la stance chantée de Riccardo, qui n'est pas sans évoquer la poésie des troubadours :

O dolce notte scendere
Tu puoi gemmata a festa :
Ma la mia stella è questa,
*Che il ciel non ha** !

C'est exactement cela : comme l'étoile incomparable dans le ciel de la nuit, ainsi apparaît Amelia, lointaine et inaccessible. Arrive tout aussitôt Renato qui, en parfait ami, se soucie d'un complot dont il a eu vent, et qui entend protéger son ami, si précieux, ce qui donne lieu à un très beau plaidoyer sur l'amitié virile, comme Verdi en sera friand — on le verra de façon encore plus éclatante dans *La Force du destin* et, plus encore, dans *Don Carlos*. Le baryton n'est plus ce personnage détestable, traître (le Paolo de *Simon Boccanegra*, dont il sera question plus loin) ou justicier (Germont, le père sourcilleux, dans *La Traviata*), il peut aussi être l'ami précieux et prévenant. Sur ces entrefaites, un juge est introduit devant le Gouverneur, et ce magistrat demande que soit bannie de la ville une certaine Ulrica, une devineresse noire — et de ce fait jugée maléfique, n'oublions pas l'Amérique du racisme et de la ségrégation, contre laquelle le libéral Verdi ne pouvait que s'inscrire. Mais le Gouverneur est un homme de

* « Oh, douce nuit, tu peux / Tomber, couronnée de joyaux, / Mais aucune de tes étoiles / N'égalera la mienne ! »

bonté et de sagesse, et, comme son petit Oscar prend la défense de la « prophétesse », il suspend son bannissement et décide d'aller voir de près à quoi ressemble l'antre de la sorcière. La grande trouvaille de Verdi — et il en était conscient — est ce personnage d'Oscar, qui avec sa voix de soprano léger, va tirer avec une extrême légèreté tous les fils du drame : c'est lui qui ravive la flamme de Riccardo pour Amelia, et qui entraîne maintenant celui-ci chez la sorcière où son sort va être scellé. Mais dans l'aigu d'une voix cristalline, qu'entend-on ? Que chaque consultant de la devineresse apprendra d'elle son sort futur, « doux ou amer » et, dans la chute qui se fait ici dans les notes les plus hautes et les plus allègres, Oscar nous dit que « Lucifer lui donne toujours raison ! ». Les forces du mal sont donc en marche de la plus gracieuse manière. Sitôt le rideau levé sur la scène suivante, c'est l'invocation démoniaque qui emplit toute l'atmosphère :

Re dell 'abisso, affrettati,
Precipita per l'etra,
Senza librar la folgore,
*Il tetto mio penètra**.

Mais non, ce n'est pas suffisant pour Verdi — malgré l'inévitable allusion à la « foudre » — et son librettiste, qui entendent nous faire pénétrer au plus profond de l'esprit de la sorcière — l'union satanique, l'extase démoniaque :

* « Roi de l'abîme, hâte-toi, / Élance-toi à travers l'éther, / Et sans faire appel à ta foudre, / Pénètre sous mon toit. »

E'lui, è lui ! ne'palpiti
Come risento adesso
La voluttà riardere
Del suo tremendo amplesso !*

Morceau de bravoure par excellence de la contralto, comparable uniquement au « *Stridde la vampa* » de l'Azucena du *Trouvère*, avec les mêmes prouesses vocales, un aigu claironnant et un *sol* grave du plus bel effet sur un « *Silenci* » qui met un point final à son invocation satanique. Cet air est une page majeure de cette partition dans laquelle Philippe Dulac, critique musical averti, n'hésite pas à voir « un apogée de l'art musical[1] ». Impossible, en effet, de ne pas frissonner à cette convocation de Satan sur scène — à cent lieues des « diableries » racoleuses du *Faust* de Gounod, car ici la musique est sombre et sobre à souhait, enveloppante dans les phrases descendantes de la contralto qui vont vibrer au plus bas de la tessiture, du *sol* grave au *sol* dièse aigu. Verdi ou le briseur des voix, que ne l'a-t-on dit ? Et quelles voix ont pu résister à pareils écarts entre les deux registres ? De l'heureux temps de Verdi où l'opéra ignorait les micros et les amplificateurs, et même le courant électrique, et où les chefs d'orchestre n'auraient jamais admis qu'on baissât d'un demi-ton une note difficile — par exemple, le fameux contre-*ut* du *Trouvère*, que Jacques Bourgeois dit avoir rarement entendu —, la voix succom-

* « C'est lui, c'est lui ! par ses frissons, / Comme je sens maintenant / Brûler à nouveau en moi la volupté / De sa terrible étreinte ! »

bait assez aisément face à la puissance d'un orchestre que Verdi a toujours voulu sonore et percutant.

Dès que nous pénétrons dans l'antre d'Ulrica, nous sentons la « force du destin », telle qu'elle se manifestera dans le prochain opus de Verdi. Pourquoi Riccardo est-il là ? Par jeu, bien sûr, séduit par la description d'Oscar et par l'évocation des talents sulfureux de cette sorcière noire, de l'« *immondo sangue de'negri* », qui « [s]'abouche avec Satan ». Il assiste donc à la célébration de Lucifer et aux promesses de la devineresse, mais non content d'écouter, il veut agir lui aussi et forcer le destin. Celle-ci prédit-elle au matelot Silvano — qui se plaint de n'avoir reçu en quinze ans de service aucune récompense de la part du Comte — « *oro i un grado* » ? Riccardo glisse subrepticement dans la poche de ce dernier un rouleau sur lequel il écrit à la hâte : « Riccardo à son cher Silvano, officier. » Voilà Ulrica renforcée dans ses dons et unanimement célébrée : « *Evviva la nostra Sibilla immortale* » (« Vive notre Sibylle immortelle »). Mais peut-on se jouer impunément du destin ? Voilà qu'Amelia arrive et, en grand secret — car tout le monde évacue la scène, sauf Riccardo qui se cache et épie —, elle demande à la pythonisse un remède pour la guérir d'amour. Oui, pas pour aimer, mais pour désaimer. Nous voilà aux antipodes du fameux philtre d'amour qui animera bientôt — en 1865 — *Tristan und Isolde*, qui traite lui aussi de l'amour impossible. Amelia devra absorber un philtre d'oubli, quand l'Isolde de Wagner boit le philtre d'amour qui la liera à jamais — mais dans la mort — à Tristan. Pour obtenir ce philtre, Amelia devra se rendre au champ des supplices et cueillir « l'herbe qui pousse au pied des pierres infâmes où le crime est expié ». Lorsqu'elle aura arraché cette herbe maléfique, alors son amour coupable aura disparu. Mais elle n'a pas le temps de le faire car, dans la noirceur terrifiante du chant du gibet, Riccardo surgit et voilà le plus beau chant d'amour de tout l'opéra qui se développe sous nos yeux et à nos oreilles. « Tu m'aimes, tu m'aimes », explose de joie son amoureux, et Amelia ne peut que constater le terrible échec : « L'amour qui m'a blessée s'empare de mon cœur, plus fort que jamais ! » Cependant les amants ne pourront s'aimer, chez l'un comme chez l'autre le sens du devoir et de l'honneur — ou disons tout simplement le respect de l'autre — l'emporte, et Amelia aura le mot de la fin, bouleversant aveu d'amour et de renoncement :

Si t'amo. Ma tu, nobile,
*Mi difendi dal mio cor**.

Le mari d'Amelia vient justement les rejoindre, toujours inquiet de l'annonce du complot qui doit mettre un terme à la vie du Comte. Amelia se voile (la face), Riccardo demande à son ami Renato de ramener chez elle cette femme, dont l'autre suppose qu'elle est sa maîtresse. Les conspirateurs arrivent alors, et, comme le voile cachant le visage d'Amelia glisse malencontreusement, la scène devient du plus

* « Oui, je t'aime. Mais toi, noble cœur, / Protège-moi contre moi-même. »

haut comique : les autres se moquent de Renato qui, à leurs yeux, « flirte » avec sa propre épouse par une nuit sans lune dans le champ lugubre des suppliciés !

Mais revenons en arrière : Ulrica a lu dans la main de Riccardo sa mort prochaine, administrée par celui qui sera ici même le premier à lui serrer la main. Grand éclat de rire quand paraît Renato, le meilleur ami, qui s'approche et serre la main de l'homme qu'il aime et respecte tant. Le spectateur sait d'emblée que c'est lui qui le tuera. Et voilà qu'à l'acte suivant, Renato, reconduisant sa femme sur ordre de Riccardo, et ridiculisé par les conjurés, comprenant qu'il a été trompé, se joint à eux et jure d'être le bras armé du terrible forfait. Rentré chez lui, il veut d'abord tuer l'épouse qu'il croit adultère mais, devant son émouvante prière, il lui fait grâce, en lui laissant entendre qu'il devra néanmoins tuer son « amant ». Qui manie donc tous ces fils ? Au dernier acte, Oscar, à la faveur du bal masqué programmé dès l'acte premier, remet en présence Amelia et Riccardo, puis, sur l'insistance de Renato, qui cherche à reconnaître sa victime sous le masque, désigne à son poignard le malheureux Comte. Celui-ci, avant d'expirer, révèle qu'il a signé la nomination de Renato en Angleterre, éloignant ainsi à jamais l'amour qu'il porte à Amelia, et il meurt en affirmant, dans un air absolument sublime, que celle-ci est innocente, et que cet amour n'était fait que d'estime et de sacrifice.

Au-delà de l'intrigue, et merveilleusement à son service, il y a la musique. Jamais Verdi n'avait inventé pareils accents, totalement nouveaux, fort différents de toute l'œuvre précédente. *Un bal masqué* est, de ce fait, une œuvre à part dans la trajectoire du compositeur, au point d'en avoir surpris plus d'un et de s'être heurtée à une relative incompréhension de la critique. Mais il suffit d'entendre cette partition, enflammée de passion, pour fondre de bonheur. Car la musique est tout, sur une trame assez simple en définitive malgré une apparente complexité : un amour impossible, le renoncement et la mort d'un présumé coupable, la jalousie d'un mari, une conjuration haineuse, il n'y a rien là que de très banal au regard du mélodrame. Mais justement, il y a la musique, que Verdi aurait, semble-t-il, composée d'un coup, dans un élan continu, magnifiquement inspiré. Alors même qu'à l'inverse de Wagner, amoureux de sa Mathilde qui lui est refusée, et qui compose pour elle son immortel *Tristan und Isolde*, Giuseppe, lui, aime et se sait aimé de Giuseppina. C'est peut-être pour cela que cet opéra baigne dans une telle fraîcheur, plein d'émois juvéniles, dans un ludisme qui pointe, notamment, dans toutes les ritournelles d'Oscar, finalement réconfortant. On ne sort pas broyés de ce *Bal masqué*, ni même la larme à l'œil, mais le cœur abreuvé d'une plénitude heureuse. À quel bonheur plus haut peut-on aspirer sinon à l'amour fou ? Et Verdi nous le sert ici avec une immense générosité. Tout en beauté.

Une force qui va : *La Force du destin*

> *Un fato inesorabile*
> *Sospinge a stranio lido** ...
> La Force du destin

Verdi n'en a pas fini avec le romantisme. Mais pourquoi en finirait-il ? C'est le plus grand romantique italien, celui qui réalise le mieux, assurément, cet idéal tant voulu par Victor Hugo dans son théâtre, avec des fortunes diverses, mais qui réussit si bien à notre Bussetan : introduire le vrai sur les planches, avec son mélange habituel de sérieux et de ludique, de comique et de grave, de tragique et de comique. *La Force du destin* — *La forza del destino* —, qui s'inscrit aussi dans l'esthétique de l'Espagne romantique, marquée par le mélange des genres — de *Don Quichotte* à *Don Juan* en passant par *La Célestine* et le roman picaresque —, marque non seulement un aboutissement de l'opéra verdien, mais en constitue même une façon d'adieu et une forme de testament. Cet opéra connaît

* « Un inexorable destin / M'entraîne vers un rivage étranger... »

aujourd'hui une fortune toute particulière, et sa musique a envahi notre quotidien — notamment à travers le grand et le petit écran, et jusqu'à la publicité et ses réclames.

Dès l'ouverture de cet opéra, avec le triple appel cinglant des cuivres, ouvrant sur la marée menaçante des cordes, relayée par la plainte mélancolique du hautbois, appuyé sur la flûte, nous sommes saisis et comme pétrifiés (surtout sous la baguette fougueuse de Riccardo Muti, à l'opposé de l'interprétation beethovénienne, et majestueuse, de Kurt Masur). C'est ainsi que la musique nous habite et que Verdi nous traverse. Quelle que soit notre sensibilité, nous comprenons aussitôt ce que le destin veut dire ici et quelle est sa force. Jamais Verdi n'avait atteint à une telle intensité, et cette ouverture constitue, pour une critique unanime, sa « symphonie » (ainsi qu'on appelait alors l'ouverture) la plus célèbre. Mais avant d'arriver à ces coups de tonnerre, à ces bruits de bottes qui vont résonner sur scène, à travers une intrigue mêlant l'amour — toujours impossible —, l'amitié — toujours contrariée —, la vengeance et la mort, et, par-dessus tout, le poids inéluctable du destin, avec, pour finir, un regard sarcastique sur la vie et ses avatars, Verdi éprouve, au plus intime, les soubresauts d'une Italie dont l'unité est en marche, une marche contrariée, traversée par ces mêmes convulsions que le mélodrame verdien saura réfléchir en les traduisant en musique.

Nous sommes donc encore en 1859. Le 17 février, *Un bal masqué* est donné à Rome avec un succès qui, cette fois, dépasse la seule personne de Verdi pour s'étendre à la circonstance politique et au roi du Piémont Victor-Emmanuel II, dont le Premier ministre, Cavour, a mis en marche l'unité italienne lancée par le mouvement du *Risorgimento*. Un mois plus tôt, le roi du Piémont, contraint de pactiser avec l'Autriche, puissance occupante, avait laissé parler son cœur italien en percevant « un cri de douleur [qui] monte de toute l'Italie[1] ». Il n'en fallait pas plus pour que le nom de Verdi soit associé à celui du roi, à travers ses initiales. Et le cri — ce cri de douleur — « *Viva Verdi* » jaillit de la poitrine unanime des spectateurs du Teatro Apollo de Rome, tandis que, dans les jours qui suivent, les murs de la future capitale de l'Italie se couvrent de ce slogan : « VIVA V.E.R.D.I. », écrit avec des points de séparation qui permettaient de lire : « Vittorio Emmanuelle Re D'Italia ». Ainsi cette représentation du *Bal masqué* était-elle marquée tout à la fois par un appel pressant à l'unité de l'Italie et par un hommage à son barde le plus prestigieux. Cela n'entame en rien la détermination de la puissance occupante et la guerre éclate en avril : le 27, l'Autriche déclare la guerre au Piémont et à la France. En l'apprenant, Cavour aurait alors ouvert grand la fenêtre de son ministère à Turin et, bien qu'il chantât faux, entonné d'une voix de stentor la fameuse strette du *Trouvère* : « *In quella pira* » : « De ce bûcher l'horrible feu / Brûle, enflamme tout mon être ! / Impies, éteignez-le, ou bien moi-même / Dans votre sang je l'éteindrai. » Entre-temps le compositeur et sa « concubine » sont retournés à Sant'Agata. En vérité, cette année

1859 voit la fin de leur concubinat, car Giuseppe (quarante-six ans) et Giuseppina (quarante-trois ans) se marient dans la plus grande discrétion le 29 avril, loin des rumeurs et des ragots, en Haute-Savoie, en l'église de Collonges-sous-Salève, relevant à ce moment du royaume de Sardaigne, dominant la plaine de Genève, à un jet de pierre d'Annemasse. Ajoutons aux raisons de cette discrétion le fait que leurs douze années de vie commune avaient fait oublier le passé tumultueux de la Strepponi, sans compter qu'on les croyait déjà mariés ; on comprend, alors, que le compositeur n'ait pas voulu attirer l'attention sur cette vieille liaison et raviver le scandale. Mais auparavant, en sachant bien quelle gloire s'attache à son nom et quelles obligations ses œuvres patriotiques et mobilisatrices lui donnent, il entre dans la lutte à sa façon, c'est-à-dire loin du champ de bataille mais en assurant une part de l'intendance. Giuseppina nous livre l'état d'esprit du compositeur en date du 20 mai 1859, alors que l'armée franco-piémontaise, à quelque 30 kilomètres de Busseto, se prépare à affronter les troupes autrichiennes :

> Notre santé est bonne. Nous n'avons pas peur, mais nous nous soucions des graves événements qui se déroulent en ce moment... Demain, ce soir peut-être, nous entendrons tonner le canon... Verdi est sérieux, grave, mais calme et confiant dans l'avenir[2].

Alors Giuseppe, dans un élan de générosité qui sera, toujours, un des traits de son caractère, prend l'initiative de lancer une grande souscription en faveur des blessés et des familles des morts au combat. Et il propose, pour sa part, de donner 25 napoléons (soit environ 3 000 euros) ; Giuseppina, pour sa part, offre 4 napoléons. Cavour a appelé à l'aide Garibaldi le Niçois (mais Nice n'est pas encore française) avec ses trois mille hommes et, grâce à l'appui français, les Autrichiens sont défaits à Magenta. Victor-Emmanuel II fait une entrée triomphale à Milan. Pourtant, Napoléon III ne tiendra pas ses promesses jusqu'au bout et, au grand dam de Verdi, signe un traité de paix avec l'Autriche à Villafranca. Il est vrai que la guerre avait fait vingt-deux mille morts autrichiens et dix-sept mille parmi les Franco-Piémontais. Un bain de sang insupportable. L'Autriche, aux termes de ce traité, remettait la Lombardie à la France, à charge pour elle de la remettre au Piémont, mais hélas ! — *accidente !* — elle conservait la Vénétie. Cavour donne aussitôt sa démission et se retire dans ses terres de Vercelli. Et Verdi, notre pauvre Verdi, va suivre son grand homme dans son désabusement et son amertume. Il écrit à sa chère amie Clara Maffei, le 14 juillet 1859 :

Où est-elle, cette indépendance de l'Italie qu'on nous avait promise et pour laquelle nous avons tant soupiré ? Que signifie la proclamation de Milan ? Que la Vénétie n'est pas l'Italie ? Un tel résultat après tant de victoires ! Tant de sang pour rien ! Toute cette pauvre jeunesse déçue ! Et Garibaldi, qui a été jusqu'à faire en faveur d'un roi le sacrifice de ses idées les plus anciennes et les plus constantes, sans parvenir au but qu'il désirait !

C'est à devenir fou[3] ! »

On mesurera mieux la cruelle déception de Verdi si l'on sait qu'après les victoires franco-piémontaises de Montebello, de Palestro et de Magenta, Napoléon III s'était rendu à Milan et avait assisté à la Scala, le 10 juin, à une représentation du *Trouvère*, qui fait décidément figure d'opéra le plus mobilisateur de Verdi alors même que le thème patriotique en est absent au profit d'une intrigue purement passionnelle. Mais qui peut empêcher Manrico d'être alors le porte-parole de la révolte de toute l'Italie en voulant éteindre le feu du bûcher dans le sang des impies ?

Verdi apparaît bien comme le porte-voix de la souffrance italienne. Lors des élections qui allaient déterminer l'alliance de sa patrie avec le Piémont, c'est le compositeur, investi par la foule, qui est chargé de présenter au roi le résultat des urnes : les dix-sept mille voix demandant le rattachement du duché de Parme au Piémont. Au-delà de la voie parlementaire, il s'agissait surtout de contrecarrer l'action subversive des opposants au résultat des élections, et alors là, Verdi entre véritablement dans l'action en achetant sur ses deniers — en guise de prêt, un prêt que la municipalité devait lui rembourser l'année suivante — des armes destinées à être distribuées à la population : pas moins de cent soixante-douze fusils. Par ailleurs, il salue l'action de Garibaldi qui va s'emparer en 1860 des États pontificaux. « Vive Garibaldi, s'écrie alors Verdi ! Par Dieu, c'est un homme devant qui il faudrait vraiment s'agenouiller[4]. » De plus en plus engagé dans le combat de l'Italie pour son unité — il ne manque plus que Venise, Mantoue et Rome sur la carte de l'Italie nouvelle —, Verdi va céder aux injonctions de Cavour qui le « somme » de se présenter à la députation. Nous sommes maintenant en janvier 1861 : Verdi se rend à Turin, rencontre Cavour et donne son accord, mais juste pour quelques mois, car enfin, il est musicien et n'entend rien à la politique — du moins, c'est ce qu'il fait valoir aux yeux du grand homme qu'il admire profondément. Et c'est ainsi qu'il est bientôt élu député, le 30 janvier, et va prendre son rôle au sérieux. Au point de s'installer à Turin avec Giuseppina pour une durée de quatre mois. On sait qu'à ce poste il présenta une réforme des théâtres lyriques, à laquelle Cavour prêta une oreille favorable. Mais Cavour meurt le 7 juin de cette même année 1861 et Verdi est désespéré. Il confie à son ami le comte Opprandino Arrivabene : « J'apprends la terrible nouvelle qui me tue... Quel malheur, quel abîme de désolation[5] ! » Cette disparition signait, en fait, la fin de l'action politique de Verdi qui, délié de son engagement envers le Premier ministre, son admirable ami, se tourne à nouveau vers la musique. Et le voilà répondant bientôt aux sollicitations de Saint-Pétersbourg, qui lui commande son prochain opéra, et ce sera *La Force du destin*, un opéra rempli de toutes ces deux années d'agitation, de fièvre et de sang, de tout ce temps fiévreux et tumultueux du combat de l'Italie pour son unité qu'il qualifie lui-même de « *burrascoso* » (« orageuse[6] »). Il n'est pas de meilleur adjectif, en effet, pour qualifier l'opéra en gestation.

Après avoir hésité entre *Le Roi Lear* — éternel ajourné, on l'a vu — et *Ruy Blas* — autre refusé —, Verdi se tourne finalement vers l'Espagne, d'où lui sont venus, avec García Gutiérrez, deux de ses meilleurs opéras, *Le Trouvère* et *Simon Boccanegra* (que nous analysons plus loin). Et justement un drame a connu là-bas un immense succès, *Don Álvaro o La fuerza del sino*, d'un diplomate-dramaturge et grand d'Espagne, Ángel de Saavedra, duc de Rivas. La pièce date de 1835, mais une traduction italienne avait été publiée en 1850 et Verdi l'avait sûrement lue. Son avis est éloquent : « La pièce est puissante, originale et d'une grande envergure ; et je l'aime énormément[7]. » Il confie le livret à son vieux Piave, qui lui est tout acquis et accepte volontiers les critiques — nombreuses — que lui adresse Verdi pendant la composition poétique. Selon son habitude, Verdi recommande d'aller vers plus de concision et de sobriété, à une forme plus ramassée, ce qui est bien nécessaire en l'espèce. Le drame espagnol est, comme à l'accoutumée, verbeux et dispendieux. Le livret de Piave va donc à l'essentiel. Un seul exemple : alors que la pièce espagnole s'ouvre sur une longue première scène où Preziosilla vante les mérites du beau capitaine Álvaro, Piave passe directement à la scène suivante qui voit ce même Álvaro s'introduire chez Leonora pour préparer leur fuite commune. Le raccourci est saisissant : aussitôt le père surprend les amants, insulte le jeune homme en raison de sa basse naissance — le duc de Rivas disait précédemment que c'était un Inca —, le provoque de telle sorte qu'Alvaro, jeune homme fougueux et colérique, tire son pistolet, puis se ravise et finalement le jette à terre aux pieds du marquis de Calatrava. Sauf que le coup part tout seul et tue malencontreusement le père de la promise. Fatal accident. C'est le début du drame, très court, conçu comme un prologue, s'achevant sur la fuite des amants mais chacun dans sa propre voie. Le destin est en marche sur ce claquement de poudre.

L'opéra, qui dure trois heures, constitue en fait l'œuvre la plus longue de Verdi qui a voulu, ici, mêler l'intrigue amoureuse et, en même temps, brosser un tableau de mœurs, ce qui est nouveau et ce dont se souviendra sûrement Moussorgski, notamment dans son *Boris Godounov* (1869), sept ans après la représentation de l'opéra de Verdi à Saint-Pétersbourg. Au deuxième acte, nous sommes dans une auberge avec une foule nombreuse. Carlo, le frère de Leonora est là, habillé en étudiant. Et justement Leonora paraît, elle-même déguisée en garçon, accompagné du muletier Trabuco, mais son frère ne la verra pas, car elle se dissimule, tout en ne perdant rien de la scène où, à l'invitation de Preziosilla, une bohémienne diseuse de bonne aventure — héritière de l'Ulrica du *Bal masqué* — et, tout à la fois, recruteuse de soldats pour aller combattre en Italie contre les Allemands, elle entend Carlo rapporter son histoire : il dit être un étudiant, nommé Pereda, ami du Vargas dont le père a été tué par l'amant de sa sœur, et il en profite pour dire que celle-ci est morte tandis que son amant est en fuite. Les choses sont donc claires pour Leonora qui a ainsi tout entendu. Comme nous avons vu, d'entrée de jeu, le désordre provoqué par le coup de feu —, nous ne sommes et ne serons plus surpris par le réseau d'invraisemblances ou de coïncidences.

Succède un deuxième tableau où Leonora se présente à la porte d'un monastère ; elle est désespérée parce qu'elle croit qu'Alvaro, en fuite, est reparti pour le Pérou ; elle est reçue d'abord par le frère Melitone, un personnage bouffon dont le rôle rejoint celui du *gracioso* dans la *Comedia* espagnole ; il est ici, aux côtés de la pétulante Preziosilla, le symbole même du mélange des genres, arrachant des rires et plaidant pour le dérisoire alors qu'on est en plein drame ; puis vient le père supérieur à qui Leonora confie son désir de se retirer du monde, dans la plus extrême solitude, afin d'expier sa faute. Nous changeons là de registre. Le père lui assigne une caverne et ordonne aux moines de ne jamais s'approcher d'elle. Le rôle du père supérieur revient à une basse profonde, et il faut l'avoir entendu par Boris Christoff ou par Cesare Siepi pour en mesurer toute la beauté, qui approche déjà celle que l'on entendra dans *Don Carlos*.

Le troisième acte nous transporte en Italie et, au milieu des soldats, voilà que surgissent Carlo et Alvaro, tous deux sous l'uniforme mais ne se connaissant pas. Alvaro n'est pas parti aux Amériques, il est allé à la guerre — comme on peut s'engager ici dans la Légion étrangère pour peine de cœur — et historiquement, ou culturellement, il nous revient en mémoire cette chanson populaire de chez nous, *La Piémontaise*, évoquant effectivement ces guerres italiennes : « On dit que tu vas à la guerre dans le Piémont servir le Roi ! »... C'est là qu'Alvaro nous révèle son sang princier et inca — alors que le duc de Rivas le faisait d'entrée de jeu, à l'acte I — ; lui aussi croit disparue et morte Leonora. Là-dessus Carlo est attaqué dans les coulisses (on ne sait par qui), Alvaro se porte à son secours et lui sauve la vie. Ils deviennent, désormais, les meilleurs amis du monde et cela permet à Verdi de nous donner, comme dans son *Bal masqué*, une très belle proclamation d'amitié virile. Aussitôt après, c'est Alvaro qui est blessé au combat et ramené sur scène à demi inconscient ; il confie à son ami Carlo une cassette où l'autre, à sa grande surprise, découvre le portrait de sa sœur (cette cassette délivrant un portrait compromettant, nous la retrouverons dans *Don Carlos*). Le voilà édifié, il vient de tomber sur l'homme qu'il pourchassait afin de venger l'honneur de sa famille. Ah, cette force, cruelle force du destin ! Le duel aura lieu au dernier tableau, et Carlo confie à Alvaro que Leonora est, en réalité, vivante et qu'il s'apprête à la tuer aussi. Bien entendu, les deux hommes sont séparés — la trame reproduit le schéma du *Trouvère* opposant en duel les deux frères qui ne savent pas qu'ils le sont — par une patrouille, et la scène se termine par le grand jeu de Preziosilla, devenue vivandière, qui tourne en dérision la guerre et ses misères : « *Viva la guerra !* » clame-t-elle, sarcastique — Verdi se souvient-il là de l'appel aux armes qui enflamma l'Émilie-Romagne en 1859-1860 ? On retrouve également le personnage de Trabuco devenu marchand ambulant, sorte de Juif errant placé ici en contrepoint de la noble « force qui va », et Verdi lui accorde assez d'importance pour lui décerner un air assez prenant, évocateur de son nomadisme. En même temps paraît, autre personnage de contrepoint, le frère Melitone venu prêcher aux soldats débridés et ivres la vertu de l'abstinence. Le final est à l'hilarité.

Enfin, à l'acte IV, nous retrouvons le monastère et le frère Melitone, toujours aussi grincheux et truculent, comme une esquisse de Falstaff. Survient Carlo qui demande à voir le frère Raffaele, identité sous laquelle se dissimule, on l'aura deviné, Alvaro. Nous touchons à la conclusion : le duel aura bien lieu, mais en coulisse, et nous passons aussitôt au tableau suivant et à Leonora en pénitence dans sa caverne ; elle entend le bruit du duel, et la voix de Carlo réclamant un prêtre ; Alvaro surgit, son épée sanglante à la main, qui demande secours pour le mourant ; Leonora comprend tout, horrifiée, et elle se précipite, à temps pour être… poignardée par son frère qui expire. Il ne restera plus à Alvaro qu'à expier, et l'opéra s'achève sur la belle scène où l'amant et le père supérieur s'agenouillent devant le corps de Leonora. Ce qui contredit l'original espagnol où Alvaro se suicidait au terme d'une scène hystérique ; mais Verdi en avait bien assez de tous ces morts, et la fin qu'il a choisie est un modèle de sobriété, de simplicité et d'inspiration. On touche là au sublime, tout en s'évadant de ce romantisme paroxystique qui plaisait tant à l'Espagne du duc de Rivas et de García Gutiérrez (et qui se perdit dans les couacs mélodramatiques d'un José Echegaray, qui reçut pourtant le prix Nobel de littérature en 1904, partagé avec Frédéric Mistral).

Tel est l'opéra donné au Théâtre impérial de Saint-Pétersbourg le 10 novembre 1862, après quelques contretemps (une indisposition de l'irremplaçable cantatrice Emma La Grua va retarder la première d'un an — au cours duquel Verdi retourna à Paris soigner sa gloire, bien réelle, auprès de la « Grande Boutique »). Notons que, juste retour des choses, *La Force du destin* allait être donné en février 1863 à Madrid — où le duc de Rivas, quelques années plus tôt, siégea au Parlement espagnol et fut même président du Conseil —, ce qui permit au couple Verdi de faire un grand tour d'Espagne en s'attardant en Andalousie (la pièce du duc de Rivas se situe à Séville, et son auteur était né à Cordoue). Mais aussi il ne manqua pas de visiter l'Escurial, près de Madrid, ce sombre monastère qu'habita en fin de règne le roi Philippe II, aussi sévère que l'architecture de son tombeau. « C'est un amas de marbre... C'est sévère, terrible, comme le féroce souverain qui l'a construit[8] », confie Verdi à son ami Arrivabene. Il s'en souviendra pourtant en situant une partie de son opéra *Don Carlos* dans les appartements glacés du roi mal aimé.

Dans l'intervalle provoqué par le report de *La Force du destin* à l'hiver suivant, Giuseppe et Giuseppina ne se lassent pas de parcourir l'Europe sur le chemin de la gloire. Moscou, Varsovie, Berlin, avant d'atterrir à Paris où ils connaissent un mois de vie mondaine. C'est là, justement, que Verdi fait la connaissance d'un poète musicien qui va avoir une grande importance dans les dernières décennies de sa vie, Arrigo Boito. Ce petit jeune homme, mi-italien mi-polonais, vient le trouver à l'Hôtel Britannique où loge le couple, recommandé par la comtesse Clara Maffei. Giuseppe a reçu commande d'un « hymne des nations », pour l'Exposition universelle de Londres de 1862 et ce jeune poète lui paraît avoir l'étoffe pour travailler avec le musicien. Verdi composa donc une cantate intitulée *Inno delle nazioni* sur un livret de Boito — première collaboration entre les deux hommes que trente ans séparent. À vrai dire, cette cantate ne put être jouée à l'ouverture de l'Exposition car les organisateurs, à la grande fureur de Verdi, n'avaient pas prévu de chœurs et les autres musiciens pressentis, comme Auber ou Meyerbeer, n'avaient composé que des marches — musique de circonstance. La musique italienne fut donc exclue, *de facto*, de cette Exposition regroupant trente-six pays. L'œuvre de Verdi allait néanmoins être jouée, quelques jours plus tard, au Her Majesty's Theatre — qui était alors, avec Covent Garden, l'une des deux scènes d'opéra de la capitale londonienne —, avec un grand orchestre et pas moins de deux cent soixante choristes, et ce fut un triomphe. Après un retour à Sant'Agata où le maître s'attacha à la publication de cette cantate, et peaufina aussi sa partition de l'opéra qui allait être donné en Russie, le couple reprit le chemin de Saint-Pétersbourg le 24 septembre 1862. À Moscou, d'abord, *Le Trouvère* était à l'affiche, et Giuseppe fut évidemment reconnu parmi les spectateurs : le physique de Verdi était fort caractéristique, grand, droit, élégant et cambré, le regard sombre malgré des yeux verts, la bouche quelque peu amère et l'air taciturne, ou mélancolique, ainsi que le montrent ses nombreux portraits, avec cette barbe bien particulière qu'on appelait alors, en Italie, « *barba alla Verdi* » — une barbe courte qui se termine en forme arrondie, les joues légèrement rasées et une moustache à crocs horizontaux. Il dut, ainsi, monter sur scène pour y être ovationné.

Verdi apprécia — toujours — cet enthousiasme des Russes à son endroit. Et la première de *La Force du destin*, donnée dans la large enceinte ronde — anciennement cirque — de ce qui deviendra le prestigieux théâtre Mariinsky (inauguré deux ans plus tôt) de Saint-Pétersbourg, connut un succès considérable ; le couple impérial, qui n'avait pu assister à la première, fut présent à la quatrième soirée : là, Verdi fut, à nouveau, ovationné et le tsar Alexandre II lui remit, ensuite, la croix de Saint-Stanislas. Malgré les rigueurs de l'hiver baltique, le couple, choyé par toute l'intelligentsia russe, prolongea son séjour d'un mois.

Après Noël, le couple se rendit à Madrid, où ce

même opéra était programmé ; mais Verdi dut retravailler sa partition car les copistes espagnols s'étaient emmêlé les pinceaux et avaient truffé leurs copies de notes incongrues. L'opéra fut donné au Teatro Real, qui avait ouvert ses portes en 1850 et était déjà devenu une forteresse de l'opéra italien. La première de *La Force du destin* eut lieu le 11 février 1863, et ce fut, malgré la mauvaise humeur du compositeur, mécontent des répétitions (comme c'était souvent le cas), un immense succès. Une mauvaise humeur qu'il manifesta à Paris en mars 1863 où il fit répéter les musiciens de l'Opéra pour la reprise des *Vêpres siciliennes*, mais si longuement que ceux-ci se lassèrent et rangèrent leurs pupitres : Verdi, furieux de l'insolence des Parisiens, repartit le 21 juillet 1863, au lendemain de la première, en jurant de ne plus jamais remettre les pieds à Paris.

Et pourtant, alors que Meyerbeer venait de mourir, le 2 mai 1864, à Paris, laissant vide sa place à l'Académie des beaux-arts, c'est ce même fauteuil qui fut proposé à Verdi. Qui l'accepta aussitôt. La liaison de Verdi avec Paris fut toujours passionnelle, contrariée ou ardente. Il y vint souvent, il y revint toujours.

Don Carlos : opéra politique

Dormirò sol nel manto mio regal
Quando la mia giornata è giunta a sera ;
Dormirò sol sotto la volta nera
*Là, nell'avello dell'Escurial** *!*
Don Carlos

« À nous deux, maintenant », aurait bien pu s'écrier Verdi, avec quelques années de plus que Rastignac, en contemplant ce Paris des Grands Boulevards et de la « Grande Boutique » qui l'accueillera avec tant d'égards. Une ville qui plaisait tant aussi à Giuseppina, qui y avait longtemps travaillé, comme professeur de chant, et disposait donc de tout un réseau d'amitiés. Un Paris, de surcroît, où son grand homme était de plus en plus joué et applaudi. Et l'on avait oublié son coup de colère lors de la reprise des *Vêpres siciliennes*, un an plus tôt.

Le Théâtre lyrique impérial reprend, en 1863, *Rigoletto* et, en 1864, la version française de *La*

* « Je dormirai seul dans mon manteau royal, / Quand aura lui pour moi l'heure dernière. / Je dormirai seul sous les voûtes de pierre / Des caveaux de l'Escurial ! »

Traviata, nouvellement appelée *Violetta* — comme on le voit encore sur les vieilles partitions françaises de cet opéra. Faut-il ajouter qu'on a toujours donné cette version sur toutes les scènes françaises jusque dans les années 1950 ? « Vous êtes Violetta ? — À qui parlé-je ? — Je suis d'Orbel », entend-on à l'acte II, alors qu'en italien le père d'Alfredo s'appelle Germont. Et, en 1865, une version française de *Macbeth* est donnée le 21 avril.

On réclamait aussi au compositeur une version française de *La Force du destin*. Mais Verdi voulait à nouveau écrire tout spécialement pour la grande scène de l'Opéra, et il s'y attela, envisageant à nouveau son sempiternel *Roi Lear* et y renonçant, pour arrêter son attention sur Schiller et un drame qui allait devenir l'un de ses plus grands succès, *Don Carlos* (titre français, l'italien étant *Don Carlo*). Le temps de liquider ses affaires turinoises, mettant un terme à sa carrière de député, Verdi est de retour à Paris à l'automne 1865.

Un Paris livré aux grands travaux de rénovation du baron Haussmann. L'architecte Garnier est alors en train de construire son « palais » qui va, dix ans plus tard, remplacer l'Opéra de la rue Le Pelletier. Verdi, émerveillé, d'autant qu'il habite alors sur les Champs-Élysées, au numéro 67, écrit à son ami Arrivabene :

> Je parcours de long en large Paris et j'en examine attentivement les nouveaux quartiers qui sont vraiment très beaux. Que de boulevards, que d'avenues ! que de jardins, etc. etc. Je suis allé quatre fois à l'Opéra !!! Une ou deux fois dans tous les

théâtres musicaux et je me suis ennuyé partout. *L'Africaine* n'est certainement pas le meilleur opéra de Meyerbeer. J'ai même entendu l'ouverture de *Tannhäuser* de Wagner. C'est fou !!!

[...] Depuis deux ans, on a édifié un nouveau Paris autour de l'arc de l'Étoile qui est vraiment merveilleux. Quant aux habitants, ils sont encore plus fous (c'est tout dire) que d'habitude.

[...] Tu sais que je suis venu ici mettre tout de suite en scène *La Forza del destino* et écrire un nouvel opéra pour la fin de 1866. Il y a trop à faire pour *La Forza* et il m'est impossible d'abattre autant de travail en l'espace d'une année. Nous avons décidé de donner en premier le nouvel opéra qui sera le *Don Carlos* tiré de Schiller[1].

Verdi est aux prises avec Schiller, et compte sur deux librettistes successifs — Joseph Méry puis, après son décès, Camille du Locle — pour adapter son drame à une langue française qui n'est pas toujours du goût du compositeur et de sa musique. Les choses piétinent pendant six mois et Verdi retourne à Sant'Agata au printemps 1866, avec le livret achevé de son opéra. Et c'est pour y retrouver la guerre italo-autrichienne, une dernière fois : en effet, Napoléon s'est entendu avec la Prusse de Guillaume Ier, à qui il laisse les mains libres pour mettre à bas l'Autriche, et, ce faisant, permettre à la Vénétie — cette écharde dans la chair italienne — de rejoindre l'Italie unifiée. Verdi, en première ligne une fois de plus, tandis que les Autrichiens massent leurs troupes aux portes de Vérone, manifeste encore et toujours son profond sentiment patriotique et son soutien aux thèses de Camillo Cavour, le « père de la patrie ». Néanmoins, et en raison du danger du fait de la proximité de Busseto avec la ligne de front, les Verdi vont s'installer à Gênes, au palais Sauli, dont ils feront désormais leur résidence d'hiver (on connaît les rigueurs hivernales et le brouillard épuisant de la vallée du Pô), et cela grâce au chef d'orchestre Mariani, ami intime de Giuseppe. Mariani est aussi l'amant d'une jeune cantatrice venue de Bohême, Teresa Stolz, magnifique soprano *spinto* (une voix tout à la fois légère et vaillante, capable d'un vrai dramatisme) qui va bientôt jouer un grand rôle dans l'œuvre de Verdi, et aussi dans sa vie. Les Autrichiens seront défaits par les Prussiens, et Napoléon III hérite de la Vénétie, qu'il remet aussitôt à l'Italie, enfin réunifiée. Verdi, qui pâtit fort de l'incurie militaire des Italiens, se sent alors blessé dans son amour-propre, mais soulagé quand même de voir les choses s'arranger ; il s'en retourne à Paris le 22 juillet 1866, après avoir presque achevé entre-temps son nouvel opéra, dans le calme tout relatif de Sant'Agata. Il finira l'acte V à Cauterets, où il soigne sa gorge — on sait qu'il souffrait souvent d'angines et de divers maux de tête, souvent attribués à quelque stress ou à une émotivité excessive, quoique bien dissimulée. En septembre, l'opéra était enfin bouclé. Mais, retards obligent, la première n'eut lieu que le 11 mars 1867, en présence de l'empereur et de l'impératrice Eugénie, et, bien entendu, du Tout-Paris. *Don Carlos* tint l'affiche de l'Opéra plusieurs mois durant, avec pas moins de quarante-trois représentations. Et Verdi se sentit alors l'égal de Wagner, qui avait avant lui rencontré autant de succès sur la scène parisienne. Répondant aux critiques qui saluaient son œuvre comme un retournement complet et une conversion à la musique de Wagner (« Verdi n'est plus italien, il fait du Wagner », écrivait Bizet), le compositeur écrit encore, en ironisant : « Finalement, me voici devenu un wagnérien presque parfait[2]. »

Cette année 1867 est pourtant l'une des pires qu'a vécues le compositeur, depuis l'époque lointaine de *Nabucco*. Son père, âgé de quatre-vingt-deux ans, meurt le 14 janvier, tandis que son beau-père, Antonio Barezzi, disparaît aussi le 21 juillet. Enfin, son fidèle Piave est frappé d'aphasie le 5 décembre — pour mourir huit ans plus tard. Peut-on ressentir ce deuil dans *Don Carlos* ? Probablement, l'opéra est l'un des plus noirs de Verdi et les relations père-fils, on va le voir, sont au cœur du tumulte. Notons, néanmoins, que la famille Verdi, depuis 1865, s'est élargie à la petite-cousine du maître, Filomena Maria, petite-fille de son oncle, dont il assure dès lors l'entretien, et qui, après son adoption par le compositeur, deviendra sa seule héritière et sa légataire universelle.

Don Carlos, représenté enfin, après toutes ces épreuves, le 11 mars 1867 à l'Opéra de Paris, montre que Verdi n'en a pas fini avec l'Espagne. Même s'il se tourne, une fois de plus, vers le théâtre de Schiller. Il n'en a pas fini non plus avec la haute figure de Charles Quint — qui, ici, va même sortir de sa tombe pour accueillir son petit-fils —, que nous avions déjà vu, jeune homme et rival amoureux, dans *Ernani*. De ce fait, là comme précédemment, on a l'impression que Verdi ramasse ses billes, et, dans une fresque saisissante, où il touche au plus haut les sommets dramatiques, il nous offre non seulement la vision la plus profonde, étonnante, hallucinée de l'Espagne du Siècle d'or — celle de Philippe II, le roi terré dans son Escurial —, mais aussi la réflexion sur le pouvoir, la politique, la solitude des grands d'un vieil homme qui a traversé le siècle, et vécu les soubresauts d'une Italie en mal d'unité. Une réflexion rendue vivante par les conflits et les drames intimes qui agitent les protagonistes de cet opéra. Le Don Carlos de Schiller, et donc de Verdi, n'a que peu à voir avec le personnage historique, connu comme instable et maladif. Schiller, qui a fait sienne la « légende noire » colportée par l'abbé de Saint-Réal dans sa nouvelle « Dom Carlos » (1672), campe un être fragile et plutôt falot. Nous sommes donc très loin du séduisant jeune homme amoureux de la femme de son père, le roi Philippe II. Mais peu importe ici l'Histoire, n'est-ce pas ? Le Philippe II de Verdi (qui est celui de Méry et du Locle) est hypocondriaque, mal aimé de sa jeune épouse, et serré de près par la puissance ecclésiastique, et même sous sa coupe, ce qui semble plus proche de la réalité historique. L'ami de Carlos et favori du roi, Rodrigo, marquis de Posa, est une invention de Schiller, dont le compositeur devait tirer un très beau parti dramatique. Quant à Charles Quint, on sait qu'en abdiquant en faveur de son fils Philippe il se retira au monastère de Saint-Just (Yuste), en Estrémadure, où il mourut en 1558. Sa réapparition, sous l'habit monacal, dans l'opéra est donc fort peu vraisemblable, mais justement Verdi s'est plu à souligner là le caractère fantasmatique, surnaturel, prodigieux de la scène où le grand-père accueille son petit-fils poursuivi par son père et le sauve de la mort. (Dans la réalité historique, le père fit enfermer son fils dans ses appartements, où il mourut, cloîtré et prisonnier.)

Mais au départ est l'amour : dans la forêt de Fontainebleau — c'est le premier mot chanté par Carlos dès le lever du rideau — Élisabeth de Valois, fille du roi de France Henri II, annonce son mariage avec l'infant Carlos, et la rencontre entre les deux promis a lieu dans une clairière de cette forêt. Mais après que les deux jeunes gens se sont dit leur amour, l'ambassadeur d'Espagne interrompt leur duo pour annoncer que le roi de France a promis sa fille non pas à l'Infant mais au roi Philippe II, son père. Qui fait demander à Élisabeth si elle consent à cette union, à quoi elle acquiesce, bien que navrée. Verdi traite la scène avec une extrême rapidité, l'important étant, d'entrée de jeu, de brosser le cadre psychologique qui tient dans cette rivalité entre le père et le fils autour d'une même femme, ici tout à la fois l'amante et la mère. Le mot « psychanalyse », on le sait, n'est apparu qu'en 1896, mais le schéma œdipien, qui allait faire la fortune du freudisme, est de tous les temps, certes, et particulièrement dans cet opéra — notablement plus souligné que dans la pièce de Schiller — joué onze ans après la naissance de Sigmund Freud. Au dernier acte, le père voudra tuer son fils, mais auparavant il y a deux ou trois grands thèmes développés par le compositeur et ses librettistes.

L'amour fou tout d'abord, qui est un thème récurrent du *melodramma* verdien. Au premier acte, Carlos et Élisabeth sont fiancés et s'aiment, mais cet amour, comme le jeune homme s'en lamentera, ne dure qu'un jour, puisque c'est son père qu'elle va épouser pour raison d'État. Par l'entremise de Rodrigue, favori du roi et ami de Carlos, qui remet un billet à la reine, celle-ci va tout de même rencontrer Carlos et, tout en revendiquant son devoir et sa réserve, elle échange des mots d'amour avec son ex-fiancé.

Et puis, en deuxième lieu, la jalousie, toujours maladive, dont *Otello* verra le point culminant, incarnée ici par la princesse d'Eboli, personnage tout à fait historique, dont la beauté était d'autant plus grande et ravageuse qu'elle était borgne, des suites d'un duel ; elle se sait belle et chante ce « don fatal », qui finalement la condamne — ce thème de la beauté funeste fut récurrent dans l'Espagne puritaine, celle qui inventa le mythe de *Don Juan*, attribué à Fray Tirso de Molina, ou le *Peribáñez* de Lope de Vega. Mais en attendant, amoureuse de Carlos, la belle borgne s'ingénie sous le masque à se faire passer pour Élisabeth aux yeux de celui-ci et reçoit de lui la plus belle et la plus émouvante déclaration d'amour. Sauf qu'il y a méprise — comme il y en a eu dans *Le Trouvère* quand Leonora, dans la nuit du jardin, dit son amour au comte de Luna en croyant s'adresser à Manrico. Furieuse des rebuffades de Carlos, Eboli jure de se venger, et elle le fait en volant un coffret à la reine, qu'elle va déposer auprès de Philippe II : celui-ci l'ouvre en présence de son épouse, venue se plaindre du vol, et en y découvrant le portrait de son fils, explose de jalousie légitime (on se rappellera une scène semblable dans *La Force du destin*). Carlos sera jeté en prison et Eboli, repentante, après avoir demandé pardon, ira finir ses jours dans un couvent.

En contrepoint et en équilibre, nous trouvons le sentiment d'amitié, comme il n'a jamais été exprimé jusqu'à présent, sauf dans *Un bal masqué*. Rodrigue (n'oublions pas que l'opéra fut d'abord créé en français) ou Rodrigo (dans la version italienne) est le meilleur ami de Carlos (ou Carlo). Ils se jurent une amitié éternelle à deux reprises, et leurs paroles sont des mots d'amour, au point qu'on a pu parler ici d'amour homosexuel. Outre le cadre œdipien, est également remarquable l'immaturité de Carlos, qui n'hésite pas à tirer l'épée devant son père parce que celui-ci lui refuse le commandement de la Flandre et du Brabant. Il est désarmé par Rodrigue, qui, d'une certaine façon, lui évite le pire. Et il y a ce discours amoureux où il est contraint de s'adresser à la femme qu'il aime comme une « mère ». Cette dimension homosexuelle a été soulignée par la critique de façon plus ou moins convaincante[3]. On notera que ce thème de l'amitié virile, probablement repris de Bizet dans *Les Pêcheurs de perles*, est, en quelque sorte, un topique de l'opéra. Et laissons là la psychanalyse.

Le politique, enfin, est le thème qui sous-tend

toute l'œuvre. Philippe II, qui a fait de Rodrigue son favori, le met en garde contre le Grand Inquisiteur. Ce personnage, l'une des plus étonnantes créations de Verdi qui a lui-même insisté pour en dessiner les traits avec ses librettistes, est un vieillard aveugle et tyrannique à la voix encore plus grave que le roi, et leur duo est bien une rivalité de basses profondes dans lequel l'Inquisiteur l'emporte avec un *mi* grave, qui est la note la plus basse à laquelle peut prétendre un chanteur. L'Inquisiteur, représentant de l'Église, est l'instance suprême de la pièce, menaçant la personne même du roi, faisant assassiner (d'un coup d'arquebuse) son favori Rodrigue, et absolvant par avance le père de Carlos du meurtre de son fils. Il est aussi celui qui a le pouvoir de calmer l'émeute populaire qui s'en prend à Philippe II afin qu'il libère l'infant Carlos emprisonné : il suffit au Grand Inquisiteur de clamer « À genoux ! » pour que le peuple plie l'échine. Et Verdi n'hésite pas à nous monter un autodafé avec toutes les flammes qui hantent son imaginaire, depuis le coup de foudre s'abattant sur l'église de son enfance, les flammes du bûcher du *Trouvère*, aussi. Cet autodafé est, d'ailleurs, l'élément le plus historiquement vrai de *Don Carlos*, car l'Histoire a bien retenu la célébration à Valladolid d'un grand autodafé par la volonté du roi… et de son Église.

Le contexte politique est, là comme ailleurs, parfaitement traité : l'Espagne colonise la Flandre — *Flandes* — et y envoie ses troupes qui, en retour, dépêcheront vers l'Espagne ces soldats épuisés et haillonneux qu'on appellera *pícaros* — aventuriers et gueux descendus de Picardie — et par qui est venu aussi le *flamenco* — de « flamand » —, cette musique gitane et marginale dont Verdi se souvient dans la belle chanson « sarrasine » du « voile » que chante la princesse d'Eboli, toute pénétrée de rythme espagnol. Le libéralisme politique et l'humanisme de Verdi s'expriment par les lèvres de Rodrigue — personnage inventé — qui implore du roi Philippe II qu'il cesse de vouloir « pacifier » par le fer et le feu cette province nordique des Flandres (notons que son père, Charles Quint, était né à Gand et qu'à l'inverse de son fils il s'exprimait en flamand), et qu'il mette un terme à cette « paix des cimetières » qui lui tient lieu de programme politique. Carlos épouse ce même programme et c'est même là le nœud du drame qui conduit au meurtre du duc de Posa par le bras séculier de l'Église, et à la « persécution » de Carlos qui sera, *in fine*, sauvé par son propre grand-père — ou, disons, son fantôme sous l'apparence d'un moine — qui l'enfermera et l'abritera au monastère de Saint-Just.

Homme politique régnant sur la moitié de l'univers, Philippe II est un homme seul, « puissant et solitaire » selon l'image romantique projetée, par exemple, par Alfred de Vigny dans son *Moïse*. Mais la réalité historique a imposé aussi l'image d'un monarque sédentaire, voire reclus, qui, à l'inverse de son père, Charles Quint, ne parcourt pas les terres de son empire. Il se lamente de n'être pas aimé par la reine, il se plaint auprès de Posa de n'avoir pas d'amis, et surtout il se désespère de dormir seul sous la voûte glacée de l'Escurial, qui avait tant impressionné Verdi lors de son voyage en Espagne au temps de *La Force du destin*.

Cet opéra grandiose, qui dure plus de trois heures, et même quatre si l'on ajoute tout ce que Verdi en a retranché dans la version italienne, en particulier le ballet spécialement écrit pour la première parisienne, est à l'évidence ce pion que le compositeur bussétan a damé à Meyerbeer. Qui se souvient aujourd'hui des *Huguenots* (que l'on donnait encore dans les années 1950, même à l'Opéra d'Alger) ou de *L'Africaine* ? En revanche, *Don Carlos* est constamment repris, célébré, admiré comme l'un des plus purs chefs-d'œuvre de Verdi. Ces dernières années, le ténor Roberto Alagna a fait de *Don Carlos* un de ses rôles fétiches. Essayons, maintenant, d'en apprécier l'intrigue.

Le prélude nous situe dans la forêt de Fontainebleau, où s'activent des bûcherons, tandis que des femmes et des enfants se chauffent devant un feu allumé sous un grand rocher. Il est significatif, sachant maintenant tout ce que nous savons de l'esthétique verdienne, que le rideau se lève sur ces flammes. Le chœur chante son lamento : « Quand donc finira la froidure, / Ô sombre hiver ? », prolongé, encore plus significativement, par un « Hélas ! Quand finira la guerre[4] ? » Puis le son du cor retentit, avec un tout autre écho que dans *Ernani* ; c'est la chasse, et parmi les cavaliers surgit Élisabeth de Valois qui, tout aussitôt, joue son rôle de princesse et fait le bien autour d'elle, donnant à telle pauvresse une chaîne en or, et annonçant surtout que, grâce à elle, « bientôt la triste guerre / finira », de par la volonté de son père Henri II et par l'entremise d'un émissaire espagnol. Elle n'en dit pas plus. Et voilà l'infant Carlos seul dans la forêt de Fontainebleau. C'est généralement cette scène qui marque le début de l'opéra, la précédente étant souvent coupée, pour des raisons de longueur excessive de l'opéra.

Don Carlos, donc, a aperçu sa fiancée, Élisabeth, en grand secret, caché parmi les gens de l'ambassadeur, et il en est d'emblée tombé amoureux. Ce qui compte aussi dans cette entrée en scène, c'est qu'il a, pour cela, bravé « la terrible colère » de son père, le roi Philippe II. Carlos s'épanche en une cavatine — *cabaletta*, dit l'italien — inspirée, telle qu'on la connaît surtout dans sa version italienne : « *Io la vidi e al suo sorriso* » — « Je l'ai vue, et dans son sourire /… mon cœur a pu lire / Le bonheur de vivre en l'aimant ». Survient Élisabeth, perdue avec son page, et Carlos s'offre à lui tenir compagnie, en arguant de l'honneur espagnol. Entre les deux l'accord se fait, et plus encore car, dès lors que le portrait de son fiancé est exhibé au regard de la princesse par Carlos lui-même, en tant qu'envoyé de la cour d'Espagne, elle reconnaît en lui l'homme qu'elle aime et tous deux fondent d'un amour qui s'exprime en termes ardents : « De quels transports poignants et doux / Mon âme est pleine ! », « *Amata io son, gaudio supremo* », tandis que Carlos explose : « *Si, t'amo, t'amo, te sola io bramo.* » Mais cette *bella fidanzata* ne le sera qu'une heure, le temps pour le page de revenir et d'appeler Élisabeth « reine, épouse de Philippe II ». La raison d'État et le traité de Cateau-Cambrésis ont bousculé les dés du destin et Henri II, pour sceller la paix entre la France et l'Espagne au terme d'une longue guerre, donnera finalement sa fille non au prince Carlos, mais au roi d'Espagne Philippe II. Encore faut-il qu'Élisabeth l'accepte, ce qu'elle fait, la mort dans l'âme et d'une voix mourante, et le rideau de l'acte I tombe sur l'imprécation de Carlos contre la « force du destin » : « La cruelle destinée / Brise mon rêve si beau ! / Ô destin fatal, ô destin fatal. » On voit combien ce thème restait présent à l'esprit de Verdi.

L'acte s'ouvre sur le cloître de Saint-Just (San Giusto). La musique est sépulcrale tandis que le chœur des moines développe une litanie qui dit l'inanité de toute chose ici-bas : « Charles Quint, l'auguste Empereur, / N'est plus que cendre et poussière. / Et maintenant, son âme altière / Est tremblante aux pieds du Seigneur. » Cette exaltation religieuse peut surprendre, mais nous retrouvons là, sous l'apparente religiosité, cette sollicitation de la peur des forces occultes qui gouvernent le destin des hommes : « Dieu seul est grand ! Ses traits de flamme / Font trembler la terre et les cieux ! » La musique qui ouvre le tableau — quatre cors jouant à l'unisson — donne à l'acte sa tonalité funèbre et mystérieuse, prolongée par une harmonie de trombones et de timbales sourdes. L'infant Carlos pénètre sous les voûtes du cloître et, meurtri par la perte de son amour naissant, déclare au moine prieur être venu chercher la paix de l'âme ; le moine lui répond qu'il faut chercher cette paix « auprès de Dieu », mais ce n'est pas ce message qui importe ici : Carlos entend cette voix et en reste pétrifié d'effroi, car il a reconnu — ou cru reconnaître — la présence de son grand-père, dont on dit qu'il « apparaît encore ». Au cri répété de « Ô terreur ! » surgit Rodrigue, duc de Posa, et c'est tout aussitôt une scène d'aimable amitié qui se développe, avec force effusions et embrassades. Mais son ami veut distraire Carlos de sa peine en lui demandant de soutenir la cause des Flamands, opprimés par l'Espagne, puissance occupante : « Un peuple de martyrs lève les bras, / Ce peuple lève les bras vers vous ! » Et la fin du tableau n'est pas sans rappeler le chant d'amitié de Nadir et Zurga dans *Les Pêcheurs de perles* de Bizet, un opéra que Verdi avait probablement entendu lors de sa création à Paris en 1863 : « Soyons unis pour la vie et la mort ! » entend-on ici, quand Bizet résonnait pareillement du duo amical : « Soyons unis jusqu'à la mort ! » Les critiques imbibés de psychanalyse ont eu beau jeu, en l'occurrence, de parler de dépit amoureux et de refuge dans l'amitié homosexuelle, mais alors pourquoi ne pas l'avoir dit aussi des deux amis des *Pêcheurs de perles* ? Préférons y voir une union amicale autour d'un thème exaltant : celui de la liberté, un mot qui reviendra souvent sur leurs lèvres.

Le deuxième tableau nous fait faire connaissance, cette fois, avec la princesse d'Eboli, qui va jouer un rôle majeur dans l'intrigue et le destin fatal des protagonistes. Pourtant, rien de plus frivole et de plus anodin que l'entrée de cette beauté borgne qui, dans les jardins de la Reine, afin de distraire les dames d'honneur avant l'arrivée de la Reine, chante une jolie chanson « sarrasine » qui parle de l'amour du Roi pour une mousmé voilée et sous l'invocation d'Allah. Verdi obéissait là à deux impératifs : le premier étant de détendre l'atmosphère en appliquant l'esthétique du mélange des genres dont *La Force du destin* constituait précédemment la plus belle illustration ; et le second, celui de donner à la mezzo un air de bravoure, couvrant pas moins de deux octaves, plaçant ce rôle mineur sur un plan d'égalité vocale avec celui d'Élisabeth, en un parfait duel puisque celle-là ruinera celle-ci. Peu après, en effet, comme si l'intrigue avait repris son souffle, la Reine rejoint ses dames d'honneur, puis Rodrigue arrive aussitôt et lui remet un billet prétendument envoyé par sa mère, la reine de France, mais qui est ni plus ni moins qu'un rendez-vous avec Carlos : le mot prie seulement Élisabeth de faire confiance à Rodrigue, mais Rodrigue commet alors l'erreur d'évoquer devant tous le mal-être de Carlos, sa maladie d'amour, dont la princesse Eboli croit être la cause ; Élisabeth, qui connaît la raison profonde de la souffrance de l'Infant, accepte de rencontrer son « fils » ; dans le flot d'un même trouble, et par la grâce d'un trio vocal admirablement agencé, Eboli se demande si Carlos, dont elle est amoureuse, saura répondre à sa flamme. L'acte se termine donc sur cette équation qui renvoie à la structure du roman pastoral, tel que codifié au XVIe siècle : A aime B qui aime C. Eboli aime Carlos qui aime Élisabeth, et ce brûlot est lancé jusqu'à la ruine des espoirs et l'effondrement des protagonistes. Tout le monde quitte la scène excepté la Reine, qui vient de congédier sa suivante — erreur fatale, elle aussi —, tout aussitôt rejointe par Carlos. Qui, sur une musique assez solennelle et sans fioritures, demande à la Reine d'intercéder auprès de son père pour qu'il l'envoie en Flandre afin de guérir de son mal-être. La Reine s'adresse à lui d'abord en l'appelant « mon fils », puis la scène s'échauffe au fur et à mesure que les plaintes de Carlos prennent un tour plus direct, disant son amour éperdu pour Élisabeth et son désespoir de l'avoir perdue, arrachant alors cet aveu de sa « belle-mère » : « Ah ! vivre auprès de vous c'était le paradis ! » L'exaltation est alors à son comble au point qu'Élisabeth, entrant résolument dans le schéma œdipien, formule tout crûment, en se dégageant des bras de Carlos qui la pressent : « Frappez votre père ! / Venez, de son meurtre souillé, / Traîner à l'autel votre mère ! » La musique, dans un raptus étonnant, en souligne tout le dramatisme… ou le désespoir d'un amour impossible. La « mère » est horrifiée, le « fils » terrifié, et Carlos quitte la place, au moment même où le Roi, son père, entre en scène. Surpris de trouver son épouse seule, contre toutes les règles de la cour, il se tourne alors vers son cortège, et vers la suivante d'Élisabeth, à qui, furieux, il signifie son congé, ce qui donne lieu à un très bel air d'adieu chanté par la Reine, plein de mélancolie et de regrets pour son pays d'enfance, qui fut celui de l'innocence, pour elle, désormais entachée de culpabilité : « Tu vas revoir la France / Ah ! porte-lui mes adieux ! » La dernière scène de cet acte met en présence, seul à seul, Philippe II et Rodrigue, qui se présente à lui comme un serviteur zélé et un soldat courageux. Il vient justement plaider la cause de la Flandre, d'où il rentre, horrifié par la domination sanglante de l'Espagne. Verdi et ses librettistes ont apporté tous leurs soins à cette scène où s'exprime un bel humanisme, un idéal de paix et de générosité, un souci de la libération des peuples, qui peuvent ou pouvaient être appréciés, en Italie, dès la représentation de ce *Don Carlo* italien, comme un autre plaidoyer à l'appui des régions opprimées de l'Italie en mal d'unification. Face à ce discours, le Roi, qui ne saurait accepter la moindre hétérodoxie, ne sait que répondre : « Allez et gardez-vous de mon Inquisiteur », mais dans la version italienne la phrase est plus lourde de menaces : « *Fuggi se puoi al grande Inquisitor !* » (« Fuyez si vous pouvez le Grand Inquisiteur ! »).

Cependant, ce roi taciturne, qui exprime aussi, déjà, sa solitude dans l'exercice du pouvoir, succombe au charme de Rodrigue et en fait aussitôt son favori. Il déclare qu'il pourra entrer « à toute heure au palais », et le rideau tombe sur cette surprenante déclaration : « Ah ! Je trouve à cette heure bénie… / L'homme dès longtemps attendu. Le voilà ! » — dans la version *Don Carlo*, l'italien souligne mieux encore cet élan haletant : « *Alfin, alfin trovai, l'uom che quest'anima ambi !* » Alors qu'en français l'ultime réplique s'achève sur un *a* sonore et triomphant, on notera enfin que l'italien privilégie le soupir en multipliant la voyelle *i*, qui traduit toujours ou l'étranglement ou la plainte. Verdi a marqué ici quelques jalons qui vont trouver leur dénouement à l'acte IV.

Après cette tension, selon une esthétique désormais éprouvée, l'acte III s'ouvre sur une scène et une musique de fête. Et même une fête costumée, dans les jardins de la Reine. C'est là que se situait l'indispensable ballet de l'Opéra de Paris, pour lequel Verdi avait composé une musique adéquate sur le thème de « La Peregrina ». En quinze minutes — un record —, nous assistons au ballet des perles qui sortent de leur coquille et du Génie venu choisir la perle des perles pour le roi Philippe II, le ballet s'achevant sur l'entrée du char triomphal de la plus belle, la reine Élisabeth. Mais justement, la reine est lasse de ces fêtes et, profitant de ce bal masqué — thème récurrent —, elle donne à la princesse d'Eboli sa mantille, son collier et son masque noir. Élisabeth rentre donc au palais, et Eboli va profiter de cette identité usurpée pour s'approcher de l'infant Carlos, dont elle est amoureuse : « Je veux enivrer d'amour / Carlos, le prince au cœur sombre », lance-t-elle dans son ardeur effrontée. Son air, « Pour une nuit me voilà reine », n'est pas sans rappeler, par son contenu, le deuxième opéra de Verdi, *Un giorno di regno*, crée en 1840, centré autour de l'usurpation d'identité. Carlos, croyant voir sous le masque celle qu'il aime, se découvre en avouant son amour : « Élisabeth, mon bien, mon bonheur… je t'attends !… / Ô source ardente et sacrée / De mon bonheur le plus doux. » Mais lorsque la princesse ôte son masque, il déchante : « Dieu ! ce n'est pas la reine ! » Dépitée, Eboli explose rageusement et jure de se venger. Telle une divinité mythologique, une Érinye, elle brandit le feu du ciel : « J'entends la foudre qui dévore / Sur votre front déjà gronder tout bas. » Comment ne pas penser, une fois de plus, à cette foudre de Dieu qui marqua tant l'enfance du petit Giuseppe ? Le thème, à l'évidence, est le plus récurrent de toute l'œuvre du compositeur. Et d'ailleurs Carlos, en percevant cette menace, répète lui aussi ce thème : « J'entends la foudre qui dévore / Sur ma tête gronder tout bas. » Le procédé n'est pas si rare dans l'opéra : l'une le chante sur le mode majeur, l'autre sur le mode mineur, et l'opposition en est d'autant plus violente et forte. Vient Rodrigue, qui entend défendre son ami, et tire même un poignard, prêt à pourfendre celle qui veut ainsi nuire à ce jeune homme si cher à son cœur. On le voit, leur amitié est totale, exclusive, violente même. On devine que tout cela finira mal. « La lionne au cœur est blessée », clame Eboli qui menace : « Craignez une femme offensée. » Et, tandis que la diablesse d'Eboli, la femme borgne qui a jeté son masque, maudit l'infant Don Carlos — « Malheur sur toi, fils adultère, / Mon cri vengeur va retentir… / Malheur sur toi, demain la terre / S'entr'ouvrira pour t'engloutir » —, et s'en retourne, Rodrigue demande à Carlos de lui donner tous les papiers qui pourraient le compromettre aux yeux de Philippe II. Ces papiers concernent, nous y reviendrons, la résistance des Flamands contre l'Espagne —, puis les deux amis, forts de leur amitié indéfectible, se jettent dans les bras l'un de l'autre. Rideau.

Le quatrième et dernier tableau de l'acte III est celui qui a le plus fait penser aux grandes machineries de Meyerbeer (*Le Prophète*) ou de Halévy (*La Juive*), car Verdi campe un impressionnant autodafé espagnol sur le parvis de la cathédrale plateresque de Valladolid, alors siège de la cour de Philippe II. Tandis que le chœur chante des louanges au roi, les moines défilent, entraînant les condamnés du tribunal de l'Inquisition, qui vont être brûlés sur le bûcher. « Malheur au téméraire / Qui du ciel a bravé la loi ! » scande la foule. Philippe II fait son entrée avec tout son cortège, la reine, son favori Rodrigue, les Grands d'Espagne, toute la cour, dans un mouvement solennel qui annonce à l'évidence la scène initiale de *Boris Godounov* et l'entrée du Tsar nouvellement couronné au milieu de la liesse populaire. Grand air de Philippe II qui proclame que la couronne lui a été confiée pour venger Dieu « par le fer et le feu ». C'est la justification du bûcher dont les flammes s'élèvent. Mais voilà que Carlos entre en précédant des députés flamands venus s'agenouiller aux pieds du roi pour implorer clémence et justice : « Sire… / Tout un peuple qui pleure / Vous adresse ses cris et ses gémissements ! » Mais Philippe a un cœur de pierre, il est le bras armé de l'Inquisition qui veille sur la pureté de la foi et ne saurait tolérer la moindre hétérodoxie, ni un soupçon de révolte contre son autorité. Alors Carlos, dont l'Histoire a retenu l'instabilité ou la folie, se jette l'épée à la main, ivre de rancœur contre son père — la réminiscence œdipienne est ici, à nouveau, manifeste. Le roi, à son tour, tire l'épée, et c'est Rodrigue qui dénoue ce raptus dramatique en désarmant son ami, qui est conduit en prison. « Gloire à Dieu » ! » crie la foule hystérique tandis que les flammes s'élèvent et que le rideau tombe (un tel autodafé a bien eu lieu à Valladolid en 1559, où des hérétiques flamands sont partis en fumée). Le spectateur ne peut qu'être pétrifié devant ce spectacle dramatique, ou tragique, et la musique de Verdi touche ici à son sommet.

En fait, nous sommes hissés dans l'ensemble de l'opéra sur les sommets de l'art lyrique, car l'acte IV s'ouvre sur une des plus belles séquences de toute l'histoire de l'opéra : nous entrons dans l'univers glacé de l'Escurial, à la fois résidence royale et panthéon, voulu et construit par Philippe II sur une idée baroque, celle de représenter dans la pierre et par un jeu d'aiguilles et de flèches le gril sur lequel périt, brûlé vif, saint Laurent — le nom espagnol est *San Lorenzo del Escorial*, ce mot désignant les « scories » du bûcher —, en commémoration de la victoire de Philippe II sur les armées d'Henri II en 1557, l'union de la fille de ce dernier, Élisabeth de Valois, avec le roi d'Espagne mettant un terme à ce terrible conflit. On voit bien la logique intrinsèque du drame. En même temps, on ne peut manquer de relier l'acte précédent, qui se clôturait sur un autodafé, à celui-ci, qui nous fait pénétrer sous les voûtes d'un palais érigé à la gloire d'un saint brûlé vif. Mais ce palais est un tombeau, où Philippe II entendait donner une sépulture à son père, Charles Quint, lequel préféra comme on l'a vu finir ses jours en Estrémadure au monastère de Yuste ; mais ses cendres seront bel et bien transférées au panthéon de l'Escurial en 1574. Verdi et ses librettistes vont-ils nous servir une leçon d'histoire ? Non pas, Philippe II est un personnage dramatique au cœur brisé : seul et mal-aimé. Le rideau se lève dans l'ombre et un extraordinaire solo de violoncelle — l'une des plus belles pages musicales du compositeur —, relayé par la plainte réitérative des violons, le tout évoquant à la fois l'angoisse et l'obsession. La voix du roi s'élève dans une tonalité de basse profonde : « Elle ne m'aime pas ! » — qu'on connaît plutôt dans sa version italienne : « *Ella giammai m'amò* », et la voix descend dans le grave : « *Amor per me non ha* » avec une extrême simplicité, ce morceau de bravoure de toute grande basse d'opéra (il faut entendre ici Boris Christoff, Nicolai Ghiaurov ou Cesare Siepi) dit mieux que n'importe quel discours la solitude affective des puissants, en l'occurrence le plus puissant roi de la chrétienté, et celui qui, en brûlant les hérétiques, voulut faire du catholicisme la seule religion de l'Europe multiple. Mais la royauté, qui donne tous les pouvoirs, se lamente Philippe II, ne donne pas celui « de lire au fond des cœurs où Dieu seul sait tout voir ! ». Aveu d'impuissance, d'échec, constat de la solitude dans la vie doublée de la solitude de la mort : « Quand aura lui pour moi l'heure dernière, / Je dormirai sous les voûtes de pierre / Des caveaux de l'Escurial », admirablement scandés en italien sur un air plein d'une noblesse tragique : « *Quando la mia giornata è giunta a sera, / Dormirò sol sotto la volta nera / Là, nell'avello dell'Escurial.* » Le tableau est saisissant, nous sommes pétrifiés d'effroi — cet effroi que Verdi a bel et bien ressenti en descendant sous les voûtes de l'Escurial et en parcourant, tout en bas, les terrifiantes sculptures célébrant la mort dans sa pire expression — par exemple, ce cadavre nu sous son linceul, la bouche ouverte trouant le drap, et tout cela taillé dans un marbre livide !

Et dans le crescendo dramatique, voilà soudain qu'on annonce l'arrivée du Grand Inquisiteur, un vieillard cacochyme et aveugle, mais à la voix puissante. Le roi l'a fait mander pour lui confier ses doutes au sujet de son fils. Au cours d'un duo qui est un duel de grandes voix de basse, le *mi* grave — note quasi impossible — de l'inquisiteur l'emporte : il réclame la mort du duc de Posa, le favori du Roi, comploteur supposé de la révolte flamande, ainsi que celle de l'infant Carlos, son complice et ami. Le roi a beau se rebeller contre l'intransigeance cruelle du grand prêtre — « *No giammai !* » —, l'Inquisiteur est au-dessus du Roi, l'Église supérieure à la monarchie, et sa menace est claire : « Ô Roi, si je n'étais ici, dans ce palais / Aujourd'hui, par le Dieu vivant, demain vous-même, / Vous seriez devant nous au tribunal suprême ! » Auparavant, le roi avait osé un « Tais-toi, prêtre » qui avait, à Paris, offusqué les oreilles très catholiques de l'impératrice Eugénie, dont on nous dit que dans sa loge à l'Opéra elle s'était ostensiblement détournée, ce pourquoi cette réplique avait été ensuite quelque peu assouplie par la traduction italienne : « *Non più, frate !* » Mais ce prêtre-là invoque alors, dans son soliloque, « l'ombre de Samuel », le prophète qui avait inventé la monarchie hébraïque en oignant et Saül et David, représentés ici par ces deux rois de la monarchie des Habsbourg, Charles Quint et Philippe II. Dès lors la cause est entendue, face à l'Histoire, le Roi plie devant l'homme d'Église, et le texte le dit expressément — « L'orgueil du Roi fléchit devant l'orgueil du prêtre », « *Dunque il trono piegar dovrà sempre all'altare !* » —, la fin tragique est en marche.

Aussitôt après le départ de l'Inquisiteur aux propos si menaçants et la réflexion si résignée de Philippe II, par un effet de contraste des plus forts et bien dans l'esprit paradoxal cher à l'esthétique du *melodramma*, la musique si sépulcrale et sombre du premier tableau explose dans la vivacité des cordes : Élisabeth, indignée et coléreuse, entre en clamant « Justice ! ». On lui a volé son coffret contenant ses bijoux et, dit-elle, « des objets plus précieux encore... ». À sa grande surprise, le Roi lui montre la cassette qu'il a sur sa table, et l'ouvre pour en extraire la pièce la plus accusatrice : le portrait de l'Infant. La voilà accusée d'adultère — « *adultera consorte* » —, elle en suffoque au point de s'évanouir, sous la colère du roi qui, dans un accès de jalousie qui préfigure celle d'Otello, la menace du pire :

> Si vous m'avez trahi... par le Dieu tout-puissant
> Tremblez ! Tremblez ! je verserai le sang* !

Ce qui n'empêche pas qu'il maudisse « le soupçon infâme » avec un accent qui annonce bien *Otello*. La Reine évanouie, Rodrigue entre en scène en même temps que la princesse d'Eboli qui, tout aussitôt, regrette son geste : c'est évidemment elle qui a dérobé le coffret (on songe à cet égard au fameux vol du mouchoir de Desdémone par Jago, et qui servira de preuve à l'adultère supposé), et la voilà rongée de remords : « Cruels remords ! » se lamente-t-elle. Restée seule avec la Reine, tout aussitôt elle avoue sa faute et lui demande pardon. En accusant le destin et ce « don fatal », sa beauté, responsable de son comportement et de ses travers. C'est l'un des plus beaux airs de l'opéra, et aussi un des meilleurs morceaux de bravoure pour la mezzo-soprano dont la tessiture s'étend ici sur deux octaves. Elle s'accuse de vanité et d'orgueil, et se repent de ses « déloyales et folles amours ». Le sublime sied encore mieux à sa beauté : avant d'aller finir ses jours sous la bure, dans un mouvement très espagnol, elle jure d'aller sauver cet homme qu'elle aimait tant, l'infant Carlos, prisonnier de son père. Le tableau suivant s'ouvre juste-

* *« Se tradito son io, si, lo giuro innanzi al ciel / Lo giuro al ciel, il sangue verserò ! »*

ment sur la prison de Don Carlos ; son fidèle ami Rodrigue le rejoint et lui annonce qu'il sera bientôt libéré car lui, Rodrigue, l'ami sublime, s'est accusé à sa place ; on se souvient qu'il avait emporté avec lui les papiers compromettants que Carlos avait gardés par-devers lui, et qui révélaient son action afin de soulager la domination des Flamands par les Espagnols. La musique est sombre à souhait, et l'on entend à peine dans la lourdeur musicale le coup d'arquebuse qui en finit avec la vie de Rodrigue. Avant de mourir, il lui donne son dernier rendez-vous : Élisabeth, sa « mère », l'attend le lendemain au monastère de Saint-Just, et il crie dans son dernier souffle : « Va sauver la Flandre. » L'acte se termine sur une émeute populaire, à l'instigation de la princesse d'Eboli, afin de libérer Don Carlos, émeute rapidement calmée par l'intrusion du Grand Inquisiteur, qui fait mettre tout le monde à genoux. L'Église l'emporte en toute circonstance : « Ô peuple sacrilège, / Prosterne-toi devant celui que Dieu protège ! / À genoux ! À genoux ! À genoux ! » Verdi savait bien que dans l'Espagne de Philippe II le vrai pouvoir appartenait à l'Église. Son opéra ne cesse de le répéter. Et l'anticlérical qu'il fut toujours en délivre une image des plus négatives. Quant au peuple insurgé, il n'a de voix que pour crier, *in fine* : « Vive le Roi ! » et le rideau tombe sur ce fiasco.

L'acte V est des plus courts. Verdi aime les fins précipitées, dont l'efficacité n'en est que plus grande. À vrai dire, tout est déjà consommé : Rodrigue est mort, Eboli entre au couvent, Philippe II finira son règne sous les voûtes glacées de l'Escurial, Élisabeth s'en remet au jugement de Dieu, tandis que l'armée du Roi poursuit Don Carlos, finalement sauvé par l'intervention providentielle du moine initial sorti du tombeau de Charles Quint, et qui est bien ce dernier, prodigieusement ressuscité, venu sauver son petit-fils d'un destin aussi cruel qu'injuste. Et tout ce qui précédait, ce bel amour entre Élisabeth et Carlos, n'est plus qu'un « beau rêve », un « *sogno dorato* ». La fin baigne dans une irréalité qui convient à la tonalité sombre et fantastique de tout l'opéra. On en sort saisi, ou d'effroi, ou d'admiration. Verdi a réussi là son plus bel opéra. Le regretté musicologue Jacques Bourgeois n'hésite pas à qualifier *Don Carlos* d'« un des plus admirables chefs-d'œuvre de la maturité verdienne[5] ».

Il nous restera aussi de cette aventure parisienne du *Don Carlos* un portrait croqué sur le vif par le critique du *Figaro*, Camille Pelletan (qu'on peut voir au musée d'Orsay sur le célèbre tableau de Fantin-Latour, aux côtés de son ami Verlaine et de Rimbaud), qui assista un soir aux répétitions de l'opéra. Ce portrait parle peut-être plus encore que les quelques peintures brossant le visage sévère du compositeur, et il s'agit, en outre, d'un portrait en pied :

> Juste en face de lui [le chef d'orchestre], l'hypnotisant presque de son regard flamboyant, se tenait Verdi, assis sur une simple chaise, ses grandes mains blanches posées sur ses genoux, immobile comme quelque dieu assyrien, pensif, écou-

tant de tout son être, totalement absorbé par cette musique sortie, vivante et vibrante, de son cœur. L'homme est grand, mince ; ses épaules d'Atlas semblent capables de supporter des montagnes. Sa chevelure longue, broussailleuse, épaisse, retombe sur son front en grosses boucles ; sa barbe noire est pommelée comme les plumes d'un coq, mais marquée de gris au menton. Deux rides profondes sur les joues, un visage émacié, des sourcils épais, un regard galvanisant ; la bouche grande, amère et méprisante, un air fier et mâle, une attitude méfiante...

Merveilleux portrait du compositeur, d'où ressortent la vigueur massive de ce corps d'Atlante, la force hypnotique du regard, la beauté des mains qui ont composé ces notes au clavier, et surtout l'air austère du visage avec sa moue de mépris, ou de méfiance. Mais Pelletan, qui fut aussi un écrivain talentueux de son temps, anime son portrait et, dans cette soirée « avant la bataille », campe Verdi en pleine action, comme nous ne le verrons jamais :

Et, au milieu de tout ce branle-bas, Verdi, seul, à son poste, pensif, demeurait immobile, en attente. Il écoutait de tout son être, toutes les forces de ce caractère d'acier fixées sur une seule chose. Il entend deux fois, trois fois mieux que les autres ; il met tout en question ; il perçoit, même dans cette partition écrasante, la moindre note ; il entend à la fois les chœurs et les cuivres, se lève, bondit, encourage vaillamment tous ces groupes et s'exclame, avec cet accent italien qui rend sa voix fascinante :

— Là, il y a un silence ! Allons ! Vite !

On chante au fond de la scène, il s'adresse à deux des choristes.

— Eh ! Eh ! il y a un accent sur cette note !

Et puis ici :

— Vite ! Allez !

Et puis là :

— Doucement ! Tendrement !

Il se lève, bat la mesure, claque du pouce sur le majeur et l'on peut entendre ce bruit sec, vif, nerveux, comme un claquement de castagnettes, au-dessus de l'orchestre et des chœurs ; il les excite, les meut comme un coup de fouet. Et puis, il y a ses mains, qu'il frappe l'une contre l'autre ; il est musique de la tête aux pieds, il se bat pour son idéal, il déverse son génie artistique sur ces hommes et sur ces femmes, les enflamme de sa propre flamme, qui le brûle, lui aussi ; il frappe la scène des talons, remonte, arrête les chœurs, cherchant son ordre dans ce chaos, dont tout un monde naît[6].

Un homme en mouvement, fiévreux, impérieux, et par-dessus tout perfectionniste, telle est l'image que nous conserverons de ce musicien qui, par ailleurs, aimait à se présenter comme un « paysan ». C'est pourquoi, sitôt lancé son opéra à Paris, il tourne les talons et s'en retourne à ses terres…

Aïda : pouvoir et passion

A noi si schiude il ciel e l'alme erranti
*Volano al raggio / Dell'eterno di**.

Aïda

Le compositeur a-t-il voulu faire un pied de nez à son grand âge, et à ceux qui pensent que le vieillard radote, ressasse forcément, redit et répète *ad libitum* ? En acceptant la commande du khédive et en produisant un « opéra égyptien », Verdi va nous prouver qu'il est un éternel jeune homme — un artiste qui produit et échappe au temps — et, plus encore, que le créateur n'a pas d'âge. Mais auparavant, l'aventure de *Don Carlos* et son long séjour parisien de huit mois l'ont laissé épuisé. Le 14 mars 1867, trois jours après la première, Giuseppina et Giuseppe quittent Paris pour s'installer dans la belle demeure qu'ils viennent de louer à Gênes, au palais Sauli-Pallavicino, et qui sera leur résidence secondaire. C'est son ami Angelo Mariani, le glorieux chef d'orchestre qui avait assuré la

* « Cieux, ouvrez-vous à nos âmes errantes / Qui volent rapidement / Vers la lumière de l'éternité. »

direction musicale de *Nabucco* et de *I due Foscari* à Milan, par ailleurs natif de Gênes, qui a trouvé pour lui cette somptueuse demeure. Le voilà donc leur voisin. Et c'est Mariani qui dirigera la première de *Don Carlo*, dans sa version italienne, au Teatro Comunale de Bologne le 27 octobre 1867. C'est aussi — mais n'allons pas trop vite — celui qui, amant de la soprano Teresa Stolz pour qui Verdi composa le rôle d'Aïda, le mit en présence de cette belle et jeune Tchèque qui allait devenir la compagne des toutes dernières années du compositeur. Giuseppe y laissa là Giuseppina pour retourner à sa terre de Sant'Agata, dans l'urgence, disait-il, d'y planter ses choux !

C'est à la faveur de cette absence que Giuseppina se décida à rendre visite, à Milan, à la comtesse Clara Maffei, dont elle devait être quelque peu jalouse, au vu de la profonde amitié qui liait Verdi à cette belle Milanaise. Et puis Clara venait de se séparer de son mari, Andrea, ami et collaborateur de Verdi — rappelons qu'il fut le traducteur de Schiller et de Shakespeare, auquel le compositeur emprunta tant, et surtout le librettiste, aux côtés de Piave, de *Macbeth*. Les Maffei, qui avaient épousé les idées du *Risorgimento* — surtout Clara —, vivaient à Milan où ils tenaient salon et, de surcroît, étaient les voisins du grand Manzoni, monument littéraire et gloire vivante de l'Italie. Le salon de Clara était le rendez-vous des intellectuels contestataires et nul n'y manqua, surtout dans la période trouble des années 1840 et 1850. C'est grâce aux Maffei que Verdi entra en contact avec le mouvement libéral et les partisans de la *Giovine Italia* de Giuseppe Mazzini, qui fut l'âme insurrectionnelle du *Risorgimento* — sans que notre compositeur allât trop loin dans son engagement politique, comme nous l'avons souvent souligné. Il y avait donc maintes raisons pour que Giuseppina Strepponi cherchât à voir l'intrigante Clara Maffei.

Giuseppina quitta Gênes pour Locate Triulzi, sous prétexte de rendre visite à sa mère et à sa sœur, et en profita pour s'arrêter à Milan, qui est à quelques kilomètres de cette localité lombarde. Et malgré tous ses complexes — physique, car elle se trouvait grosse, et culturel, puisque Clara était l'un des phares de l'intelligentsia milanaise —, armée de son seul culot, elle frappa à la porte de l'auguste demeure en exhibant aux yeux du portier la photo de Giuseppe et en annonçant son nom. Et là, à sa grande surprise, la comtesse lui ouvrit ses bras et devint aussitôt son amie. Et elle le resta jusqu'à sa mort, en 1886. Grâce à elle et à son réseau d'amitiés, elle put ainsi entrer en contact avec Alessandro Manzoni — l'homme et l'écrivain qu'admirait le plus Verdi, qui aimait à réciter quelques pages de son œuvre la plus célèbre, *I promessi sposi*, une histoire d'amour contrarié dans la Lombardie du XVIIe siècle, sous domination espagnole, et qui finit bien malgré tous les obstacles : le pouvoir, l'Église, la passion amoureuse et la jalousie, la peste, enfin, bref tout ce qui peut nourrir un beau mélodrame (il en existe, d'ailleurs, quantité d'adaptations et de films). Giuseppina, connaissant l'admiration, plus encore la vénération de Giuseppe pour le héros national du *Risorgimento*, eut l'idée de préparer une entrevue entre ces deux géants du moment. Le maître ayant reçu chaleureusement les deux femmes, Clara et Giuseppina, cette dernière put enfin briller de quelque fierté aux yeux de son génial mari, lequel en apprenant cette rencontre, aurait, dit-elle, pleuré d'émotion. Il reçut, peu après, une photographie du maître avec cette dédicace : « À Giuseppe Verdi, la gloire de l'Italie, de la part d'un écrivain lombard tout décrépit[1] » (Manzoni, né en 1785, avait vingt-huit ans de plus que Verdi). C'est Clara Maffei qui conduisit son ami Giuseppe jusqu'au domicile de Manzoni, au début de l'été 1867, laissant seul ces deux hommes qu'elle aimait et admirait tant. Giuseppe tint, cependant, à lui rapporter cette rencontre, majeure dans son existence — et aussi pour l'histoire de la musique, comme on le verra plus tard :

> Que puis-je vous dire sur Manzoni ? Comment saurais-je exprimer ce sentiment nouveau, indéfinissable, d'extrême douceur, que j'ai éprouvé en présence de ce saint, comme vous l'appelez ? J'aurais plié le genou devant lui, si l'on pouvait adorer un homme. On ne doit pas le faire, paraît-il, encore qu'il y ait sur les autels bien des saints qui n'ont montré ni les talents ni les vertus de Manzoni[2].

La mort de Manzoni, cinq ans plus tard, bouleversa tellement Verdi qu'il n'eut même pas la force d'assister à son enterrement. Mais il allait faire bien mieux : écrire une messe de *Requiem* à sa mémoire, œuvre qui est considérée par tous comme l'un des plus purs chefs-d'œuvre de Verdi. Et l'un des sommets de la musique — religieuse ou pas.

Mais pour l'heure c'est la mort d'Antonio Barezzi, le 21 juillet 1868, qui remue Giuseppe. Il devait tant, il devait tout à son protecteur et tuteur de Busseto ! Sachant sa mort prochaine, Giuseppe, dans une lettre à Clara Maffei, revient sur cette dette contractée envers l'homme de Busseto et sur son rôle moteur dans sa formation, plus de cinquante ans après :

> *Pauvre* vieil homme, qui m'a tant aimé !...
>
> Vous savez que je lui dois tout, tout, tout. Et à lui seul... Il me semble le revoir (il y a bien des années) quand, après avoir fini mes études au lycée de Busseto, mon père me déclara qu'il ne pouvait m'entretenir à l'université de Parme et que je me décidai à revenir dans mon village natal. Ayant appris cela, ce bon vieillard me dit : « Tu es né pour mieux que cela et tu n'es pas fait pour vendre du sel et travailler la terre. Demande au mont-de-piété cette maigre bourse de 25 francs par mois pendant quatre ans et moi je me chargerai du reste... »
>
> Quelle générosité, quel cœur, quelles vertus ! J'ai connu bien des hommes, mais jamais un meilleur. Il m'a aimé autant que son fils et moi, je l'ai aimé comme un père[3].

Lettre éloquente, dans laquelle Verdi manifeste un sens filial et une tendresse qu'il ne portait sûrement pas à son père biologique. On voit aussi qu'en dépit de ses protestations — « Je ne suis qu'un paysan qui écrit de la musique » — il ne fut jamais cet homme de la terre, pauvre et besogneux, que, pour sa légende, il a cherché à faire accroire. Mais cœur tendre, il le fut toujours, et chacun des deuils qui jalonnent sa vie est un déchirement — dont il alimentera, bien sûr, son inspiration et sa musique. Il assista, donc, pieusement et douloureusement Antonio Barezzi dans ses derniers moments et suivit son corps lors de ses funérailles. Puis il repartit pour Gênes, où Mariani s'occupait de monter la version italienne de *Don Carlo*, pour la première au théâtre de Bologne. Avec, dans le rôle d'Elisabetta, la jeune soprano tchèque Teresa Stolz, dont on rappelle qu'elle était alors la maîtresse de Mariani. Cependant, Verdi n'assista pas à l'immense succès de la représentation bolognaise, sans doute encore sous le coup de la perte de Barezzi.

L'année se termine aussi sur une triste nouvelle : le fidèle Piave, si proche de Giuseppe dans sa jeunesse turbulente, est frappé d'apoplexie le 5 décembre. Il en restera diminué et aphasique, pour mourir huit ans plus tard. Et puis en 1868, le 13 novembre, c'est la mort à Paris de l'illustre Rossini qui vient troubler l'esprit et le cœur de Verdi, qui l'admirait profondément. On se souviendra qu'en 1828, alors âgé de quinze ans seulement, Giuseppe avait composé une ouverture originale au *Barbier de Séville*. C'est justement pourquoi Giuseppe prend l'initiative de proposer une messe de *Requiem* destinée à être interprétée l'année suivante pour l'anniversaire de sa mort. Une messe faisant intervenir tout ce que l'Italie comptait de musiciens honorables. Treize compositeurs s'engagent à remettre une séquence de ce *Requiem* dans les dix mois, Verdi se chargeant du « *Libera me* ».

Mais ce beau projet capota lamentablement, au

grand dam de son promoteur, et, bien sûr, par la faute de Verdi et de ses inimitiés. Qui a jamais dit que Giuseppe avait bon caractère ? Tous les portraits accusent son air renfrogné, son visage taciturne. Au demeurant, il faut bien comprendre que cette affaire « Rossini » recouvre une affaire de cœur. Et le plat de résistance est cette nouvelle venue sur la scène où se produit notre compositeur, Teresa Stolz. Nous l'avions laissée à Bologne, où elle avait raflé tous les lauriers en interprétant le premier *Don Carlo* en version italienne. Mais qui était cette femme ? Une Tchèque ravissante d'une trentaine d'années à peine (elle était née en 1834 à Kostelec, près de Prague). Ses contemporains la décrivent comme une beauté sculpturale dotée d'un soprano absolument unique. Verdi souffla donc la Teresa à Mariani qui, forcément, marri ou cocu, ne leva pas le petit doigt pour aider Giuseppe à boucler son *Requiem* composite. Les atouts et appas de la Stolz avaient bien de quoi émouvoir Giuseppe, de quelque vingt ans plus âgé. Pauvre Giuseppina !

Mais Verdi pense encore et toujours à la musique, et, après quelques tentatives infructueuses d'inspiration du côté parisien — des pièces de Sardou et de Dumas père lui sont proposées mais ne retiennent pas son attention —, il reçoit enfin, le 14 mai 1870, de Camille du Locle, le librettiste du *Don Carlos*, un opuscule de quatre pages, intitulé *Aïda*, composé par un certain Auguste Mariette, égyptologue déjà renommé — on peut voir au Louvre son buste, et surtout la fameuse sculpture du « Scribe accroupi » qu'il mit au jour au cours de ses fouilles. Fasciné par l'antique destin des pharaons, cet archéologue, qui veut tant faire revivre les berges du Nil — il a d'ailleurs commis une petite nouvelle intitulée « La fiancée du Nil » —, écrit ce que l'on pourrait appeler un synopsis du futur opéra de Verdi. Mariette sera le véritable librettiste de cette œuvre, mise en vers par le poète Antonio Ghislanzoni, fortement aidé par le compositeur qui, très souvent, va lui dicter quelques vers et répliques susceptibles de recréer une atmosphère de dépouillement biblique, comme le compositeur avait déjà su le faire dans *Nabucco*. Mais nous savons bien que Verdi mit toujours la main à la pâte dans l'écriture de ses livrets.

La première eut lieu le 14 décembre 1871 au Caire, conformément au vœu du khédive, Ismaïl Pacha, mais avec un retard d'un an, dû à la guerre napoléonienne qui bloqua les décors à Paris, occupé par les Prussiens, si bien que ce n'est qu'un an après l'inauguration du canal de Suez — dont l'opéra devait couronner l'événement et les festivités — qu'*Aïda* fut créé, et, notons-le, en l'absence de Verdi, qui n'envisageait sans doute pas — et tant mieux pour son Orient fantasmé — un si long voyage. Se réservant pour la première à la Scala de Milan, le 8 février 1872, avec dans le rôle principal la belle Teresa Stolz, sa nouvelle égérie.

À première vue, *Aïda* pourrait apparaître comme l'une de ces grandes machineries comme Meyerbeer et Halévy avaient accoutumé de le faire. Un opéra situé dans l'antique Égypte, avec des décors imposants, sur fond de temples et de pyramides, crédibles d'un point de vue archéologique, grâce à Mariette. L'univers pharaonique y est restitué avec d'autant plus d'éclat que le rôle des prêtres est ici déterminant, comme dans *Don Carlos*. Et des voix d'ample tessiture sont propres à servir le grand spectacle. Pourtant, Verdi tourne ici le dos à l'esprit de la « Grande Boutique » et nous offre, en fait, une œuvre intimiste, tournant autour de trois personnages, les deux amants que la guerre sépare et que la mort réunit, et la femme jalouse, attachée à leur perte pour finir par maudire le sort, avec en fond de scène et de gorge les voix graves des hommes — prêtres ou rois — et de la raison d'État. D'entrée de jeu, de la fosse d'orchestre — et justement Verdi, comme l'avait fait Wagner (et c'est la seule vraie leçon qu'il retiendra de lui), voulut pour son *Aïda* italienne que les musiciens ne superposent pas leurs silhouettes incongrues et leurs « *fracks** » (comme il le déclara) à l'Orient et à l'exotisme des décors — s'élèvent des accords de violon, extrêmement mélodieux, joués *pianissimo*. Les thèmes sont annoncés, en cette brève introduction, toute d'harmonie et de retenue. On pense évidemment au prélude de *La Traviata*, et l'on sait

* Dans une lettre à son éditeur Ricordi, Verdi écrit, le 10 juillet 1871 : « L'idée ne vient pas de moi, mais de Wagner et elle est excellente. Il me semble impossible qu'au jour d'aujourd'hui on tolère de voir nos *fracks* minables et nos cravates blanches voisinant avec les costumes égyptiens, assyriens, druidiques, etc., et de voir en outre la masse orchestrale "qui appartient au monde fictif" se trouver au milieu de la salle dans le monde de ceux qui sifflent ou qui applaudissent. Ajoutez à cela l'indécence d'apercevoir les têtes des harpistes, les manchettes des contrebassistes et les moulinets du chef d'orchestre » (*in* G. Gefen, *Verdi par Verdi*, *op. cit.*, p. 215-216).

tout de suite que nous n'irons pas au cirque ou vers les grands falbalas de l'Opéra de Paris, mais vers le drame intime et une belle histoire d'amour, comme Verdi aime tant en conter…

Dans l'intervalle, et comme les choses traînent en longueur, en pleine composition de son opéra, Verdi compose un quatuor, sa seule incursion dans la musique de chambre. Il y déploie son art du contrepoint, tel qu'il l'assimila lors de ses cours avec Lavigna dans ses années d'adolescence. C'est aujourd'hui une pièce volontiers jouée, pleine de charme, dans le sillage d'un Haydn, mais la fougue et la passion en plus, et l'on y retrouve certaines harmonies accordées à l'écriture musicale d'*Aïda*. Et quelques mesures rappelant justement ce prélude de l'opéra du Caire, considéré comme « une des plus belles pages de l'œuvre[4] ».

Aïda s'ouvre sur l'annonce par le grand prêtre Ramfis que les Éthiopiens vont encore attaquer l'Égypte. Verdi a voulu que ce soit ce même prêtre qui ait le dernier mot, l'opéra s'achevant sur « *Inmenso Fthà* », célébration du dieu Ptah, encadrant ainsi l'histoire sous l'autorité cléricale. Comme dans *Don Carlos*, c'est la puissance sacerdotale qui détient le pouvoir, au-dessus des rois et des pharaons. Et tout comme Philippe II ne pourra contredire en rien les cruelles décisions du Grand Inquisiteur, de même ici Amnéris, la fille du roi, n'aura aucun pouvoir pour empêcher la mise à mort de l'homme qu'elle aime. Car cet opéra développe une histoire d'amour comme les aime Verdi, tumultueuses, pleines de bruit et de fureur, avec toujours la foudre menaçante, et le feu qui embrase, soit pour châtier, soit pour aimer plus fort. Une histoire de passion.

Dès le lever du rideau, le jeune chef Radamès, qui va se voir confier par les prêtres le commandement des armées égyptiennes, dit son amour pour une jeune esclave éthiopienne, Aïda. Amour partagé, au grand dam de la fille du pharaon, Amnéris, qui le voudrait pour elle. Les thèmes de l'amour, de la jalousie et de la vengeance constituent donc la trame de l'histoire. L'introduction, fort brève, où Radamès espère conduire les armées, permet à ce dernier d'ambitionner les lauriers de la victoire dans le seul but d'éblouir la femme qu'il aime, et adore comme une divinité. Laissant parler son cœur, il chante la plus belle romance de cet opéra — et l'air le plus difficile pour le ténor, qui doit achever son chant sur un *si* bémol aigu, mais indiqué *pianissimo* par le compositeur (notons qu'aux arènes de Vérone Carlo Bergonzi, forcé de lutter contre l'espace et le vent, poussait sa note comme un rugissement de pleine poitrine, à l'inverse d'un Jon Vickers, qui, en disque et en studio, savait filer ce *si* aigu, en gonflant juste un peu le timbre au milieu de la note qu'il tient jusqu'à ce *morendo* voulu par Verdi, et qui suggère, peut-être, que c'est de cet amour que mourra le héros*). Et juste

* Mario Lanza, dans le film *Le Grand Caruso*, production hollywoodienne de quelque qualité, s'égosille tellement sur cet air, avec un visage tout ridé par l'effort, qu'au lieu d'une romance amoureuse, pleine de sentiment et de langueur, on a l'impression d'une angoisse terriblement proclamée.

comme s'achève cette vision de la femme aimée, divinisée, pour laquelle le guerrier veut « dresser un trône près du soleil[5] » (« *ergerti un trono vicino al sol* »), la femme rivale entre en scène, et c'est Amnéris qui ose espérer que la joyeuse flamme de cet ardent jeune homme se dirige vers elle : « Oh ! combien digne d'envie / Serait la femme dont les traits chéris / Susciteraient en toi une telle lumière de joie ! » Radamès a beau s'abriter derrière le paravent de la gloire militaire, Amnéris voit bien que sa vraie gloire est ailleurs, et niche au cœur d'une autre femme, et elle exprime l'aigre crainte en aparté : « Oh ! malheur si un autre amour / Brûlait dans son cœur. » Là-dessus, Aïda entre en scène, et, comme l'autre femme cherche à savoir pourquoi elle a l'air si angoissé, elle invoque la crainte de cette nouvelle guerre. Mais que valent ces faux-fuyants quand la vérité est si éclatante et lisible sur le visage des deux amants ? La scène se termine donc sur cet amour partagé et condamné — « *sventurato amor* », dit le texte (« amour malheureux ») —, sur ce nœud gordien qu'Amnéris, relayée par les prêtres, saura trancher.

« Le sol sacré d'Égypte est envahi / Par les Éthiopiens barbares », entend-on à la scène suivante. Est-ce que le public italien va réagir, cette fois encore, en ramenant la situation nationale à l'occupation autrichienne ? Ici, l'exotisme est plus accentué que dans *Nabucco*, et les pyramides profilées en décor de fond de scène découragent tout rapprochement. *Aïda* ne sera pas perçu comme un autre opéra patriotique au service du *Risorgi-*

mento, déjà fort antérieur. La scène est aussi éclairante quant au personnage d'Aïda qui, entendant dire que le roi éthiopien Amonasro avance avec ses troupes, s'écrie en aparté « Mon père ! ». Nous entrons dès lors dans le cadre des amours impossibles, comme dans *Les Vêpres siciliennes*, ou même comme dans le premier opéra *Oberto*. Il s'agit d'un invariant du *melodramma* verdien. Comment ne pas penser aussi au thème immortel de *Tristan und Isolde*, que Wagner venait de mettre en musique en 1865 ? Verdi l'ignorait et ne vit jamais qu'un seul opéra du maître de Bayreuth, *Lohengrin*, donné au Teatro Comunale de Bologne, en 1871, et sur lequel il laissa ces quelques notes, à la fois admiratives et critiques, et qui montrent bien tout ce qui sépare les deux géants musicaux du XIXe siècle :

> Impression mélangée. Musique belle quand elle est claire et qu'elle contient une pensée. L'action court aussi lentement que les mots. D'où ennui. Beaux effets instrumentaux. Abus de notes tenues[6].

Et en effet, tout sépare les deux musiciens. Wagner est interminable avec ses opéras de quatre heures et ses ressassements, qui ne manquent certes pas de splendeur, mais réclament bien de la patience. *La Walkyrie* contient des pages d'une très grande beauté et d'une très belle force. La science musicale de Wagner est réelle et sa gloire des plus justifiées. Mais qu'il soit permis au tempérament latin de préférer le dramatisme verdien, si efficace dans ses raccourcis et dans ses élans.

Radamès, adoubé comme guerrier et chef dans

cette guerre, reviendra en héros couronné de gloire. Mais tandis que le Pharaon (appelé *Il Re* — « Le Roi » — dans le texte), aux lèvres épiques, s'écrie : « En avant ! Accourez, héros égyptiens, / Aux bords sacrés du Nil, / Que de tous les cœurs jaillisse ce cri : / Guerre et mort à l'étranger ! » — appel plus efficace en italien par l'anaphore : « *Guerra, guerra e morte allo stranier !* » —, Ramfis, le Grand Prêtre, entend rappeler que « le sort du guerrier / Appartient tout entier à la Divinité ». Et la divinité, qui est ici Ptah, saura réclamer *in fine* la tête de Radamès dès lors qu'il aura trahi sa patrie. La peinture musicale des rites du Temple permet à Verdi d'écrire ses plus belles pages, avec un orientalisme qui doit, d'ailleurs, davantage à la musique espagnole — car, au fond, que savons-nous de la musique à la cour des Pharaons ? Il s'agit pour le compositeur d'évoquer un Orient que son public saura aussitôt identifier. D'où le recours aux flexions quasi *flamencas*, comme en témoigne la romance de la princesse d'Eboli dans *Don Carlos*. Notons que, pour la musique orientale de *Samson et Dalila*, créé en 1877, et notamment sa fameuse « Bacchanale », Camille Saint-Saëns se rendra à Alger et saura écouter les maîtres de ce qu'on appelle la musique « andalouse », ce pourquoi les Beaux-Arts d'Alger s'enorgueillissaient d'avoir appelé « Salle Saint-Saëns » leur école de musique… Mais Verdi n'a pas eu besoin de se déplacer, et, lorsqu'on s'étonnait qu'il ait su à ce point capter dans ses notes l'esprit de l'Orient, il répondait tout bonnement : « Je me suis imaginé que cela devait être ainsi[7]. » L'air sublime chanté par la *Gran Sacerdotessa*, à l'ouverture de la deuxième scène de cet acte premier, et qui sera repris en conclusion de l'opéra, lors de l'enfermement des amants au tombeau, est porté par un merveilleux rythme évoquant tout l'Orient, cet « Orient de l'âme », selon l'heureuse expression de Michel Orcel[8]. Le final du premier acte, après l'invocation à Ptah de la Grande Prêtresse, est constitué par un ballet égyptien sur une musique qui est très proche de la « Bacchanale » de *Samson et Dalila*. Comment ne pas s'empêcher de penser que, finalement, Saint-Saëns se serait inspiré, au total, de cet *Aïda* de Verdi, si époustouflant d'orientalisme ?

Place donc à la victoire. Grandiose défilé des troupes devant le Roi et le Grand Prêtre, les deux pouvoirs de l'Égypte. Et place alors aux fameuses trompettes — les « Trompettes d'Aïda » ! —, qui sont l'air de fanfare le plus célèbre au monde, mais qui, ici, ne doivent pas être ressenties ni entendues comme dans l'enceinte d'un cirque. Sauf à penser que la guerre est cirque et jeu de gladiateurs. On a vu que Verdi a déjà tourné en dérision la guerre à travers le chant ironique — « *Viva la guerra !* » de Preziosilla dans *La Force du destin*, et ici cette « *guerra e morte* » clamée à l'acte précédent dit bien, par antiphrase, le pacifisme du compositeur. D'aucuns ont pu penser que cette marche triomphale et cette pompe — pour laquelle Verdi avait fait fabriquer tout spécialement des trompettes d'un mètre cinquante de long reproduisant les trompes égyptiennes telles que Mariette les avait exhumées — étaient comme un écho des défilés glorieux des armées autrichiennes, tant détestées. Il n'en reste pas moins que le chant choral encadrant cette marche triomphale, « *Gloria all'Egitto* », plut tellement au khédive que le souverain du Caire pensa, un moment, l'adopter comme hymne officiel de l'Égypte.

Mais revenons à notre intrigue : le Roi demande au vainqueur, Radamès, d'exprimer tout souhait qu'il s'engage à exaucer aussitôt. Et, en prime, il lui accorde d'autorité la main de sa fille Amnéris. Radamès demande alors la libération des prisonniers éthiopiens, parmi lesquels Amonasro, leur roi et le père d'Aïda — sans dévoiler leur lien —, mais le pharaon, en accédant à cette requête, garde néanmoins en otages et le père et la fille — sans cela, il n'y aurait, certes, plus d'histoire. Amonasro, qui sait les liens unissant sa fille à Radamès, exerce sur elle un chantage des plus pervers : elle devra obtenir de l'homme qu'elle aime un précieux renseignement, la route qu'emprunteront les Égyptiens à la poursuite des Éthiopiens pour que les armées d'Éthiopie leur préparent un guet-apens fatal. Radamès va laisser échapper devant Aïda l'information, se croyant seul avec elle, mais Amonasro sort alors de sa cachette, triomphant, et, devant un Radamès effondré, entraîne sa fille dans sa fuite, tandis qu'Amnéris et les troupes égyptiennes s'emparent de la personne du héros traître qui déclare, face à Ramfis, dans la chute du rideau : « Prêtre je me livre à toi ! » La parole est donc au prêtre et au clergé dans ce dernier acte qui voit l'effondrement apparent de tous les espoirs. Un procès a lieu qui n'est pas sans rappeler celui de l'Inquisition.

La scène du jugement est un autre sommet de cet opéra. L'acte d'accusation est répété trois fois par les prêtres, Radamès y répond par le silence, et Amnéris se désespère de voir son amour lui échapper et se vouer à la mort, répétant à plusieurs reprises, dans un cri pathétique : « *Numi, pietà !* » (« Dieux, par pitié ! »). Rien n'y fait, il sera condamné à être enterré vivant. Verdi, qui a toujours eu un grand sens de la scène et a souvent conseillé les régisseurs sur la meilleure disposition des décors, a alors imaginé de couper la scène en deux parties : supérieure, où se tiennent les prêtres et Amnéris, et inférieure, où Radamès est descendu. Mais, coup de théâtre, Aïda, que l'on croyait enfuie, s'est, en fait, réfugiée dans une anfractuosité de ce souterrain, sachant bien que Radamès y serait précipité. Les deux amants vont donc se redire leur amour tandis que la dalle sur leur tête est scellée et les condamne à périr étouffés. Leur duo d'amour est plein de beauté, de calme, d'harmonie : paradoxalement, eux sont au paradis, tandis qu'à la surface Amnéris se répand en imprécations contre les prêtres, avec des accents d'une rare violence où chacun appréciera, sans doute, les relents de l'anticléricalisme coutumier de Verdi :

Sacerdoti : compiste un delitto...
Tigri infami di sangue assetate...

*Voi la terre ed i Numi oltraggiate**...
[...]
L'anatèma d'un cuore straziato
*Col suo sangue su ti ricadrà***.

N'entend-on pas là encore comme un écho de la malédiction primordiale de Verdi, encore enfant, à l'encontre du prêtre qui mourut foudroyé par le Ciel ? Il est possible d'y penser, comme nous n'avons cessé de le faire tout au long de ce parcours musical. De même pourra-t-on rapprocher l'imprécation d'Amnéris contre les prêtres de cette fameuse phrase de Verdi, à la fin de sa vie, qui donnait le conseil suivant à son « petit-fils » d'adoption, Angiolo Carrara, fils de Filomena Maria Verdi : « *Sta lontan dai prêt* » (« Tiens-toi loin des prêtres[9] »).

Verdi a pris une part active et prédominante dans l'écriture de ce livret, et le célèbre air terminal « *O terra addio !* » n'est pas de la main de Ghislanzoni mais du compositeur lui-même, attaché à cette sobriété plus éloquente et émouvante que les vers initialement proposés par son librettiste. La fin de l'opéra joue de ce contraste entre la paix céleste qui niche au cœur des amants poussant leur dernier soupir et l'infernale imprécation de la surface. Le dernier mot appartient, pourtant, à la malheureuse Amnéris qui voit, par sa faute, mourir celui qu'elle aime, et qui, comme recueillant le der-

* « Prêtres : vous avez accompli un forfait ! / Infâmes tigres assoiffés de sang... / Vous outragez la terre et les Dieux... [...] » (toutes les citations sont tirées de *Aïda*, *L'Avant-scène Opéra*, 2001).

** « Race maudite ! Anathème sur vous ! / La vengeance du ciel descendra sur vous ! »

nier soupir apaisé de Radamès, s'écrie « *Pace !* » dans un murmure, tandis que les prêtres scandent, à voix très basse, « *Immenso Fthà !* » ; et le rideau tombe sur un orchestre dont toutes les sonorités, contrairement à ce qu'on aurait pu attendre d'un opéra, malgré tout, spectaculaire, s'amenuisent et s'étouffent en se noyant dans le silence, marqué sur la partition par « *ppp* », un triple *piano*. Nous voilà rendus, comme magiquement, aux antipodes de l'habituel *melodramma*. Ce grand opéra est bien finalement un opéra intimiste. C'est sans doute là le secret qui séduit depuis plus d'un siècle le public de toutes les scènes du monde, applaudissant à l'une des plus belles œuvres jamais composées par Giuseppe Verdi.

La messe de *Requiem* et l'âme chrétienne

Libera me, Domine, de morte æterna *
Requiem

Avec *Aïda*, Verdi a franchi un pas vers l'opéra total, tel qu'il va s'épanouir dans *Otello*. L'opéra total, c'est aussi l'ambition de Wagner, mais il n'y a pas eu d'interaction entre ces deux géants. Le genre spectaculaire des œuvres à la façon de Meyerbeer, Halévy ou Reyer (bien qu'il triomphât encore, en 1884, avec son *Sigurd*) avait fatigué son public, et le poème symphonique était en train de gagner le cœur des compositeurs. Déjà Moussorgski, Richard Wagner, Mahler, plus tard Dukas peaufinaient leurs splendides partitions. L'écriture symphonique pénétrait le drame lyrique. Verdi avait alors tordu le cou aux cavatines, aux arias obligées, aux poses et aux vocalises héritées du *bel canto*. Les voix et l'orchestre s'harmonisaient sur une seule ligne musicale, il n'y avait plus l'un puis l'autre, mais l'un dans l'autre, fusion et effusion

* « Libère-moi, Seigneur, de la mort éternelle. »

lyrique. Le contrepoint et la fugue s'imposaient comme exigence. La fin d'*Aïda* est une longue fugue (comme le sera aussi celle de *Falstaff*) — Verdi connaissait Bach et Beethoven, dont il conservait pieusement les partitions dans sa bibliothèque de Sant'Agata. Et dire que le jeune Verdi s'était vu refuser l'entrée au conservatoire de Milan pour incompétence musicale ! Comment s'étonner alors qu'il ait pu composer dans le même élan l'opéra *Aïda* et son (seul) quatuor à cordes ? Il n'y a ni hiatus ni renoncement, c'est la même écriture.

Et l'aboutissement de cette démarche, nous la trouvons maintenant dans l'œuvre la plus surprenante du compositeur, son *Requiem*. Car voilà que ce grand poète italien tant admiré, Manzoni, est mort le 22 mai 1873, et que Verdi veut lui rendre hommage. Son *Requiem* deviendra l'une des plus belles partitions de la musique religieuse. Ou, plus précisément, malgré sa dimension chrétienne, de la musique tout court. Mais n'est-ce pas encore un opéra que le compositeur produit ici ? Le débat est ouvert, et d'abord dans l'esprit même du compositeur. Nous savons Verdi très éloigné de l'Église, sans toutefois être un esprit fort. Certes, Giuseppina se rend seule à la messe et le gronde parfois de son manque d'assiduité, mais Giuseppe est peu porté aux effusions religieuses, sans compter qu'il ne tenait sûrement pas à Busseto à fréquenter à nouveau cette église dont il gardait quelques mauvais souvenirs, et encore moins à y côtoyer ses voisins. Anticlérical, aussi, Verdi s'en est pris à l'Église en tant que pouvoir politique, et la caste des prêtres a été, on vient de le constater, plutôt malmenée dans ses deux dernières œuvres, *Don Carlos* et *Aïda*. Il est insupportable à ce républicain, grand admirateur de Cavour et de Garibaldi, de voir, sur sa propre terre, les États pontificaux dicter encore leur loi. Et nous avons entendu l'anathème d'Amnéris à l'encontre des *sacerdoti*. Mais l'unité italienne est enfin accomplie — d'abord par le rattachement de la Vénétie le 22 octobre 1866, puis, le 20 septembre 1870, par l'intégration de Rome qui devient la capitale du royaume (officiellement, le 1er juillet 1871) — lorsqu'en l'espace d'un an Verdi compose cet hommage « religieux » au père de la culture et de la langue italienne de son temps. Verdi connaissait parfaitement le livret du *Requiem*, il n'avait plus besoin d'un librettiste ni de mettre la main à la pâte, comme précédemment, en rudoyant son poète et en enrageant. Il n'avait qu'à couler sa musique sur ces paroles. Le « *Libera me* » qu'il avait écrit à la mémoire de Rossini et qui n'avait pu être interprété par la faute de Mariani et de quelques autres, voilà qu'il le remet sur sa table et, sur cette lancée, il écrit en quelques mois sa géniale « messe ». Il la compose notamment à Paris où il passe l'été 1873 en compagnie de Giuseppina. Mais il a en tête la présence insistante de Teresa Stolz, qu'il veut à tout prix pour chanter la partie soprano de son *Requiem*. Teresa, qui a triomphé à Milan dans le rôle d'Aïda, connaît un succès considérable au Caire où elle brûle les planches de l'Opéra. L'œuvre sera évidemment créée avec elle, à l'église San Marco de

Milan le 22 mai 1874, malgré l'opposition initiale de l'archevêché qui voyait d'un mauvais œil la présence de chanteuses dans une église. Rappelons que c'est cet interdit qui avait conduit l'Église à instituer une caste de castrats afin de pallier l'interdiction religieuse des voix de femme dans la pieuse enceinte. Les derniers castrats donnent encore de la voix, mais Verdi tient à sa Teresa et aussi, pour le rôle de mezzo-soprano, à l'ample voix de Maria Waldmann, également transfuge, pour l'occasion, de l'Opéra du Caire où elle chantait Amnéris. Notons que ces deux voix féminines n'ont rien d'italien, que leur timbre a été formé à l'école autrichienne et allemande. André Tubeuf, dans sa vibrante exégèse du *Requiem*, souligne fort justement « à quel point Verdi, si par nature il préfère les timbres italiens, comme musicien préfère les disciplines et les méthodes allemandes[1] ». Et de souligner le refus de l'éclat des voix aiguës pour lui préférer, dans la plus haute note (le *si* bémol aigu), un *pianissimo*, qui peut même aller jusqu'à un quadruple « *pppp* ». Ainsi le voulait-il, dans son précédent opéra, au moment du fameux air « *Celeste Aïda* ». Ainsi en va-t-il, parallèlement, pour les voix graves, dont Tubeuf écrit : « Le grave des voix s'abîme dans le *pianissimo* comme dans un fond de gorge, cela effraie plus qu'un fracas[2]. » Verdi était en définitive homme du Nord, né français (par hasard) et ayant vécu sous l'occupation autrichienne, et son esthétique avait évolué en diminuant la part mélodique — fin des arias et des cabalettes — pour rechercher avant tout la richesse harmonique, fondre la voix et la musique en un accord parfait — alors que les opéras antérieurs nous avaient habitués, trop souvent, à ce duel entre voix et orchestre qui incitait l'interprète à pousser son timbre jusqu'à des limites extrêmes : on se souviendra d'une récente représentation du *Trouvère* d'où Riccardo Muti avait banni le fameux double contre-*ut* dans l'air « *De quella pira* » du ténor — peut-être au grand dam d'un public plus friand de prouesses vocales que d'harmonie musicale. Des *si* bémol exigés du ténor dans l'« *Ingemisco* » du « *Dies irae* », Tubeuf écrit, non sans humour : « Seuls font claironner ceux-ci les ténors, hélas la majorité, qui ne savent pas donner un *si* bémol sans claironner dessus », ajoutant très finement : « C'est qu'il faut pouvoir plus que le plus, pour pouvoir le moins apparent qu'est un vrai *piano*, sonore, nourri[3]. » Comment ne pas penser alors à cette amusante réflexion que faisait le maître Rossini avant de recevoir le ténor le plus célèbre du moment, Enrico Tamberlinck — l'inventeur du contre-*ut* de poitrine et qui fut celui-là même qui fut à l'origine de la représentation de *La Force du destin* à Saint-Pétersbourg —, et recommandant à son valet de chambre : « Demandez à ce ténor d'accrocher son contre-*ut* au porte-manteau. Il le reprendra en sortant[4]... » ? Par chance, il s'est trouvé de très grands chefs italiens, de Toscanini à Victor De Sabata, et de Carlo Maria Giulini à Riccardo Muti, pour illustrer cette mesure, cette retenue, cette élégance et cette harmonie tant recherchées et prônées par Verdi.

La première, devant un public de quelque quatre mille personnes, ne mobilisa pas moins de deux cent trente musiciens et choristes, plus les quatre solistes : soprano, mezzo-soprano, ténor (Giuseppe Capponi) et basse (Ormondo Maini), sous la baguette exigeante du maître Verdi. Si l'archevêque de Milan céda, c'est aussi grâce à l'intransigeance de Verdi. On n'insistera jamais assez sur le « mauvais caractère » de Giuseppe qui, dès son enfance, sut marquer son territoire et imposer sa vocation et ses choix — de musique comme de vie. Toujours bataillant et braillant, et pas seulement pour des questions de droits d'auteur — dont, néanmoins, il plaçait toujours la barre très haut —, mais aussi et surtout pour la qualité de l'interprétation et ce perfectionnisme musical qu'il imposait au cours d'interminables et harassantes répétitions — si mal supportées, comme on l'a vu, par les musiciens de l'Opéra de Paris. Face à l'opposition initiale de l'Église, il dut lutter aussi contre la municipalité de Milan, majoritairement anticléricale et mal disposée envers ce qu'elle jugeait comme une œuvre intrinsèquement religieuse. Finalement, le *Requiem* fut donné, trois jours plus tard, à la Scala, avec un immense et surprenant succès, qui démontra que l'œuvre de Verdi n'était pas seulement une messe des morts, mais peut-être avant tout une œuvre musicale pour voix et orchestre, et, en quelque sorte, une autre manière de représentation lyrique. Lorsqu'on entend cette musique et ces voix, on se dit qu'on est vraiment sur une scène d'opéra, avec le même jeu conflictuel ou accordé des quatre voix fondamentales du *melodramma* verdien. Aux voix hautes l'espérance et le ciel, aux timbres graves l'évocation des ténèbres et du jugement. Qui ne sent ses cheveux se dresser sur la tête au « *Dies irae* », et qui ne pleure d'émotion à l'apaisement des voix chorales, au « *Libera me* », lorsque l'âme du (des) mort(s) voit s'ouvrir les portes du salut ? Messe des morts, ou plutôt pour un mort — Manzoni — si dévotement aimé, mais aussi et surtout chant de libération. De façon caractéristique, on remarquera que le « *Libera me* », initialement complété par la formule « *de morte aeterna* » (« Libère-moi de la mort éternelle »), se clôt — Verdi gommant en quelque sorte l'accent strictement religieux et chrétien — par la seule répétition de « *Libera me* ». Oui, « libère-moi, libère-moi », et ce sont les dernières notes et la fin du chant.

L'œuvre fut donnée partout dans toute l'Italie, et pas toujours dans un cadre religieux, puisqu'à Ferrare elle fut interprétée dans un stade, anticipant ainsi les célèbres représentations lyriques au Stade de France, ou dans différentes arènes (Vérone, Orange, Massada, etc.). En fait, voulant servir l'humanisme éclairé de l'auteur d'*I promessi sposi*, Verdi réconcilie sa propre vision de l'humain et sa vocation laïque avec le message chrétien. C'est le seul moment dans toute l'œuvre du compositeur où s'exprime, avec tant d'éclat, l'aspiration humaniste coulée dans un moule religieux. Et c'est, bien sûr, un succès colossal, péninsulaire, européen, mondial qui surprit le compositeur lui-même, qui touchait là, dans tous les sens du terme, à son apogée.

Ce *Requiem* si émouvant et si beau peut apparaître enfin comme la propre confession du maître qui, en rendant ce pieux hommage à Manzoni, nous dit aussi ce qu'il entrevoit pour lui, alors qu'il a passé la soixantaine, dans cette confrontation dramatique avec la mort dont il ne sort qu'avec l'apaisement serein et la libération (le Salut ?), confiant en son destin, malgré tous ses caprices, animé d'une foi somme toute chrétienne, mais selon sa propre vision du sacré et sa sensibilité probablement agnostique. Assez en tout cas pour qu'on ait pu, comme tel critique de cette Vienne où l'œuvre fut saluée comme admirable, exprimer ce magnifique éloge : « Comme tant de peintres religieux, Verdi a dessiné sur la toile sainte son propre portrait*. »

Messe des morts ou hymne à la vie ? La vie éternelle, assurément, et les références bibliques et évangéliques nourrissent ce chant commémoratif, qui est dans la tradition chrétienne l'équivalent du *kaddish* dans le judaïsme. Et là comme ici, expression d'un espoir, à travers la glorification du Créateur, et élan de vie dans l'appel à la « libération ». Lorsque Verdi compose sa partition, sa pensée est double : d'une part, il entend rendre hommage à l'écrivain vénéré — et, à travers cet hommage,

* Phrase du critique autrichien Eduard Hanslick, terreur de la critique musicale de son temps, citée par André Tubeuf, *Verdi de vive voix*, *op. cit.*, p. 30.

poser ce débat avec sa propre mort prochaine (il lui reste, en fait, et en raison de sa superbe « mauvaise santé », vingt-sept années à vivre) — et aussi, d'autre part, donner à la femme qu'il aime alors son plus beau rôle : c'est le soprano de Teresa Stolz, en effet, qui portera au plus haut cet espoir de vie et cette libération. Elle est cette voix d'ange recherchée dans les opéras précédents et à venir — notamment dans la Maria de *Simon Boccanegra*. Verdi, qui l'a voulue pour son *Aïda*, en 1871, la réclame à tout prix en 1874 pour son *Requiem*. Certes, il connaissait la Stolz depuis quelques années, mais c'est autour d'*Aïda* que s'est tissé un lien affectif plus intime entre Verdi et son interprète. Verdi est trop grand pour se laisser égratigner par la médisance ou les ragots. On sait avec quelle énergie il avait défendu, bec et ongles, son union adultérine avec Giuseppina, avant de la légitimer par un mariage qu'il avait voulu discret, pour préserver justement en toute circonstance sa vie privée. Il est vrai que Teresa partageait alors la vie du chef Mariani et que cette liaison prit fin précisément au moment d'*Aïda*. Nous savons aussi que la soprano fut invitée à Sant'Agata pour travailler son rôle auprès du maître, et que ce dernier se rendit souvent à Milan pour les besoins de cette représentation à la Scala en rencontrant son premier rôle. Mais la correspondance de Giuseppina laisse évidemment entendre un autre son de cloche. Épouse délaissée, femme frustrée, elle laisse ici et là éclater son amertume, qu'elle confie à l'amie commune du couple, Clara Maffei, en mars 1874 :

Dans quelques jours, Verdi fera encore un voyage à Milan, tandis que moi je resterai à Gênes. [...] Il est vrai que lorsque l'on arrive à un certain âge on vit beaucoup avec ses souvenirs. [...] Hélas ! nous n'avons pas tous la chance de garder intactes l'affection et l'amitié de ceux qui sont encore vivants ! [...] Quant à moi, je vous dirai que, profondément découragée, je ne crois pratiquement plus en rien ni en personne. Après d'aussi cruelles déceptions, je me sens dégoûtée de la vie. [...] Il n'est jusqu'à mes convictions religieuses qui n'aient disparu. Devant les merveilles de la création, je ne parviens plus à croire en Dieu[5] !

La dépression de Giuseppina est liée aux absences de son mari. On a retrouvé un brouillon de lettre, écrite en avril-mai 1875, où elle se plaint à Giuseppe d'être délaissée, sans qu'on sache s'il lut vraiment cette lettre. Mais elle est des plus éclairantes sur l'état d'esprit de l'épouse qui se sent ou se sait trompée :

Je ne sais pas si elle est ou si elle n'est pas. [...] Si elle est... si tu trouves tant de séductions à cette personne, sois franc et dis-le sans me faire subir l'humiliation des attentions excessives que tu lui portes.

Si elle n'est pas... montre-toi plus calme dans ton comportement à son égard, ne t'agite pas comme cela, sois naturel et moins exclusif. Pense parfois que moi, ta femme, méprisant les ragots du passé, je vis en ce moment à trois et que j'ai droit sinon à tes caresses (?), du moins à tes égards. Est-ce trop[6] ?

Les ragots, en effet, allaient bon train, et rien n'est pire, pour une épouse qui a tout fait pour fermer les yeux, que de voir jeter sur la place publique de misérables révélations. La *Rivista indipendente*, une revue racoleuse, osa même écrire :

> Et voici Verdi et Stolz, l'une prétendant adorer le vert [de *verde* à Verdi il n'y a que le glissement d'une voyelle], un vert qui ne l'est plus guère, et l'autre, devenu, à l'inverse de sa réputation, tout petit, retombé en enfance et qui — pauvre petit cœur enamouré — se laisse mener par le bout du nez par Teresina. [...] Madame Strepponi reçut à bras ouverts Stolz, que Verdi lui vantait comme l'interprète par excellence de ses œuvres. Mais, quand la bonne dame s'aperçut que Stolz, non contente d'interpréter les opéras de Verdi, lui dévoilait aussi ses charmes intimes, elle jugea sage de laisser la soprano à la crasse de la scène. Elle se mit alors en colère. Verdi perdit ainsi misérablement la paix en ménage[7].

Cependant, à la fin de la saison, Teresa vint rendre visite à Giuseppe et Giuseppina à Sant'Agata, et les choses s'arrangèrent. Teresa partagea souvent l'intimité du couple, malgré toute la rancœur de Giuseppina qui redoutait constamment d'être tout bonnement abandonnée par son mari. Elles s'arrangèrent d'autant mieux, quelque temps après, lorsque, Teresa, chantant *La Force du destin* au Teatro Apollo de Rome, resta sans voix à l'acte II (la Callas connaîtrait la même mésaventure en ne pouvant chanter l'acte II de *La Norma*, destin inévitable des cantatrices trop célébrées) ; enfin, l'idole aux mignons pieds d'argile fut ébranlée ; elle présenta ses excuses au public, dont il fallut rembourser les places. Teresa Stolz, qui devait chanter par la suite *Aïda*, résilia son contrat. Mais le « ménage à trois », comme l'appelait Giuseppina, se poursuivit encore quelque temps, tant bien que mal, puis Teresa fit ses adieux à la scène en 1877, en chantant une dernière fois, et avec grand succès, le *Requiem* à Saint-Pétersbourg, et sa liaison avec Verdi prit officiellement fin. Mais Teresa reviendra plus tard à Milan, où elle tiendra salon le lundi — un salon « égyptien », avec un décor rappelant son plus grand succès, *Aïda* —, où Verdi sera encore et toujours assidu. Le ménage à trois fonctionnera encore mais, semble-t-il, dans une convivialité cette fois toute amicale, jusqu'à ce que Teresa, à la mort de Giuseppina, vienne enfin s'installer à Sant'Agata en se considérant comme « maîtresse de maison » et soulage l'immense solitude du vieux Verdi, devenu veuf à l'âge de quatre-vingt-cinq ans. Il faudra attendre 1881 pour que Verdi amorce, avec la seconde version de *Simon Boccanegra*, un tournant dans sa prodigieuse carrière de musicien.

Le soleil noir de sa mélancolie : *Simon Boccanegra*

Il mare ! il mare !
*Perché in tuo grembo non trovai la tomba** ?
Simon Boccanegra

Nous touchons ici au crépuscule d'une vie. Trois figures — Boccanegra, Otello, Falstaff — composent les derniers masques du compositeur. Toutes trois marquées du soleil noir de sa mélancolie, même, et surtout, quand elle s'exprime à travers la bouffonnerie et la dérision de la figure de ce « ventru » de Falstaff. En fait, nous avons là trois ouvrages testamentaires. Et le plus caractéristique, à cet égard, reste ce *Simon Boccanegra* que Verdi avait fait représenter à la Fenice le 12 mars 1857. Ce fut un vrai fiasco, au point que Verdi allait se refuser désormais d'écrire pour cet Opéra.

Pour l'heure, Verdi savoure son succès du *Requiem*, donné partout en Europe, avec non seulement la gloire qui s'attache désormais à cette œuvre, mais aussi l'estime de musiciens pourtant

* « La mer ! La mer ! / Pourquoi n'ai-je point trouvé un tombeau dans son sein ? »

fort éloignés de sa manière et de son esthétique. Une figure telle que Brahms, auteur du fameux *Requiem allemand* en 1868, n'hésite pas à écrire à propos de celui de Verdi que « seul le génie peut écrire une telle œuvre[1] ». Verdi semble alors se reposer sur ses lauriers, il voyage beaucoup, il est nommé en 1874 sénateur du royaume d'Italie. Giuseppina et Verdi, qui ont l'habitude de passer l'hiver à Gênes, déménagent du palais Sauli pour louer deux étages et vingt pièces du palais Doria, bien plus fastueux et illustre : il abrita rois et empereurs, de Charles Quint à Philippe II en passant par Bonaparte. Les Verdi s'y installent le 13 novembre 1874.

Après le succès de son *Requiem*, Verdi pensait avoir gagné une retraite bien méritée. Sortant de son refuge pour diriger ici ou là ses ouvrages mis à l'affiche. Et le voilà qui écrit à sa chère Clara Maffei : « Les comptes sont arrêtés[2]. » Le 1er juillet 1876, il exprime à sa chère amie et confidente le même désabusement — qui, à nos yeux, pourrait révéler son état dépressif après la rupture avec sa jeune cantatrice, ce sang neuf qui lui avait, à coup sûr, donné ces « ailes dorées » dont parlaient les Hébreux dans *Nabucco* :

> Ce que je compte faire ? C'est un devoir de composer encore !! dites-vous ? Mais non, et j'ai bel et bien l'intention de ne rien faire. Du reste, à quoi cela servirait-il ? Ce serait inutile et je préfère le rien à l'inutile. Je ne veux faire aucune proposition, dites-vous, mais à quoi a servi tout le mal que je me suis donné ces dernières années[3]... ?

Il soulage alors sa déprime par de nombreux déplacements, veillant aux reprises de ses œuvres en Italie, retournant volontiers à Paris dans ces somptueux « wagons-lits » qu'on venait d'inaugurer en 1876. Il bataille toujours aussi vaillamment contre éditeurs et imprésarios pour réclamer son dû, amasser ses gains, et élargir et moderniser son domaine de Sant'Agata. La musique n'est toutefois pas absente de sa tête enfiévrée, mais il compose alors des pièces de musique sacrée, dans le sillage de son *Requiem* : un *Pater Noster* et un *Ave Maria* qui, à la fin de sa vie, seront complétés par les *Quatri pezzi sacri*, créés à Paris le 7 avril 1898 — dont Carlo Maria Giulini nous a laissé, en 1963, une vibrante interprétation —, nous montrent que Verdi y a versé, il est vrai, en dépit de son anticléricalisme et de son agnosticisme, une touchante et naïve foi, comme la nostalgie d'une enfance.

Verdi va pourtant se laisser circonvenir, puis fléchir, par Giulio Ricordi, son éditeur de musique, dont le père, Tito Ricordi, avait publié en 1839 l'*Oberto*, tirant toute sa fortune et sa gloire de l'édition des partitions de son compositeur fétiche. C'est lui qui a l'idée de lancer Verdi sur un nouvel opéra et, pour ce faire, il replace sur sa route le jeune Arrigo Boito, avec lequel Verdi avait déjà travaillé — on se rappellera l'« hymne des nations » —, sans trop l'apprécier (on connaît la jeunesse turbulente de Boito, qui appartenait à ce groupe de la *scapigliatura* milanaise, des chevelus échevelés humant les *Fleurs du mal* et sapant l'esthétique convenue de leur temps). Mais voilà que ce jeune homme d'alors trente-trois ans lui apporte le livret d'*Otello*, d'après Shakespeare. Le projet séduisit le maître mais il préféra le différer. Il accepta de travailler avec Boito à un autre chantier, en attendant. Et ce sera la refonte complète de *Simon Boccanegra*, et l'effacement à la Scala de Milan, le 24 mars 1881, du fiasco initial.

Le compositeur septuagénaire cherchait, dans la première version de cet opéra, inspiré par le maître espagnol du mélodrame, García Gutiérrez — à qui il avait emprunté, quatre ans plus tôt, son *Trovador* —, à dépasser l'enchaînement lyrique de scènes dramatiques en imposant une ligne mélodique plus proche du théâtre parlé, comme il l'avait déjà tenté, et avec un relatif succès, dans *Macbeth*. De là le parti pris spectaculaire d'un grand nombre de dialogues, soulignés par un commentaire orchestral plus soutenu. Pour le grand chef Claudio Abbado, qui a ressuscité cette œuvre, il y a là un « découpage dramatique par vastes scènes où les airs ne se voient accorder qu'une place réduite[4] ». La révision du livret, qui est le fruit de l'étroite collaboration entre le compositeur et son jeune librettiste, amène à un remaniement profond du deuxième acte, et c'est ce tableau du Sénat où le Doge exhibe une lettre de Pétrarque, recueillie par Verdi lui-même, et qui prône l'entente, l'harmonie et l'unité entre les Italiens — ce qui a toujours été le combat de Giuseppe au long de sa vie et de sa production. Il aurait pu tout aussi bien citer Giuseppe Mazzini, à l'aube du *Risorgimento*, l'un des pères de l'unité italienne, mais il choisit de faire référence à Pétrarque. Le livret initial, qui était l'œuvre de Piave, est donc profondément retouché dans le sens du dépouillement et de l'efficacité dramatique, de telle sorte qu'à partir de cette œuvre mélancolique, par l'habileté de Boito et la grâce de Verdi, nous découvrons un opéra testamentaire où le compositeur a versé son âme et son cœur.

Le prologue précède de vingt ans les trois actes suivants. Sur une scène ténébreuse comme Verdi les affectionne depuis *Oberto*, deux hommes discutent de la prochaine nomination du Doge. Paolo, qui déteste les patriciens, convainc Pietro, capable de mobiliser le peuple, de faire élire Simon Boccanegra, un corsaire qui a triomphé, comme le fera ensuite le « More de Venise », de l'« orgueil musulman » et de la piraterie barbaresque. Nous sommes au XIVe siècle. Boccanegra, homme de la mer, n'a aucune ambition politique et terrestre. Paolo lui fait alors remarquer qu'en accédant à cette dignité il pourra épouser Maria, la fille du noble Fiesco, dont il a eu un enfant, ce pourquoi le père voue à ce jeune marin une haine tenace. Mais voilà que Maria, que son père tient enfermée au palais pour la punir de sa faute, vient de mourir. Boccanegra demande à Fiesco le pardon de sa faute, mais l'autre n'entend le lui accorder que s'il lui rend la fille qu'il a eue de Maria. Hélas ! cette enfant a été enlevée à Simon, qui ignore où elle peut être. Boccanegra entre alors dans le palais et découvre la dépouille de la femme qu'il aime ; au même moment, la foule l'acclame comme nouveau Doge. Rideau. On reconnaît bien là les ficelles et le jeu compliqué du mélodrame espagnol.

L'acte premier se lève sur une belle lumière et l'odeur de la brise marine. Dans le palais des Grimaldi, la jeune Amelia évoque son passé d'orpheline, recueillie par un tuteur qui se fait appeler Andrea et n'est autre que Fiesco. Elle attend l'arrivée de son amoureux, Gabriele Adorno, qui complote contre le Doge aux côtés de Fiesco. Ce dernier accède à la demande de Gabriele d'épouser Amelia, malgré la mésalliance entre une pauvre orpheline et un noble patricien. À la scène suivante, le Doge vient rencontrer Amelia, accompagné de Paolo, qui aime Amelia et la convoite ; le Doge veut plaider pour ce condottiere, mais Amelia en parlant avec Simon lui révèle le secret de sa naissance. Simon découvre alors que c'est sa fille — celle qu'on lui avait enlevée — et que son vrai nom est Maria, comme sa mère. Bonheur complet, comme l'affectionne Verdi qui, dans *Rigoletto*, nous campe aussi le grand amour (et même l'amour fou) d'un père pour sa fille. Du coup, Simon signifie à Paolo qu'il doit renoncer à l'épouser. Si bien que ce dernier, fou de rage, décide de faire enlever Amelia (Maria). Au tableau suivant, nous sommes dans la salle du Conseil du palais ducal, et c'est là que le Doge transmet aux patriciens et plébéiens le message de Pétrarque prêchant la paix entre Gênes et Venise, les deux cités rivales. Surgit Gabriele, l'épée ensanglantée ; il vient de tuer celui qui tentait d'enlever Amelia, et il accuse Simon d'être l'instigateur de l'enlèvement. Tout comme dans *Rigoletto*, on croit que le père est l'amant ou le prétendant de la fille. Amelia s'interpose et accuse Paolo sans le nommer. Peuple et patriciens s'affrontent, et Verdi écrit alors le plus bel air (« *Plebe ! Patrizi !* ») de Simon qui, en digne héritier de Pétrarque — mais l'on entend les mots de Mazzini et de sa *Giovine Italia* —, prêche la paix et l'unité de tous. Puis, comprenant que Paolo est le coupable, il maudit ce dernier et, en l'obligeant à répéter ses paroles, le contraint à se maudire lui-même. Ce qu'il fait en s'écriant, à deux reprises : « *Orrore ! Orrore !* » Et dans le même mouvement que le bouffon Rigoletto, à l'acte suivant Paolo revient sur l'horreur de cette malédiction. Pour se venger, il verse du poison dans le carafon du salon du Doge. En même temps, il incite Fiesco, qui vient d'entrer, à tuer Simon par le fer, ce que le noble refuse au nom de l'honneur. Paolo cherche alors à convaincre Gabriele de perpétrer cet assassinat en lui faisant croire que Simon est l'amant d'Amelia. Celle-ci entre alors et le rassure sur sa pureté, sans toutefois lui révéler son secret. Et voilà, pour finir, qu'entre le Doge, tandis que les autres disparaissent. Amelia dit à son père qu'elle aime Gabriele, qui pourtant complote contre lui, mais Simon, dans son excès d'amour pour sa fille, consent à cette union et pardonne à Gabriele sa rébellion. Puis, fatigué, il boit du vin de la coupe empoisonnée et en sent tout aussitôt les effets. Il s'endort, et voilà qu'entre à nouveau Gabriele qui veut frapper Simon, et c'est seulement à ce moment, au sommet de la tension dramatique, que Boccanegra lui apprend qu'Amelia est, en fait, sa fille. Stupeur et tremblement. Le Doge promet à Gabriele la main de Maria. Et, une nouvelle émeute éclatant dehors, il demande au jeune noble d'aller calmer la foule.

Au troisième acte, dans la même salle du palais, on apprend que l'émeute a été jugulée, et que le mariage des deux amoureux va être célébré. On mène alors Paolo ligoté sur les lieux de son exécution ; il révèle à Fiesco que Boccanegra a été empoisonné par ses soins et qu'il ne tardera pas à mourir. Fiesco, horrifié — l'horreur étant l'un des moteurs de ce mélodrame —, voit Simon se traîner à la fenêtre pour respirer un peu l'air de la mer, cette mer qu'il a tant aimée. Celui-ci rappelle à Fiesco la promesse qu'il lui avait faite, vingt ans plus tôt, de lui pardonner s'il lui ramenait sa petite-fille : or Amelia n'est autre que la fille de Maria. Ce qui met fin à la haine, et, tandis que tout le monde s'embrasse, le Doge, en bénissant l'union de sa fille avec l'homme qu'elle aime, expire en nommant Gabriele Adorno nouveau doge de Venise. Rideau.

On se trouve confronté à la lecture de ce résumé à de bien improbables et horrifiantes situations, mais l'art de Verdi, par une musique d'une rare beauté et dans une grande continuité harmonique, permet d'accepter ces invraisemblances. Nous sommes saisis par les grands thèmes de cet opéra, qui renvoient à toute l'œuvre de Verdi : l'amour entre un père et sa fille, les amants appartenant à deux milieux opposés, la guerre des clans, la jalousie (qui trouvera son épanouissement prochain dans *Otello*), la vengeance et l'âme noire d'un Paolo qui est l'exact antécédent de Jago. Et, par-dessus tout, la mélancolie, la nostalgie de la mer et du monde de la liberté, l'immense tristesse du vieux Doge où Verdi a versé ses propres sentiments et ses blessures intimes. Verdi s'exprime également à travers le personnage du vieux Fiesco, qui a perdu sa fille Maria, et récupère à la fin de l'opéra sa petite-fille Maria, l'homonymie des prénoms accentuant le lien de filiation. On peut, certes, penser à Giuseppe Verdi perdant sa propre fille Virginia, à l'âge d'un an et quatre mois, et qu'il aimait bercer en lui chantant une berceuse de sa composition : « *Mia Virginia, sei tu sola* », et puis, resté sans descendance, adoptant une autre fille en la personne de Filomena, devenue Maria (précisément), sa petite-cousine, petite-fille de son oncle, qu'il devait toujours considérer comme sa propre fille, jusqu'à en faire sa légataire universelle. Lorsque Fiesco serre dans ses bras sa petite-fille retrouvée, les larmes qu'il verse sont celles de Verdi.

Cette œuvre montre bien aussi le passage de cette mélancolie toute verdienne et bien romantique des débuts du compositeur — et qui se manifeste aussi bien dans le chœur des Hébreux de *Nabucco* que dans la plainte de Violetta qui souffre et meurt si jeune — à un pessimisme radical qui est celui de la vieillesse désabusée. Et elle s'exprime dans les paroles de Fiesco, d'autant plus fortes qu'elles sont reprises par le chœur :

Ogni letizia in terra
E menzognero incanto ;
D'interminato pianto
Fonte è l'umano cor.*
[...]
Si, — piange, è ver,
Ognor la creatura ;
S'avvolge la natura
*In manto di dolor** !*

Certes le livret est de Boito, mais comment ne pas rapprocher ces phrases des propres confessions de Verdi, et de cette sorte de dépression permanente qu'il a promenée probablement depuis la mort de Margherita et des petits Icilio et Virginia, « l'âme déchirée par les malheurs qui [l']avaient accablé[5] » ? La partition de *Simon Boccanegra* est particulièrement sombre, sauf dans les séquences amoureuses entre Amelia et Gabriele. Elle s'achève sur « un glas pianissimo*** » — toujours ce même « *ppp* » qui caractérisait aussi la fin d'*Aïda* —, mais, passé le prologue peuplé d'intrigue et du flot précipité de paroles introduisant le drame, l'acte premier s'ouvre sur une sorte d'évocation maritime, précé-

* « Toute joie sur la terre / est un charme mensonger ; / le cœur humain est source / de larmes infinies » (*Simon Boccanegra, L'Avant-scène Opéra*, traduit de l'italien par Gilles de Van, janvier-février 1979, p. 90). La traduction en français de tous les extraits de cet opéra est issue de ce numéro.

** « Oui, c'est vrai, la créature humaine / ne cesse de pleurer ; / la nature s'enveloppe / d'un manteau de douleur ! » (*ibid.*).

*** L'expression est de Michel Orcel, dont on ne saurait assez vanter l'excellence de son *Verdi, la vie, le mélodrame* (Grasset, 2001) : « L'opéra, qui s'ouvre sur la houle mystérieuse des cordes et s'achève, comme un corps qui sombre, sur un glas pianissimo, suggère invinciblement l'image d'une immense et obscure nappe où brillent ici et là quelques rares reflets lumineux » (p. 317-318).

dant un lever de rideau sur un balcon dominant la mer — peut-être semblable à la terrasse du palais Doria de Gênes d'où Verdi contemplait « la mer, la mer toujours recommencée » — et le chant bucolique d'Amelia. Ce prélude, où les trilles des violons rivalisent avec la plainte de la clarinette et la mélancolie du hautbois, fait forcément penser au Debussy de *La Mer* et annonce clairement la note impressionniste que Verdi invente pour nos oreilles. Il n'est que de s'en remettre au commentaire du plus averti des critiques, Claudio Abbado, qui ressuscita cet opéra à la tête de l'orchestre de la Scala en 1978 (dans une mise en scène légendaire de Giorgio Strehler, avec le Doge Cappuccilli, le Fiesco de Ghiaurov, la Freni en Amelia, José Carreras, magnifique Gabriele, et le superbe José Van Dam qui donne là toute sa dimension au rôle de Paolo, jugé à tort comme secondaire, et qu'il chante déjà comme un Jago des plus malfaisants) :

> Le Prélude à l'acte I représente une des pages les plus modernes de Verdi : il y a déjà là de petites pointes d'impressionnisme. Toutes les subtiles touches instrumentales concourent à rendre perceptibles les bruissements de la nature. Les trilles des violons et la légèreté aérienne du mouvement des bois suggèrent l'atmosphère d'un jardin au matin... [...] Debussy aurait aimé cette page[6].

Plus encore dans l'avant-dernière scène de l'opéra, quand Simon entre en scène, le corps plein de poison et les tempes brûlantes, et chante sa nostalgie de la mer où il a passé sa vie de corsaire :

M'ardon la tempia... un'altra vampa sento
Serpeggiar per le vene... Ah ! ch'io respiri
L'aura beata del libero cielo
Oh, refrigerio !... La marina brezza !...
Il mare !... il mare !... quale in rimirarlo
Di glorie e di sublimi rapimenti
Mi s'affaccian ricordi ! il mar... il mar !...
*Ah ! Perché in suo grembo non trovai la tomba** *?...*

La musique suit de très près ces paroles et l'on peut même entendre, dans le tremblement des violons, le friselis de cette bise marine. Et nous avons alors ce commentaire éclairé du chef Abbado :

Avec ces trémolos, Verdi suscite véritablement l'idée de la « marina brezza » ; au bout de cinq mesures, le chant du Doge s'unit à la partie supérieure de ces trémolos : « Oh refrigerio ! la marina brezza ! », sur le dernier mot duquel commence le trille de la flûte qui durera pendant tout le 6/8 suivant où les violoncelles en sixtes unis aux bassons, aux clarinettes, et à Simon, chantent cette mélodie de la mer [...], le mouvement incessant du tournoiement chromatique autour du *sol* aux altos recréant le mouvement de l'onde avec une alternance *la* bémol—*la* bécarre qui rend sensible l'humeur de la mer [...], musique irrésistiblement suggestive[7].

N'oublions pas ce chant de la mer, nous le retrouverons à l'ouverture d'*Otello*, mais dans un

* « Mes tempes sont brûlantes... Je sens une flamme noire / serpenter dans mes veines... Ah, puissé-je respirer / le souffle bienheureux des vents du libre ciel !... / Oh, quelle fraîcheur !... La brise marine !... / La mer !... la mer !... comme en la contemplant / des souvenirs de gloires et d'extases sublimes / remontent jusqu'à moi ! La mer !... La mer !... / Ah ! que n'ai-je trouvé une tombe en son sein ?... » (*Simon Boccanegra, L'Avant-scène Opéra, op. cit.*, p. 83).

registre plus ample et contrasté. Après la paix funèbre qui accompagne le Doge dans sa mort et un rideau qui tombe, comme dans *Aïda*, sur un *pace* murmuré en double « *pp* », nous assisterons, presque aussitôt, au lever de rideau le plus sonore et tempétueux de toute l'histoire de la musique, parallèlement aux tempêtes wagnériennes : si *Simon Boccanegra* se noie dans la mort et la mer qui le vit, naguère, triompher de l'*african pirata**, Otello surgira de la mer, ruisselant d'écume dans le fracas des flots. Le corsaire meurt, le pirate naît, et à l'esprit pacifique du premier va succéder la violence guerrière et meurtrière du second.

* Simon Boccanegra est défini d'emblée comme « le héros qui a chassé de nos mers le pirate africain » (*Simon Boccanegra, op. cit.*, p. 21).

Otello : le naufrage de l'amour fou

*Tutto è fumo ! tutto è fuoco** !

Otello

Noël 1881 : les Verdi, qui passent comme de coutume l'hiver dans leur magnifique palais Doria, à Gênes, reçoivent de la part de l'éditeur Giulio Ricordi le traditionnel *panettone di Natale*, mais surmonté d'une figurine en chocolat. Ce à quoi Giuseppina, qui faisait volontiers office de secrétaire du compositeur, répondit :

> J'ignore si Verdi viendra à l'Hôtel Milan [la Scala] mais, quant à cuire le chocolat relatif à l'Hôtel, si le bois ne fait pas défaut, il lui manque la volonté d'y mettre le feu... et même s'il en a une petite envie, celle-ci s'évapore quand interviennent certaines considérations comme, par exemple, les travaux des champs, les avocats, le procès pour obtenir des droits d'adduction d'eau. Ce sont peut-être là de légères pressions mais, même de loin, elles restent des pressions. On comprend que celui qui lui a écrit ne le connaît pas ; Verdi affirme qu'il a soixante-huit ans et qu'après avoir tant travaillé, il se croit le droit de « jouir des invalides » [en français dans le texte].

* « Tout est fumée, tout est feu. »

Laissons l'eau couler sur la pente et qui sait si, un jour ou l'autre, sans le presser, il ne nous présentera pas son nouveau-né[1]...

Le projet « chocolat » était en marche. Une marche qui allait durer cinq ans, et, à chaque Noël, marquée par le traditionnel *panettone* surmonté de la figurine noire en chocolat adressé par Ricordi. Mais tout était parti d'un quiproquo. Il est ici question d'Othello, le personnage du jaloux shakespearien, à la peau noire, qui tue par jalousie sa belle femme aux cheveux blond vénitien. Verdi rêvait depuis longtemps de faire un opéra avec *Le Roi Lear*, ce qui n'aboutit jamais, sauf à considérer les rapports père-fille, si constants dans ses dernières œuvres, comme une réminiscence shakespearienne ou un hommage au vieux roi fou, et à cet amour fou pour sa fille Cordelia. Shakespeare dans l'acte premier de son *Othello*, rend compte de cet amour — contrarié — du vieux roi Brabantio pour Desdémone, qui se laisse enlever par le More et veut aimer ce rude guerrier à la peau brune. Aussi lorsque Ricordi, relayé par Boito, parle de la tragédie de Shakespeare à Verdi, ce dernier, qui, depuis *Macbeth*, rêve d'adapter en musique une nouvelle œuvre du dramaturge anglais, est immédiatement séduit, tout en apportant quelques bémols à son enthousiasme, ce dont fait état Giuseppina : son âge et sa fatigue, sa vocation de campagnard et paysan, ses affaires et leurs tracasseries avocassières...

Le nouvel an fut fêté à Gênes, où les Verdi avaient invité Teresa Stolz, qui avait recouvré les bonnes grâces de Giuseppina, ainsi que Muzio, le fidèle factotum de Verdi, depuis les temps anciens de son installation à Milan, et qui s'apprêtait à monter à Paris pour s'occuper des affaires de son ami et maître. Muzio était chargé de tenter de récupérer les droits d'auteur dus à Verdi par les héritiers de Léon Escudier, le directeur du Théâtre-Italien de Paris, qui avait programmé les nombreuses adaptations en français des opéras de Verdi, qui venait de mourir, en cette année 1881 — et dont la succession s'annonçait des plus compliquées, Ricordi voulant racheter les droits. Bien que Giuseppe ait alors déclaré ne pas trop se soucier de ce nouvel opéra, *Otello*, lui que la réécriture de *Simon Boccanegra* avait épuisé, il demande à cette époque à son ami le peintre napolitain Domenico Morelli de lui adresser quelques esquisses des personnages d'*Otello*, dont Boito a déjà imaginé le livret — peut-être est-il déjà écrit à la fin de 1880. Parmi celles-ci, une image le frappe, celle représentant Jago comme un homme quelconque, discret, avec un air d'honnête homme, ainsi qu'il l'imaginait pour son opéra qu'il voulait d'ailleurs intituler *Jago* ; ce n'est que vers 1885 que Verdi allait trancher pour *Otello*, écrivant notamment, et en français, à son nouvel éditeur parisien, Alphonse Leduc :

> Mon *Othello* (pas *Jago*) n'est pas fini. C'est vrai que vers la fin de l'hiver dernier passé, et au commencement de l'automne, j'y ai beaucoup travaillé, mais il y manque bien des choses pour compléter la partition, et je ne pourrais pas vous dire si et quand je me remettrai au travail[2]...

Il faudra espérer encore un an, pendant lequel il aura fait attendre tout le monde et se complaira au mystère — mais peut-être se sentait-il, en effet, contraint ou inhibé par ses diverses tâches et aussi son âge avancé de soixante-treize ans —, pour qu'il annonce enfin à son librettiste et complice Arrigo Boito, le 1er novembre 1886, sur un ton de triomphe, comme en tapant des mains de façon enfantine :

> C'est fini. Bravo pour nous... et pour *Lui* aussi. Salut[3] !

Ce « Lui » est, évidemment, Shakespeare, à qui Verdi tient à rendre grâce, malgré les — ou à cause des — nombreuses mutilations opérées sur son texte : tout le premier acte a été supprimé, et la concision du dernier contraste avec le discours dispendieux du drame shakespearien. La dimension homosexuelle de la relation entre Othello et Jago, que certains critiques ont pu discerner dans le drame de Shakespeare, est complètement évacuée. Le caractère plus démoniaque du Jago verdien est l'héritier du Paolo de *Simon Boccanegra*, que le compositeur vient de re-brosser et qui est déjà le méchant absolu, héritier du précédent Wurm de *Luisa Miller*. Disons, par parenthèse, une nouvelle fois, que les psychanalystes s'en sont donné à cœur joie dans les diverses analyses des opéras verdiens, en insistant sur le thème incestueux dans les relations père-fille, sur le thème œdipien aussi, ou encore sur le thème homosexuel dans les rapports entre ténor et baryton avec la culmination du couple Carlos-Posa. Or justement, dans *Otello*, le célèbre duo entre Otello et Jago, où ils jurent de se venger de la trahison de Desdémone, est tout sauf un accord fraternel, le mari jaloux comptant sur son homme de main et confident pour mener à bien sa vengeance, et Jago escomptant aussi, par ses fourberies, mettre à bas ce More détesté. On retiendra l'analyse éclairante de Michel Orcel qui voit plutôt dans ce couple-là un double étouffement où « le More ne tue par suffocation la douce Desdémone que parce qu'il a d'abord été pris et asphyxié lui-même dans le filet de Jago[4] ».

Le 5 février 1887, le Teatro alla Scala de Milan est pris d'assaut par la foule. C'est un triomphe, peut-être le plus grand de toute la carrière de Giuseppe. À chaque fin d'acte, Verdi dut monter sur scène sous les acclamations, et le dernier acte donna lieu à un véritable délire, avec plusieurs dizaines de rappels ; à la sortie, la foule entoura le carrosse du compositeur, dételа les chevaux pour prendre leur place et le traîner jusqu'au Grand Hôtel, et là, il fallut encore que Verdi apparaisse au balcon et que, pour calmer la foule qui ne voulait pas se disperser, le ténor Tamagno, dont la voix électrisa d'emblée le public, reprenne le célèbre « *Esultate !* » initial. Ce triomphe allait être durable et partout, dans toute l'Italie, la foule vibra. Peut-être aussi parce qu'elle retrouvait là, sans que le compositeur et son librettiste y aient mis la moindre intention, la veine patriotique du compositeur. Car, en entendant d'entrée de jeu Otello déclarer qu'il a « enseveli dans la mer l'orgueil musulman », comment les Italiens n'auraient-ils pas rattaché ce cri de victoire à l'humiliation ressentie en Abyssinie au désastre de Dogali ? Les troupes italiennes avaient été défaites par le Négus, appuyé par la France et le général Boulanger, avec près de cinq cents morts, le 1er février 1887, soit cinq jours à peine avant la représentation de l'opéra. Leurs cris, cette hystérie lors du spectacle étaient à la mesure de la défaite de la politique étrangère du pays. Une fois de plus, comme au temps de *Nabucco* et d'*Ernani*, Verdi incarnait la plus haute figure de l'identité italienne. Haute figure du *Risorgimento* dans les années 1850, le Verdi d'*Otello* devenait *ipso facto* un mythe. Il était devenu toute l'Italie.

Il n'empêche. Verdi, qui fut jeune mélancolique et romantique éploré, était devenu un vieillard taciturne, et quelque peu désabusé. Au lendemain du triomphe d'*Otello*, il confiait, sans nulle complaisance ni faux orgueil :

> Oh ! la gloire, la gloire ! J'aimais tant la solitude en compagnie d'Otello et de Desdemona ! Maintenant la foule, toujours avide de nouveauté, me les a pris et ne me laisse plus que le souvenir de nos entretiens secrets, de notre chère intimité passée[5].

Qu'en est-il donc de cette intimité et de cet opéra ? Il convient de le résumer ici en l'analysant. On ne peut rêver lever de rideau plus fracassant.

L'orchestre donne en plein des cymbales et des cuivres : c'est la tempête, avec vent et tonnerre. L'opéra commence sans préambule ni ouverture. C'est un début, comme toujours, *in media res*, en plein milieu de l'action, comme si le compositeur s'était jeté à l'eau ! Jamais aucun musicien n'avait osé pareille entrée en scène. Dans le déchaînement instrumental, le public recule comme pour se mettre à l'abri et éviter les paquets de pluie et d'écume. Le premier mot, lancé par le chœur, et qui vient directement de Shakespeare est « *Una vela* » (« Une voile »). Le mot est répété dans le fracas orchestral, suivi de « *Un vessillo* », qui désigne le pavillon marquant le navire, après quoi, tout aussi tumultueusement, le chœur des soldats identifie la nef roulant dans les vagues : « C'est le Lion ailé. » Venise est là, luttant contre les tempêtes, et le vaisseau du chef tantôt « *s'affonda* » (« plonge »), tantôt « *s'inciela* » (« s'élance vers le ciel »), et le chœur, lui-même luttant de la voix contre l'impérieux concert des cuivres et cymbales, commente la vision dramatique : « *Lampi ! tuoni ! gorghi ! turbi tempestosi e fulmini !* » (« Éclairs ! tonnerres ! tourbillons ! tornades tempêtueuses et foudres ! »). Et le commentaire se poursuit au rythme de l'ouragan jusqu'à culminer sur « *I titanici oricalchi squillano nel ciel* » (« Les titanesques trompes retentissent dans le ciel »). La foule est épouvantée, le navire va-t-il sombrer ? Et son chef avec lui ? On entend alors, au premier plan de la foule, le commentaire de Jago : « Que le lit mouvant de la mer soit son tombeau ! », tout aussitôt contrarié par le commentaire enthousiaste des présents : « *È salvo ! è salvo !* » ; Otello est sauf et surgit, ruisselant d'écume et triomphant dans ce qui n'est plus ni aria ni caballette mais cri puissant dans l'extrême aigu :

> *Esultate ! L'orgoglio musulmano*
> *Sepolto è in mar, nostra e del ciel è gloria !*
> *Dopo l'armi lo vinse l'uragano**.

Après l'éclat victorieux d'« *Esultate* » avec l'accent sur le *a*, en *mi* dièse, qui fait ouvrir grand la bouche et une note tenue, solaire, triomphante, c'est sur le mot *uragano*** que le ténor hausse sa voix, et cette voyelle profonde — *ou* — porte l'accent jusqu'au *si* naturel (un ton avant le contre-*ut*), c'est un air de vaillance par excellence et beaucoup échouent, jusqu'à se casser la voix, en chantant cette note juchée dans un aigu d'autant plus difficile qu'il porte sur un son qui, dans le triangle vocalique, se situe au plus bas des cordes vocales et en étranglement. On a, au mieux, un accroc de la voix, au pire, un couac. On comprend davantage l'effet sur le public de ce Tamagno qui passait pour avoir un aigu solaire et triomphant.

Mais, à l'opposé de ce triomphe dans l'aigu, nous avons entendu, alors que le vaisseau se débattait dans la tempête, l'imprécation de Jago : que cette

* « Exultez ! L'orgueil musulman / Est enseveli dans la mer, nôtre et du ciel est la gloire ! / Après les armes l'a vaincu l'ouragan. »

** *Uragano* est ce qu'on appelle un proparoxyton, c'est-à-dire un mot accentué sur la 3e syllabe en partant de la fin.

mer soit son tombeau ! À qui s'adresse-t-il en disant cela ? À Roderigo, un gentilhomme vénitien, amoureux malheureux de Desdémone, et qui rêve de supplanter le More dans le cœur de celle qu'il aime. C'est ce à quoi s'emploiera son « ami » Jago en lançant aussitôt sa machination pour abattre ce chef dont il est l'enseigne faussement soumis et amical et qu'il déteste de toutes ses fibres. Il choisit alors Cassio, lieutenant d'Otello, comme moteur de sa ruse et, au cours d'un *brindisi* comme en aime tant Verdi, mais ici marqué d'un sceau négatif (à l'inverse de celui de *La Traviata*) —, et comme saura aussi s'en souvenir Mascagni, en disciple accompli, dans son *Cavalleria rusticana* —, il pousse à boire le jeune amoureux, en sachant bien qu'il ne tient pas l'alcool. Un mot de trop et les épées surgiront, tandis que Jago fait donner la foule et le tumulte, tirant Otello de son repos du guerrier. Cassio est dégradé et Jago promu auprès de lui. Première victoire. Aussitôt après, tout le monde ayant vidé la place, nous assistons au duo d'amour entre Desdemona et Otello, où, dans un raccourci étonnant qui permet à Boito de reprendre le contenu de ce fameux acte premier supprimé de la pièce de Shakespeare, le librettiste mêle le passé de chacun d'eux et le présent que leur promettent, semble-t-il, leur première nuit d'amour (la chose est plus nette chez Shakespeare, où Othello dit bien que, s'il a enlevé Desdémone à son père, il a respecté sa vertu) et la splendeur de Vénus. Leur amour est défini — en un chant croisé — par cette phrase emblématique : « Tu m'aimais (je t'aimais) pour mes (tes) malheurs et je t'aimais (tu m'aimais) pour ta (ma) pitié. » Desdemona aime en Otello le guerrier, l'esclave africain affranchi, l'homme à la peau noire, et Otello aime en elle sa blondeur, sa douceur, l'image d'un paradis promis. Et la scène culmine sur ce baiser échangé : « *Un bacio... ancora un bacio.* » Cette phrase musicale sublime reviendra à la fin aux lèvres d'Otello penché sur la dépouille de sa Desdemona, mais dans une forme inversée : « *Un bacio... un bacio ancora...* », comme si la scène se réfléchissait en miroir, comme s'il fallait refermer l'éventail amoureux.

Le deuxième acte est celui de Jago préparant sa toile maléfique. Jouant auprès de Cassio l'entremetteur : que Desdemona plaide sa cause auprès d'Otello et il sera rétabli dans son grade. Alors qu'à Otello il fera valoir que Cassio fut et reste amoureux — amant — de Desdemona, avec un tel machiavélisme que plus le premier ressort est activé — le plaidoyer de Desdemona en faveur de Cassio — et plus Otello est persuadé de la faute de son épouse adultère. L'âme noire de Jago se dévoile pleinement dans cette trouvaille de Boito qui a inventé le « *Credo* » diabolique de ce personnage, auquel Verdi prête une musique d'une stupéfiante originalité, loin des arias, et dans le dramatisme d'un « récitatif chantant » bien plus efficace que les airs habituels (comme ceux que nous connaissons des divers Méphisto opératiques). À rebours de toute croyance chrétienne, Jago affirme croire « en un Dieu cruel » et se définit comme un être « vil... et scélérat » ; sa proclamation démoniaque fait du juste un imbécile, du croyant un idiot, et, quant à l'existence *post mortem* et tout ce qui l'entoure, il s'écrie en concluant sur un éclat de rire sardonique, comme un défi lancé au Ciel et à Dieu : « *È vecchia fola il Ciel* » (« C'est une vieille fable que le Ciel[6] »). Cet air ou ce moment qui ouvre la scène 2 de l'acte II est au centre de l'opéra et commande tout ce qui suit. Verdi et Boito abattent là leur jeu, qui est tout à fait original dans la mesure où ce texte n'existe pas chez Shakespeare. En revanche, on peut trouver quelque réminiscence de son *Hamlet*, dans la rêverie démoniaque de Jago s'écriant, à l'instar du prince de Danemark — « Mourir… dormir… c'est tout… dormir… rêver peut-être » — : « Vient après tant de dérision la Mort. / Et puis… La Mort est le Néant » (« *La Morte è il Nulla* »). Avec dans la déclamation musicale un intense temps de silence, brisé tout soudain par l'éclat des cuivres et le défi à Dieu et au Ciel. L'effet est des plus saisissants. C'est le seul moment où le personnage dévoile son âme noire. Car, ensuite, il se fera cajoleur et gentil, aimable et prévenant, cachant bien son noir dessein qui est d'abattre Otello. Il est essentiel, pour cela, que ce rôle ne soit jamais joué, ou surjoué, en traître de mélodrame (comme c'est encore parfois le cas, confondant Jago et Méphistophélès), c'est pourquoi Verdi insistait pour que son Jago ait l'air d'être un honnête homme. Car nous seuls, le public, connaissons, grâce à ce « *Credo* », l'âme noire que cache ce visage quelconque.

Et voilà que Cassio parle avec Desdemona au

fond du jardin quand Otello entre et converse avec Jago. Celui-ci, très subtilement, par des propos innocents, introduit alors dans l'âme de son maître le doute sur les relations de son épouse avec le lieutenant déchu. Tout en le mettant en garde, fielleusement, contre la terrible chose qu'est la jalousie :

> *Temete, signor, la gelosia !*
> *È un 'idra fosca, livida, cieca, col suo veleno*
> *Sè stessa attosca, vivida piaga le squarcia il seno**.

Pour donner le temps au venin de la jalousie de pénétrer le cœur d'Otello, la scène est interrompue par l'arrivée de femmes et d'enfants venus offrir des fleurs à Desdemona, mais le suspense a agi et, lorsque cette dernière demande à Otello de se montrer clément envers Cassio, le mari désormais jaloux se met en colère, et, comme sa femme veut essuyer son front irrité avec son mouchoir, il le lui arrache et le jette à terre. Après quoi Jago bataille avec son épouse Emilia, dame de compagnie de Desdemona, qui vient de ramasser le mouchoir à terre, et il lui arrache de force ce qui va devenir la pièce à conviction et le détonateur de la folie meurtrière d'Otello. Ce mot de *fazzoletto* (dans la version française, « le mouchoir », quelle platitude !), répété jusqu'au délire par Otello, sera la marque extérieure et vocale de sa folie. Mais pour l'heure, avec un sens très sûr de la progression dramatique,

* « Craignez, seigneur, la jalousie ! / C'est une hydre ténébreuse, / maligne, aveugle, de son venin / Elle s'empoisonne elle-même, une plaie vive lui déchire le sein. »

Verdi et Boito ménagent quelque attente. Et tandis qu'Otello s'affaisse, accablé, en murmurant, déjà : « *Desdemona rea* » (« Desdemona coupable »), Jago hardiment tisse sa toile en inventant tout bonnement les paroles d'amour que Cassio aurait, d'après lui, murmuré dans son sommeil : « Suave Desdemona ! que notre amour se cache. Veillons avec prudence ! L'extase du ciel m'inonde tout entier. » Et comme si ce n'était pas suffisant, Jago poursuit le rêve éveillé qu'il prête à Cassio en y glissant sa propre haine pour Otello : « Je maudis le destin cruel qui t'a donnée au More », tout en se défaussant traîtreusement : « Je n'ai raconté qu'un songe. » Et comme l'autre réclame une preuve plus tangible, alors Jago évoque ce mouchoir de Desdemona qui serait entre les mains de Cassio. Aussitôt l'orchestre verdien se déchaîne, le taureau a foncé sur le chiffon rouge — le fameux *fazzoletto* —, Otello rugit de colère, comme blessé au cou sous la pique sanglante du picador. Verdi a noté ici sur la partition « *Allegro agitato* ». Et c'est le fameux rugissement — qu'on entend aussi dans la gorge d'Orson Welles dans le film qu'il a tiré du drame shakespearien : « *Sangue ! sangue ! sangue !* » Et ce commentaire qui reprend la métaphore filée de la jalousie : « Dans ses anneaux de serpent l'hydre m'étreint. » Le mari jaloux et le délateur se dressent comme un seul homme, et leur duo paroxystique s'achève sur un « *Dio vindicator* » (« Dieu vengeur »), qui promet à l'acte suivant la pire des forfaitures.

On se demandera, peut-être, ce qui distingue enfin l'opéra du drame élisabéthain : la musique, précisément. L'acte III se lève donc sur un prélude musical auquel la critique a unanimement applaudi. Verdi reprend dans cette petite symphonie les phrases musicales qui ont marqué la progression de l'hydre et il nous les remet en tête pour qu'on suive pareillement le cheminement douloureux de la jalousie tempétueuse sous le crâne d'Otello. Quand le rideau se lève, on annonce l'arrivée à Chypre des ambassadeurs vénitiens, mais Jago est déjà au flanc d'Otello et lui annonce qu'il va attirer Cassio et l'amener à avouer son forfait, tandis qu'Otello, lui, aura en charge de piéger sa femme, et, pour bien amorcer le mouvement, il lâche le mot fatal, qui va courir comme le furet tout au long de cet acte décisif : *fazzoletto* — le mouchoir. Desdemona, innocente et pure, revient à la charge en demandant la grâce de Cassio, « ton meilleur ami », ajoute-t-elle. Et Otello, averti par Jago, se met à transpirer et réclame à Desdemona le mouchoir qu'il lui avait offert — et qu'elle ne peut plus produire (puisque Jago l'a arraché des mains de sa femme Emilia, pour aller le glisser, comme preuve fatale, dans l'appartement de Cassio). Le crescendo musical se produit sur ce mot trois fois répété — rugi — par le mari jaloux jusqu'à l'hystérie : « *Il fazzoletto !* » Verdi utilise très peu de notes pour chanter ce mot, nulle mélodie, nulle aria, nous sommes là dans la tragédie, et la musique n'est là que pour intensifier le cri. Cuivres, bois graves et timbales ponctuent *piano* l'échange du couple, l'épouse qui ne comprend rien et croit encore à quelque badinerie tandis que le mari jaloux écume. La trame shakespearienne se déroule alors, très fidèlement. Desdemona sortie, Cassio entre avec Jago, tandis qu'Otello se dissimule derrière un rideau : Jago amène l'innocent Cassio à prononcer le nom de Desdemona, puis à rire d'un ton badin lorsque l'autre, à voix basse, l'incite à parler de sa maîtresse Bianca — tandis qu'Otello se méprend et croit que son « rival » rit de lui —, et enfin, portant l'estocade, Jago lui fait tirer de son pourpoint le fameux mouchoir que l'autre a trouvé et dont il ne connaît l'origine. Il n'en faut pas plus, et, lorsque enfin l'ambassadeur de Venise entre en scène et tend à Otello le parchemin du Doge qui lui signifie son retour à Venise et la nomination de Cassio pour le remplacer à Chypre, Otello perd complètement contenance, il précipite Desdemona à terre, et, dès lors que tout le monde est sorti, en pleine confusion, Otello perd connaissance et s'écroule : Jago, dans un jeu de scène significatif, pose alors son pied sur la poitrine du chef évanoui en criant victoire : « *Ecco il leone !* » Et c'est donc ça le lion, cette victime pitoyable qui est à mes pieds, tout cela traduit dans un fracas lointain des cuivres.

Le dernier acte, en parfait contraste, conforme à l'art consommé du musicien, est un modèle de dépouillement. Boito, il est vrai, a su élaguer tout ce que le texte shakespearien avait d'explicatif et de pléthorique. L'acte entier tourne autour du lit où sera consommé le meurtre, tel qu'il fut suggéré à Otello par Jago : il devra étrangler l'épouse infidèle de ses propres mains : « *val meglio soffocarla, là nel suo letto, là, dove ha pecatto* » (« il vaut mieux l'étouffer, là dans son lit, là, où elle a péché »). La musique est retenue, juste quelques accords feutrés, et leur enchaînement subtil et souple. Desdemona chante alors cette chanson du saule, qui est dans Shakespeare, mais dont les paroles ont été ramenées par Boito à l'essentiel : elle aimait un homme seul qui l'abandonna et le saule accompagna ses pleurs, culminant sur la phrase : « Il était né pour sa gloire, moi pour l'aimer ! » La musique est d'une extrême tristesse. Desdemona enchaîne en murmurant alors un *Ave Maria* tenu sur un *mi* grave, d'un effet funèbre saisissant : c'est la prière de celle qui va mourir. On le comprend d'autant mieux que cette pieuse oraison chrétienne s'achève sur « *nell'ora de la morte* » (« à l'heure de notre mort »).

Desdemona s'est endormie. On entend le silence, relayé bientôt par les contrebasses sur leurs plus basses notes : Otello entre dans la chambre. Il ne dit rien — contrairement à l'Othello shakespearien —, il s'approche de Desdemona et lui donne trois baisers, comme au premier acte ; le troisième la réveille. C'est le dernier moment de tendresse, une tendresse qui a freiné, fugacement, la fureur d'Otello. Mais dès les premières répliques, il prononce l'arrêt : « *uccider* » (« tuer »). Desdemona a beau clamer son innocence, Otello répondra par un « *No !* » répété trois fois — chiffre récurrent du drame — en finissant par répéter : « *È tardi !* » Elle meurt, le mouvement se précipite, l'orchestre s'emballe. Boito et Verdi concluent à la hâte : Emilia révèle la fausseté de la preuve du *fazzoletto*,

Cassio vient confirmer la machination, Desdemona sort de son agonie pour redire son innocence, Jago jette le masque et fuit, Otello, au comble du désespoir, se poignarde et tombe sur le corps mort de son épouse en clamant son amour et murmurant ce qui apparaît finalement comme le leitmotiv de l'opéra et de l'impossible amour : « *un altro bacio* » (« un autre baiser »). Et nous retrouvons ce style propre à Verdi qui clôt ses opéras à la hâte. Et comme dans *Simon Boccanegra* et dans *Aïda*, c'est *pianissimo* que tout s'achève, et ici dans une harmonie en *do* majeur qui dit la sérénité de la mort, devenue ici réunion — retrouvaille — amoureuse de deux êtres qui se sont tant aimés et sont morts, assurément, de cet excès d'amour.

Qui peut imaginer le délire du public assistant pour la première fois à cet opéra, si dense, si ramassé, si passionnel, que la critique reconnaît unanimement comme le chef-d'œuvre de Verdi ? Ce dernier, qui savait tout ce qu'il devait à Boito, ce jeune homme plein de vigueur et d'intelligence, et qui avait, par amour pour le maître, sacrifié son propre talent de compositeur (notamment de l'appréciable *Mefistofele*, dont il reste quelques airs précieux, et d'un *Nerone* posthume) pour se mettre au service du plus grand musicien de l'Italie. Car c'est bien la conjonction du génie Verdi et du talent de Boito qui a produit une œuvre aussi accomplie et qui, plus d'un siècle après, nous saisit tout autant, nous subjugue et nous éblouit : jamais l'amour fou n'a donné lieu à pareille mise en scène, si efficace que nous sommes emportés de bout en bout comme dans un tourbillon sans un seul moment pour reprendre souffle.

Les mois et les années qui suivent verront Verdi jouir de son triomphe. Ses œuvres sont données dans toute l'Italie, dans toute l'Europe, dans le monde entier, notamment à Buenos Aires où vivent tant d'immigrés italiens et donc fous d'opéra, au Metropolitan de New York en 1892, à Cuba ou au Brésil. Et au théâtre du Châtelet à Paris en 1910 sous la direction d'Arturo Toscanini, qui se trouvait déjà dans la fosse d'orchestre pour la première d'*Otello* à la Scala, au pupitre du violoncelle...

Falstaff : la mort du jongleur

Tutto nel mondo è burla[*].

Falstaff

Il est alors entendu que Verdi est devenu un mythe vivant. En 1889, cela fait cinquante ans qu'il a débuté, avec cet *Oberto*, créé en 1839, son coup d'essai et son coup de maître. Ricordi, son marchand de musique, et Arrigo Boito voudraient fêter le jubilé du maître, mais celui-ci refuse ce qu'il considère comme un enterrement prématuré. Tout en prétendant que sa carrière s'est achevée avec *Otello*, il n'entend pas pour autant renoncer à la musique. Il ne suspendra sa main et ses notes que quelques semaines avant sa mort. Déjà les successeurs se pressent. Mascagni, qu'il croit alors le plus doué, Leoncavallo, et surtout Puccini qui, seul, saura relever le gant au XXe siècle et qui approchera sa gloire, sans jamais l'égaler. Car ce que représente Verdi c'est toute l'Italie. Il est celui qui a accompagné la gestation de l'Italie unifiée au

[*] « Le monde est une plaisanterie. »

long du XIXe siècle. Il est sans égal et au-dessus de tous. Il est devenu un mythe, et le blason de l'Italie. Et lorsque le roi voulut le nommer marquis de Busseto et que Verdi refusa — pour toutes sortes de raisons dont la rancœur qu'il avait toujours éprouvée envers cette ville qui avait si mal accueilli sa liaison avec Giuseppina —, le souverain sut l'admettre : en vérité, c'était Verdi, qui était roi d'Italie.

La collaboration avec Arrigo Boito n'en continue pas moins. Ils avaient de longues conversations, Boito fréquentait le refuge de Sant'Agata où Verdi passait alors le plus clair de son temps, sans pour autant renoncer à écrire des notes — malgré ce qu'il en dit. N'avait-il pas répondu au maire de Milan qui l'encourageait à composer un nouvel opéra, après le triomphe d'*Otello* à la Scala : « Ma longue carrière est désormais terminée[1] » ? Et voilà que Boito a l'idée d'esquisser une adaptation des *Joyeuses Commères de Windsor*, de Shakespeare, comédie sur laquelle l'attention de Verdi avait déjà été attirée après avoir assisté en 1849 à Milan à l'opéra-comique qu'en avait tiré Otto Nicolai — considéré comme le chef-d'œuvre du compositeur allemand. Mais l'originalité de Boito, assisté de Verdi, est d'être allé repêcher la figure bouffonne et même tragique de Sir John Falstaff des pièces *Henri IV* et *Henry V*. La lettre de Giuseppe à Arrigo, le 6 juillet 1889, en fait foi :

Excellent ! Excellent ! Avant de lire votre esquisse, j'ai voulu relire *Les Joyeuses Commères*, les deux parties d'*Henri IV* et d'*Henri V* ; et je ne peux que répéter : Excellent, car personne n'aurait pu mieux faire ce que vous avez fait[2].

Ils vont donc travailler de concert un livret original, inspiré des trois pièces de Shakespeare, *Les Joyeuses Commères de Windsor*, œuvre de commande du grand Shakespeare, pouvant apparaître comme une comédie mineure, et peut-être mal ficelée. C'est pourquoi les deux complices veulent renforcer la figure de Sir John en allant puiser aux deux drames du roi Henry une épaisseur psychologique qui fait de Falstaff un personnage tout à la fois bouffon et tragique, par le regard désabusé qu'il va porter sur la vie. Et leur collaboration est si étroite que Verdi souffle à Boito quelques répliques et aménagements de rimes, et que Boito donne à Verdi quelques indications musicales utiles. C'est même lui qui souffle à Verdi la forme que doit prendre le final : une fugue. Nous y reviendrons.

Verdi travaille donc à sa partition avec une fièvre et une constance étonnante chez un homme qui approche les quatre-vingts ans. Il trace ses premières notes pendant l'été 1889, achève le premier acte au printemps 1890 et finit l'ouvrage en 1891 ; puis il s'emploie à l'orchestration de son opéra — tâche ô combien délicate et difficile — en 1892. En somme, trois bonnes années de gestation, ce qui était jusqu'ici inhabituel chez le compositeur. Sans doute savait-il qu'il signait là son testament. On a retrouvé entre les pages du livret de l'opéra une note manuscrite de Verdi, où il reprend à son compte le propre texte de son personnage, moins truculent que pathétique dans son monologue :

> Va, va, vieux John,
> Suis ton chemin
> Tant que tu le peux,
> Divertissante figure de fripon,
> Éternellement vrai
> Sous des masques divers
> En tout temps, en tout lieu,
> Va, va, marche, marche,
> Adieu[3] !

Falstaff est donné le 9 févier 1893 à la Scala de Milan. Immense succès devant un parterre de personnalités et de têtes couronnées. C'est la seconde et dernière apothéose du vieux Verdi. Il est fait citoyen d'honneur de la ville de Milan. L'année suivante, en avril 1894, Verdi prend encore une fois le chemin de Paris pour superviser la version française de son *Fastaff*, avec le nécessaire ballet à la française, dont la première eut lieu le 18 avril à l'Opéra-Comique. Verdi revient encore une fois à Paris pour une représentation le 12 octobre, à l'issue de laquelle le président de la République lui remet les insignes de grand-croix de la Légion d'honneur, et Verdi en est si fier qu'il fait figurer ce titre sur les affiches des représentations d'opéra qui ont suivi.

Le rideau de l'opéra se lève sur un décor d'auberge. Il n'y a pas d'ouverture ni d'annonce, seulement quelques accords de l'orchestre, très vifs et *fortissimo*. Tout l'acte est emporté dans un flot musical *allegro*, continu et alerte. Il s'agit pour le compositeur de camper son personnage de Falstaff, un aristocrate qui vit en pension dans cette taverne de la Jarretière où nous le voyons, tout d'abord, cacheter deux lettres. Il est commodément assis dans un fauteuil, les jambes étalées, le ventre rebondi, avec un air de grande suffisance. L'atmosphère est éthylique, des bouteilles de vin jonchent le sol. Entre tout aussitôt le docteur Cajus, interpellant le gros bonhomme affalé, et il se plaint de l'irruption chez lui, l'autre jour, de Falstaff qui, après avoir battu ses domestiques, lui aurait dérobé un cheval ; et, de plus, il se plaint d'avoir été enivré par les valets de Falstaff qui lui auraient vidé les poches. Pour toute réponse, Falstaff le fait jeter dehors. Le dialogue de cette scène est époustouflant de vivacité, avec une accumulation de répliques courtes ponctuées d'accords musicaux tranchants, et l'on entend cet échange : « *Gonzo ! — Pezzente ! — Bestia ! — Can ! — Vil ! — Spauracchio ! — Gnomo !* » (« Nigaud ! Gueux ! Animal ! Chien ! Vil individu ! Épouvantail ! Gnome[4] ! »). Le thème central est celui de l'argent, qui vient à manquer à la bourse dispendieuse de Sir John Falstaff. Ses deux valets, Bardolfo et Pistola, lui coûtent cher, d'où cette initiative d'écrire deux lettres à deux belles et bonnes bourgeoises de Windsor, afin de les séduire et, ce faisant, de regarnir sa bourse et d'emplir sa panse exigeante : Alice Ford et Meg Page. Il demande à ses valets d'aller porter ces missives, ce que ces derniers refusent en invoquant le code de l'honneur qui leur interdirait cette entremise malhonnête, et, dans cette atmosphère de bouffonnerie, Falstaff se lance alors dans un discours picaresque sur le thème de l'honneur, qui est l'un des morceaux de bravoure de l'opéra :

L'Onore...
Che onor ! Che ciancia !
Che baia !...
Una parola...
C'è dell aria che vola.
Bel costrutto !*

Le désabusement de Verdi s'accorde bien ici à l'esprit fort de Boito, l'ancien jeune « échevelé ». Après quoi, ce premier acte se termine en pantalonnade digne de Guignol, Falstaff chassant ses valets à grands coups de balai. Nous avons d'emblée un ton qui est celui de la dérision. Il ne s'agit plus de savoir si Shakespeare l'a voulu, malgré le célèbre « *Words, words, words*[5]... » (« Des mots, des mots, des mots... ») de Hamlet, ni même si Boito l'a écrit en tirant ces amères considérations d'une tempête sous son crâne. Il semble évident que Verdi est là, présent avec ses propres mots et la pensée d'un homme revenu de tout ; avec son âge et sa vision détrompée de toute chose. Le vieillard a choisi de démolir cet univers autour de lui en en riant, en se moquant des valeurs et du code moral qui a tant régi les mœurs de ses contemporains. Dont cet honneur au nom duquel le sacrifice de Violetta avait été exigé par Germont.

* « L'honneur... / Quel honneur ! Quelle blague ! / Quelle rigolade !... / Un mot... / De l'air qui s'envole. / Belle affaire ! »

Sans parler de l'honneur d'Oberto, bafoué par l'outrage fait à sa fille. Les énormes trilles de l'orchestre, soulignant notamment la réplique « *Che baia !* » (« Quelle rigolade ! »), nous font entendre le rire énorme de Verdi secouant le gros ventre de Falstaff. Ce regard, nouveau et par là même déconcertant, nous est confirmé par les — presque — dernières paroles de Verdi. Alors qu'après l'assassinat du roi Umberto Ier, le 20 juillet 1900, la reine avait écrit une prière en souvenir de son époux et qu'une amie de celle-ci priait Verdi de la mettre en musique, ce dernier répondit à la comtesse Negroni le 16 août 1900 — et donc cinq mois avant sa mort :

> Tous les médecins et les féroces infirmières
> me conseillent sévèrement
> De ne rien faire
> De ne penser à rien
> De ne m'occuper de rien
> De ne jamais jamais jamais m'irriter
> Que le monde s'écroule[6] !

Falstaff n'est plus seulement un spectacle, une production musicale, un effet de manche du grand compositeur, mais, en vérité, un testament.

Au deuxième tableau de l'acte I, les joyeuses commères apparaissent enfin, dans le jardin des Ford, et Meg, accompagnée de Mrs Quickly, son amie, montre à Alice Ford et à sa fille Nannetta la lettre qu'elle a reçue de Falstaff ; et voilà qu'Alice exhibe la sienne, en tout point identique. Se gaussant l'une et l'autre de l'emphase et de la pompe des propos amoureux du séducteur décati, phrases soulignées par l'alternance d'un cor anglais dans le grave et d'une clarinette mutine, elles éclatent d'un rire constamment surligné par les coups d'archet de l'orchestre et quelques clochettes de piccolo. En réalité, nous entendons là, non pas quelque musique de cour anglaise, mais une tarentelle napolitaine, et nos quatre commères caquettent à l'unisson sur le dos de ce « cachalot glouton » (« *vorace balena* »). Là-dessus entrent les hommes, manifestant plus qu'elles leur fureur à l'encontre de Falstaff, le docteur Cajus, Bardolfo et Pistola éclairant Ford, le mari d'Alice, sur la noirceur d'âme du vil séducteur, et la belle paire de cornes qui menace d'orner son front s'il laisse faire ce Falstaff. Verdi et son public sentent alors qu'ils ont besoin d'un peu d'air pur : c'est là que se place le duo d'amour entre Nannetta et son prétendant, le jeune Fenton, souligné par les flûtes qui prolongent leurs notes aiguës comme un baiser, tout cela avec une extrême légèreté qui est, chez le vieux compositeur, comme un rappel rafraîchissant de sa propre jeunesse, signifiée par ce proverbe terminal dans la bouche de Fenton : « *Bocca baciata non perde ventura* » (« Bouche baisée heur point ne perd »). Lorsque Fenton réclame de Nannetta « *Due baci* » (« Deux baisers »), on ne peut s'empêcher d'entendre, comme en écho, Otello réclamer aussi « *Un bacio... ancora un bacio !* » (« Un baiser... encore un baiser ! »), mais ici dans une tonalité toute primesautière, par l'effet musical des *pizzicati*. Ce duo d'amour est immédiatement suivi du retour des commères, qui exposent leur plan et échafaudent une plaisante vengeance : il suffira d'attirer Falstaff chez les Ford en jouant d'un rendez-vous galant que lui fixera Alice ; parallèlement, les hommes ourdissent aussi leur plan : Ford se présentera chez Falstaff sous un faux nom et le prendra donc au piège. Tout ce petit monde s'esclaffe à la promesse d'une telle farce, et la musique, étourdissante, fait claquer ses accents moqueurs et précipités sur la chute du rideau.

L'acte II nous ramène à l'auberge de la Giarrettiera, Falstaff, affalé dans un fauteuil, savoure sa bouteille de Xérès, et ses deux valets sont revenus vers leur maître, en faisant repentance, ce qui donne lieu à un de ces proverbes dont est truffé le livret de Boito : « *L'uomo ritorna al vizio, la gatta al lardo*... » (« L'homme retourne au vice, la chatte au lard... ») Tout aussitôt apparaît Mrs Quickly, multipliant les « *reverenza* », tout comme dans *Le Barbier de Séville* Rossini fait se confondre en saluts et révérences bouffonnes son Lindor. Elle confie à Falstaff que son amie Alice se meurt d'amour pour lui et qu'elle l'attend « entre deux et trois » (« *Dalle due alle tre* ») — phrase plusieurs fois répétée et qui prend alors une coloration des plus drôles, perçue, peut-être, comme un écho au fameux « *Mille e tre* » du catalogue des conquêtes amoureuses du Don Giovanni de Mozart. Sitôt que ce « Mercure-femelle » (« *Mercurio-femina* ») s'en est allé, Falstaff entonne cet air qui, apparemment, est celui du Don Juan qu'il est toujours, quoique vieilli :

Va, vecchio John, va, va per la tua via.
Questa tua vecchia carne ancora spreme
Qualche dolcezza a te
Tutte le donne ammutinate insieme
Si dannano per me !
Buon corpo di Sir John, ch'io nutro e sazio,
*Va, tin ringrazio** !

Toute la mélancolie de Verdi, tous ses regrets pour une jeunesse envolée s'expriment dans ce texte emblématique, que le compositeur devait récrire de sa main et glisser, comme on l'a vu, dans sa propre partition de l'opéra-bouffe. Une mélancolie qui se renforce lorsque Sir John Falstaff entrevoit, au deuxième tableau, la possibilité d'aimer à nouveau et qu'il déclare sa flamme à Alice Ford :

Quand'ero paggio
Del Duca di Norfolk ero sottile,
Ero un miraggio
Vago, leggero, gentile, gentile,
Quello era il tempo del mio verde Aprile,
Quello era il tempo del mio lieto Maggio,
Tant'ero smilzo, flessibile e snello
*Che avrei guizzato attraverso un anello***.

* « Va vieux John, va par ton chemin. / De cette vieille chair pour toi s'exprime encore / Quelque douceur. / Tout le sexe en émoi / Veut se damner pour moi ! / Bon vieux corps de Sir John que le vieux vin restaure, Je suis content de toi ! » (*in,* Jean Cabourg, *Guide des opéras de Verdi*, traduit de l'italien par Paul Solanges et Arrigo Boito, Fayard, 1990, p. 1196).

** « Quand j'étais page / Du Sire de Norfolk, j'étais / Si mince que je flottais, / Diaphane mirage, / Porté par la brise volage / J'étais alors à l'aube du bel âge, / J'étais un frêle et fluet damoiseau ; / j'aurais pu me glisser à travers un anneau / Quand j'étais page » (*ibid.*, p. 1206).

Giuseppe fut assurément ce jeune homme mince et ambitieux, plein de fougue amoureuse, même si les paroles de cette déclaration sont de Boito, qui sait si bien rendre, là, comme ailleurs, la truculence et la verdeur de Shakespeare, en particulier dans cette phrase éloquemment érotique et coquine — et qui fait rougir Alice — : « *avrei guizzato attraverso un anello* ». Et voilà que ces promesses amoureuses tournent court avec l'arrivée inopinée du mari — qui a pourtant bien une tête de cornard, avec sa bourgeoisie suffisante, ses rondeurs doucereuses et son maniérisme. Le voilà fouillant toute la pièce à la recherche du galant qui menace son honneur d'époux. Les commères font alors entrer — avec difficulté — le gros Falstaff dans un panier de linge sale, qui finira dans les eaux de la Tamise pour la plus grande humiliation de ce Don Juan déchu et le plus grand bonheur des commères et des bonshommes. L'acte se termine donc sur un éclat de rire général et la farce est consommée.

Comment alors faire rebondir l'action et proposer un troisième acte ? Le compositeur et son librettiste en avaient bien conscience, et voyaient clairement les insuffisances de la comédie badine quelque peu bâclée de Shakespeare. D'où le recours à la féerie, à une magie qui aura d'autant plus à voir avec le propre état d'esprit de Verdi, qui a souvent sollicité, dans un contexte dramatique, le merveilleux et le surnaturel — comme le chœur des sorcières et l'apparition du fantôme dans *Macbeth*. De prime abord, le troisième acte, avec un prélude significatif qui baigne la scène littéralement dans les eaux tumultueuses du fleuve où a chu Falstaff, nous suggère bien le gros corps de ce dernier pataugeant dans la boue, et le voilà d'emblée sur scène, se lamentant sur la misère humaine et sa propre calamité : « *Mondo ladro ! Mondo rubaldo !* » (« Monde voleur ! Monde scélérat ! ») lâche-t-il, et il enfonce le clou : « *Reo mondo !* » (« Méchant monde ! »), réplique qu'il répétera encore, au comble du désabusement, en enchaînant à nouveau sur la phrase qui résume le mieux la résignation à sa vieillesse et à sa déchéance : « *Va, vecchio John, va, va per la tua via.* » Tout cela nous entraîne vers une tonalité qui serait tragique sans l'irruption de Mrs Quickly et son inévitable *Reverenza* déridant l'atmosphère. Voilà la joyeuse commère mettant en place la fin comique — ou plutôt grotesque — du bonhomme Falstaff, en amplifiant la farce, de fort mauvais goût, qui a clôturé l'acte précédent. Et alors même que Falstaff, complètement revenu de ses illusions et séchant ses guêtres embourbées, lui lance, truculent et amer : « J'en ai plein les bottes ! J'en ai plein les tripes ("*le budella*") ! », l'autre commère lui confie que toute la faute en revient à ses maudits valets et qu'Alice se meurt d'amour pour lui. Et voilà, elle l'attend à minuit dans le « parc royal », mais il devra se travestir en « *Cacciatore nero* », en chasseur noir. Le deuxième tableau nous transporte, donc, dans le parc de Windsor. Tout aussitôt le temps — et le tempo — se ralentit, le compositeur, qui avait jusqu'ici mené un train d'enfer, veut nous envelopper de poésie, qui est là encore l'expression de sa mélancolie et d'une nostalgie, car le vieux John sera roulé dans la farine, afin d'admettre à tout jamais qu'il n'est plus l'homme de la situation, ce mâle avantageux qui, naguère, accompagnait le futur Henry V dans ses frasques nocturnes et ses dérèglements. La petite Nannetta, parée en Reine des Fées, a droit à une aria délicieuse, qui est aussi le morceau de bravoure de la soprano : « *Sul fil d'un soffio etesio* » (« Sur le fil d'un souffle étésien ») — et notons ici que l'étésien est un vent estival méditerranéen, totalement étranger au cadre anglais de la scène, mais qu'importe ! —, tissant des « *parole alluminate di puro argento e d'or* » (« des paroles enluminées de pur argent et d'or »), dans un accompagnement musical où les cordes déroulent comme de douces vagues berçant le rêve du vieux compositeur qui voit ici, magiquement, défiler sa jeunesse sous les traits purs et charmants d'une belle jeune fille, indéfiniment reculée dans son passé de séducteur, quand — laissons-nous porter par ce rêve — il était aux pieds de telle cantatrice dont il s'éprenait de la voix, cette voix qu'il modulait et modelait dans de sublimes notes. Et laissons-nous porter par ce chant dont Boito lui-même, dans la version française, traduit ainsi les paroles :

Essaim de la nuit brune,
Glissez sur les soupirs de l'air ;
Le bois frémit, le ciel est clair,
C'est l'aube de la lune.
En danse ! Et comme un rêve harmonieux passons,

Entrelaçant la ronde aux vers de nos chansons.
[...]
Offrons nos chants d'extase aux floraisons nocturnes,
Tandis que leur parfum dort au fond de leurs urnes.
Formons le mot du charme avec de blancs jasmins :
Paroles d'or, germez sous nos magiques mains.
Paroles d'or greffées
Sur le fond des couleurs.
Enchantement[7].

Le monde boueux, calamiteux, coupable de laideur et de méchanceté où se débattait initialement Falstaff laisse ici place au bonheur d'une jeunesse comme suspendue dans l'éther, et dans l'irréalité, comme peut l'être un rêve heureux. C'est le miracle auquel parviennent la musique de Giuseppe et le poème d'Arrigo. Pendant ce temps, Falstaff se cache le visage dans les mains, se tapit au sol, sent sa dernière heure venir — d'ailleurs, la scénographie aime à glisser ici, parmi les masques, le squelette grimaçant de Dame la Mort —, et voilà que tous ces esprits, ces fantômes, ces lutins se précipitent sur lui et le rossent à l'envi, dans un fracas musical qui est bien effrayant, voire terrifiant. Sauf que le masque de Bardolfo a glissé dans l'action, et Falstaff, le découvrant, voit bien qu'on s'est joué de lui une fois de plus. La farce se poursuit sur l'autre registre, celui de Sir John Ford, qui entend marier sa fille Nannetta au vieux docteur Cajus, sauf qu'à la faveur des masques et de ce carnaval monté de toutes pièces pour abuser Falstaff, c'est le promoteur lui-même qui sera berné : croyant marier sa fille au barbon, il unit en réalité Cajus à

Bardolfo dissimulé sous ses voiles de fiancée, et, simultanément, un autre couple s'étant présenté pour bénéficier de la bénédiction de ce « bourgeois gentilhomme », voilà que Ford bénit conjointement sa fille et le jeune et beau Fenton. Mais le rire éclate lorsque les masques tombent, et tout le monde veut bien admettre que la tromperie générale est communicative et ravageuse, mais que cela ne vaut pas le coup d'en faire un drame — comme Verdi en a tant commis dans ses œuvres antérieures. Il est alors temps de conclure, et Verdi, pour ce faire, invente une extraordinaire fugue musicale en *ut* majeur, où chacun répète à qui mieux mieux et en variations musicales que « *tutto nel mondo è burla* », ce qui précipite le rythme de l'opéra dans une parfaite bouffonnerie. Le monde n'est qu'une farce dont il convient de rire, et des rosseurs comme du rossé rira bien qui rira le dernier :

Tutto nel mondo è burla...
Ma ride ben chi ride
*La risata final**.

Cet opéra est joué souvent comme une clownerie, ce qui ne semble pas correspondre entièrement à l'esprit des auteurs. En profondeur, Verdi, avec la complicité de Boito, y a tout mis de lui. C'est pourquoi il avait applaudi avec tant d'enthousiasme, malgré son âge et sa fatigue, à l'idée de faire cet opéra. C'est un autoportrait, à l'évidence.

* « Le monde est une farce... / Mais rit bien qui rit / l'éclat de rire final. »

Falstaff, c'est lui. Tout comme on a pu le dire aussi du *Falstaff* d'Orson Welles, si personnel, dans l'héritage de *Citizen Kane*, et si grave aussi sous l'enflure et le grotesque. Le *Falstaff* de Verdi est pétillant, virevoltant, dynamique et fou, mais il y a toujours, sous le rire, un grand désabusement, de la nostalgie, certes, et aussi une certaine amertume. Le registre comique va jusqu'à la dérision. On rit, alors qu'on pourrait en pleurer. Car finalement, si tout n'est qu'une immense farce, alors plus rien n'a d'importance, et l'on aboutit à cette indifférence face aux choses de la vie qui est, probablement, l'état d'esprit de l'octogénaire qui assiste à ce spectacle qu'il a conçu à son image.

Au-delà de ces considérations, la modernité de cet opéra saute aux yeux. La tradition du *bel canto*, déjà fortement dépassée par les œuvres antérieures du compositeur, est ici totalement balayée. Nous avons là un opéra où la prouesse vocale n'est plus de mise, où les chanteurs sont des acteurs qui parlent en musique, et l'opéra se développe en un *continuum* musical sans nulle rupture, pas même la brisure des applaudissements du public à la fin des numéros comme cela se pratique encore sur certaines scènes, car il n'y a plus ici, vraiment, d'airs ou de cabalettes. Verdi a franchi un pas, si bien qu'un critique averti tel que Jacques Bourgeois n'hésite pas à affirmer : « *Falstaff* est le premier opéra moderne[8]. »

Et maintenant, que dire et que faire ? Boito, qui a trente ans de moins que Verdi, a quelques velléités de poursuivre cette collaboration. Il songe à une adaptation d'*Antoine et Cléopâtre*, de Shakespeare, et aussi à une remise à plat du projet du sempiternel *Roi Lear* qui aura toute sa vie obsédé Verdi sans qu'il puisse réaliser ce rêve, cet impossible rêve. Verdi en restera là, d'autant qu'il s'est complètement investi dans cet opéra ultime, une œuvre testamentaire. Qu'aurait-il pu dire ou faire de plus ? Il se met en retrait, plus encore, en retraite, et c'est alors qu'il songe à une fondation. Il achète un terrain à la périphérie de Milan et demande à Camillo Boito, le frère d'Arrigo, qui est non seulement le talentueux écrivain auteur de ce *Senso* qui inspirera à Luchino Visconti l'un de ses meilleurs films — sur le climat politique du *Risorgimento*, avec cet air du *Trouvère* en lever de rideau —, mais aussi architecte, de concevoir un édifice qui sera une maison de retraite pour les vieux artistes : la *Casa di riposo per musicisti*, la « Maison de repos pour musiciens ». Dans son testament, il léguera à sa fondation la totalité de ses droits d'auteur.

Mais Verdi voyage encore un peu : il est à Paris au printemps 1894 pour la première de son *Falstaff* en français, sur des paroles écrites conjointement par Arrigo Boito et Paul Solanges — grand traducteur de l'italien et librettiste talentueux, notamment de *La Gioconda*, de Ponchielli en version française. Et il y retourne à l'automne de la même année pour la représentation d'*Otello* dans la version française d'Arrigo Boito et Camille du Locle, le librettiste du *Don Carlos* parisien. Et puis le patriarche se retire sur ses terres. Il y composera ses *Pezzi sacri*, sa dernière œuvre, dans un esprit de religiosité qui est, peut-être, une façon pour lui d'aborder dans la sérénité sa prochaine disparition. Ne déclare-t-il pas alors qu'il vient de finir son *Te Deum* : « Que ce *Te Deum* soit placé sous ma tête quand je mourrai. Avec ce chant de gloire, je retournerai à Dieu pour implorer sa clémence[9]. » Cependant, c'est Giuseppina qui va partir d'abord. Ses dernières années la voient maigrir et dépérir. En août 1897, elle est atteinte d'une bronchite qui entame définitivement ses dernières forces. Une ultime pneumonie, l'hiver qui suit, lui est fatale et elle s'éteint le 14 novembre 1897. Elle est enterrée au *Cimitero Monumentale* de Milan, où Verdi avait peu avant acheté deux concessions. La fidèle et vieille amoureuse Teresa Stolz — maintenant âgée de soixante-trois ans — accourt aussitôt à Milan. Elle ne quittera plus son ami de toujours, jusqu'à sa mort, un peu plus de trois ans plus tard. Verdi sera donc entouré de deux femmes, si l'on ajoute la présence prévenante et affectueuse de sa fille adoptive, Filomena Maria Verdi Carrara. Les *Quatri pezzi sacri* seront créés à Paris, grâce à l'entremise amicale d'Arrigo Boito, mais Giuseppe, trop vieux et trop las, ne pourra pas se déplacer. Cependant, lorsque la partition sera créée à Milan, sous la baguette du jeune Toscanini, le compositeur sera encore assez vaillant pour veiller à la bonne interprétation, quoique sans assister à la représentation, et Arturo Toscanini recueillera de précieuses indications qui feront de lui, par la suite, le plus grand chef verdien de l'Histoire.

Désormais, Verdi ne quitte plus Sant'Agata, sauf en décembre 1899, pour signer à Milan l'acte de fondation de sa « Maison de repos ». Une année plus tard, il retourne à Milan mais ne peut plus quitter sa chambre d'hôtel, ses forces l'abandonnent, il a d'abord une attaque, puis son cœur le lâche et il meurt le 27 janvier 1901. Il sera enterré aux côtés de sa femme, Giuseppina. Fort modestement. Mais trente jours plus tard, par décret gouvernemental, les deux dépouilles sont transférées à la « Maison de repos » de Milan, et enterrées dans la crypte. La cérémonie du 27 février est aussi grandiose qu'une scène des grands opéras historiques de Verdi : plus de huit cents choristes, accompagnés par l'orchestre de la Scala dirigé par Toscanini, chantent sur le parcours, devant trois cent mille Milanais, le plus emblématique des hymnes verdiens : le « *Va pensiero* », de *Nabucco*. Un hommage national était ainsi rendu à la plus haute figure du *Risorgimento*.

Verdi, la voix de l'Italie

*Gli arredi festivi giù cadan infranti**.

Nabucco

Au XXe siècle et en ce début du XXIe siècle, Giuseppe Verdi demeure toujours le compositeur le plus joué. Pas de théâtre ici ou là, de par le monde, qui ne mette à l'affiche, *Aïda*, Rigoletto ou *La Traviata*. Lorsque le théâtre de l'Opéra, en province, fonctionnait encore avec des troupes sédentaires plus quelques grandes voix en tournée, on pouvait dans l'année, chaque saison, applaudir à quatre ou cinq opéras de Verdi. Aujourd'hui, les arènes (Vérone, Orange, le Stade de France ou Massada en Israël) programment les opéras les plus spectaculaires de Verdi, du *Trouvère* à *Otello* en passant par *Aïda*. On redécouvre aussi les premières œuvres, comme *Oberto*. Son *Requiem* fait partie des grandes partitions pour orchestre, solistes et chœurs.

Le grand dramaturge George Bernard Shaw nous a laissé sur Verdi ce témoignage éclairant et

* « Que tombent, brisés, les ornements de fête. »

une opinion fort juste à laquelle nous ne pouvons que souscrire :

> Verdi a échangé les excès de ses qualités contre la sagesse nécessaire pour combler ses défauts ; sa faiblesse a disparu en même temps que son excédent de force et il est maintenant, dans sa compétence digne de respect, le plus grand des compositeurs dramatiques vivants. Il est rare que la force d'un homme soit si considérable qu'il puisse rester toujours un athlète une fois qu'il a troqué, dans sa vieillesse, la moitié de sa force, en échange de l'expérience ; mais la chose arrive de temps en temps, et dans le cas de Verdi elle ne devrait pas nous surprendre, surtout pas ceux qui, il y a longtemps..., avaient discerné en lui un homme doué d'une puissance créatrice intarissable, et qui certainement ne pourrait se contenter des formes d'opéra vétustes imposées par les circonstances[1].

Mais, au-delà du plaisir musical, Verdi, qui fut à la musique ce que Manzoni fut à la littérature dans la période fiévreuse, ardente et constructrice du *Risorgimento,* apparaît comme le symbole le plus vivace de l'Italie. Tout dernièrement, à Rome, en 2011, la représentation de *Nabucco*, sous la baguette du grand Riccardo Muti, a donné lieu à une manifestation de foule : le chœur des Hébreux fut bissé, le chef d'orchestre y alla de son petit discours défendant, en pleine crise politique, cette culture comme un trésor, à conserver au nom de sa patrie, et accusant le pouvoir d'assassiner l'âme italienne, de mettre en péril ce si beau pays ; après quoi, se levant comme un seul homme et, avec tout le chœur, le chef d'orchestre tourné vers la salle et battant la mesure, le public romain chanta à pleins poumons ce qui ne peut apparaître, en définitive, que comme l'hymne véritable du pays. Verdi voulait écrire un hymne pour sa patrie, celle de Cavour et de Garibaldi, de Mazzini et de Manzoni, mais, dans la tourmente politique et en raison des rivalités, ne put faire aboutir son projet. Pourtant c'est bien cet air de *Nabucco*, mondialement connu et célébré, qui est devenu le chant patriotique des Italiens, leur référence, leur signe de ralliement. Au-delà de l'Italie, cet air des Hébreux, chantant leur pays perdu et nourris d'espoir dans l'élan prophétique, est aussi devenu un chant mobilisateur pour tous. Et qui ne cesse jamais de saisir d'émotion et de faire monter les larmes. En vérité, Verdi a fait couler plus de larmes — et de larmes de bonheur — que tout l'Opéra de tous les pays et de tous les temps. C'est pourquoi l'on peut dire, enfin, que Verdi est probablement la plus grande et la plus belle figure musicale de notre modernité.

ANNEXES

REPÈRES CHRONOLOGIQUES

1813. Naissance de Joseph-Fortunin-François (Giuseppe) Verdi à Le Roncole, commune de Busseto, dans la plaine du Pô, alors sous juridiction française. Carlo Verdi, le père, tient une auberge-épicerie à Le Roncole.

1814. L'Autriche rétablit son autorité sur le Milanais.

1815. Congrès de Vienne et démembrement de l'Italie.

1820. Révoltes à Naples et au Piémont. Enfant de chœur, Giuseppe, molesté par le curé à cause de son étourderie, appelle sur sa tête la foudre du ciel ; le prêtre mourra quelques années après, foudroyé dans son église.

1821. Les Autrichiens battent les Piémontais à Novare.

1823. Giuseppe fait office d'organiste suppléant à San Michele Arcangelo, l'église de Le Roncole. Il part pour Busseto recevoir de l'instruction. Giuseppe est pris en charge par un riche marchand de Busseto, Antonio Barezzi.

1831. Charles-Albert, roi de Savoie. Le chef des *carbonari,* Ciro Menotti, est exécuté à Modène. Giuseppe Mazzini fonde « La Jeune Italie ».

1836. Giuseppe est nommé maître de musique de Busseto. Il épouse Margherita (Ghita) Barezzi, la fille de son protecteur.

1839. *17 novembre* : représentation au Teatro alla Scala de Milan du premier opéra de Verdi : *Oberto.* Verdi perd ses deux enfants.

1840. *18 juin* : Verdi perd sa femme.
5 septembre : représentation à la Scala de Milan de l'opéra *Un giorno di regno.*

1842. *9 mars* : premier succès du musicien avec la représentation de *Nabucco* à la Scala de Milan.

1843. *11 février* : représentation à la Scala de Milan d'*I Lombardi alla prima crociata*.

1844. *9 mars* : *Ernani* est créé au théâtre de la Fenice, à Venise.
3 novembre : première représentation d'*I due Foscari* au théâtre Argentina de Rome.

1845. *15 février* : représentation à la Scala de Milan de *Giovanna d'Arco*.
12 août : première d'*Alzira* au San Carlo de Naples.

1846. *17 mars* : première d'*Attila* à la Fenice de Venise.

1847. *14 mars* : première de *Macbeth* au Teatro della Pergola de Florence.
22 juillet : à Londres, est donnée la première d'*I masnadieri*, au Her Majesty's Theatre.
26 novembre : *Jérusalem*, version remaniée d'*I Lombardi*, est donné au Théâtre impérial de l'Opéra, à Paris. Liaison avec la cantatrice Giuseppina Strepponi.

1848. *25 octobre* : première représentation d'*Il Corsaro* au Teatro Grande de Trieste.

1849. *27 janvier* : *La battaglia di Legnano* est donnée au Teatro Argentina de Rome.
Décembre : *Luisa Miller* est représentée au San Carlo de Naples.

1850. *Novembre* : création de *Stiffelio* au Teatro Grande de Trieste.

1851. *11 mars* : première de *Rigoletto* à la Fenice de Venise. Verdi s'installe, avec Giuseppina Strepponi, dans ce qui deviendra la « Villa Verdi » à Sant'Agata.

1853. *Janvier* : première du *Trouvère* au Teatro Apollo de Rome.
6 mars : création de *La Traviata* à la Fenice de Venise.

1855. *13 juin* : création à Paris, au Théâtre impérial de l'Opéra, des *Vêpres siciliennes*, en français.

1857. *Mars* : première de *Simon Boccanegra* à la Fenice de Venise.
Août : *Aroldo*, remaniement de *Stiffelio*, est donné au Teatro Nuovo de Rimini.

1859. *17 février* : *Un bal masqué* est créé au Teatro Apollo de Rome.
29 avril : Giuseppe et Giuseppina se marient.

1861. *30 janvier* : Verdi est élu député au Parlement italien.
Juin : mort de Cavour

1862. *10 novembre* : création de *La Force du destin* au Théâtre impérial de Saint-Pétersbourg.

1865. *Macbeth*, remanié en français, est donné au Théâtre lyrique impérial de Paris.

1867. *11 mars* : *Don Carlos* est créé, en français, au Théâtre impérial de l'Opéra de Paris.

1869. Une version remaniée de *La Force du destin* est donnée à la Scala de Milan.

1871. *14 décembre* : création au Caire, à l'Opéra du khédive, d'*Aïda*. Liaison avec Teresa Stolz.

1874. *22 mai* : le *Requiem* pour l'anniversaire de la mort de Manzoni (1873) est donné en l'église San Marco de Milan.

1881. Nouvelle version de *Simon Boccanegra* donnée à la Scala de Milan.

1884. *Don Carlo*, nouvelle version donnée en italien à la Scala de Milan.

1887. *5 février* : *Otello* représenté à la Scala de Milan.

1893. *9 février* : création de *Falstaff* à la Scala de Milan.

1897. *14 novembre* : Giuseppina meurt de pneumonie.

1898. *7 avril* : les *Quatri pezzi sacri* sont donnés à l'Opéra de Paris.

1901. *27 janvier* : mort de Verdi à Milan.

RÉFÉRENCES BIBLIOGRAPHIQUES

Jacques BOURGEOIS, *Giuseppe Verdi*, Julliard, 1978.

France-Yvonne BRIL, *Verdi*, Classiques Hachette de la musique, 1972.

Jean CABOURG (sous la dir. de), *Guide des opéras de Verdi*, Fayard, 1990.

Gérard DE CORTANZE, *Aventino*, Le Livre de Poche, 2007.

—, *Les Vices-Rois*, Gallimard, Folio, 2010.

Alain DUAULT, *Verdi. Une passion, un destin*, Découvertes Gallimard, 1986.

Philippe DULAC (sous la dir. de), *Inventaire de l'opéra*, Universalis, 2005.

Dominique FERNANDEZ, *Le Voyage d'Italie*, Perrin, 2007.

Carlo GATTI, *Verdi*, Gallimard, 1961.

Gérard GEFEN, *Verdi par Verdi*, L'Archipel, 2001.

Piotr KAMINSKI, *Le Bel Canto*, Fayard, 2003.

—, *Mille et un opéras*, Fayard, 2003.

Jean-François LABIE, *Le Cas Verdi*, Laffont, 1987.

Pierre MILZA, *Verdi*, Perrin, 2001.

Marcel MORÉ, *La Foudre de Dieu*, Gallimard, 1969.

Michel ORCEL, *Verdi. La vie, le mélodrame*, Grasset, 2001.

Pierre PETIT, *Verdi*, Le Seuil, 1998.

Mary-Jane PHILLIPS-MATZ, *Giuseppe Verdi*, Fayard, 1996.

Arthur POUGIN, *Verdi. Histoire anecdotique de sa vie et de ses œuvres*, Paris, Calmann-Lévy, 1886 (consultable sur Internet).

André SEGOND (sous la dir. de), *Aïda* (1991), *Macbeth* (1992), *Rigoletto* (1992), *Simon Boccanegra* (1993), *La Force du destin* (1993), *Nabucco* (1995), *La Traviata* (1996), *Un bal masqué* (1996), *Attila* (2010), Actes Sud/Opéra de Marseille.

André TUBEUF, *Verdi de vive voix*, Actes Sud/Classica, 2010.
Henri FRANÇOIS prince de Valori, *Verdi et son œuvre*, Calmann-Lévy, 1895.
Gilles DE VAN, *Verdi, un théâtre en musique*, Fayard, 1992.
Franz WERFEL, *Verdi ou Le Roman de l'opéra*, Hachette, 1945.

Tous les numéros de *L'Avant-scène Opéra* consacrés à Verdi et à ses opéras :
— *Simon Boccanegra*, n° 19, septembre 1994.
— *La Traviata*, n° 51, octobre 2008.
— *Le Trouvère*, n° 60, octobre 2003.
— *Nabucco*, n° 86, juin 1994.
— *Falstaff*, n° 87-88, avril 2001.
— *Rigoletto*, n° 112-113, juillet 2001.
— *La Force du destin*, n° 126, décembre 1989.
— *Luisa Miller*, n° 151, janvier 1993.
— *Maestro Verdi*, n° 200, janvier 2001.
— *Otello*, n° 218, janvier 2004.
— *Un bal masqué*, n° 237, mars 2007.
— *Don Carlos*, n° 244, mai 2008.
— *Macbeth*, n° 249, mars 2009.
— *Les Vêpres siciliennes*, n° 261, mars 2011.
— *Aïda*, n° 268, mai 2012.

Et, dans la série « Mode d'emploi » de *L'Avant-scène Opéra* : *Verdi*, juin 2012.

DISCOGRAPHIE ET FILMOGRAPHIE

Elle est si vaste et si complète que nous ne nous bornerons qu'à quelques recommandations.

Oberto : sous la direction d'Yves Abel, avec Ildar Abdrazakov, Evenyn Herlitzius, Carlo Ventre, Marianne Cornetti, DVD Opus / Arte, 2007.

Nabucco : sous la direction de Giuseppe Sinopoli, avec Piero Cappuccilli, Placido Domingo, Evgeny Nesterenko, Ghena Dimitrova, Lucia Valentini Terrani, CD Deutsche Grammophon, 1983.

Macbeth :

— sous la direction d'Erich Leinsdorf, avec Leonard Warren, Leonie Rysanek, Jerome Hines, Carlo Bergonzi, CD RCA, 1990.

— sous la direction de James Levine, avec Zeljko Lučič, Maria Guleghina, John Relyea, Dimitri Pittas, DVD EMI, 2008.

Luisa Miller : sous la direction de Peter Maoy, avec Montserrat Caballé, Carlo Bergonzi, Piero Cappuccilli, Ruggero Raimondi, CD Philips, 1974.

Stiffelio : sous la direction d'Edward Downes, avec José Carreras, Gwynne Howell, Gregory Hurysich, Lynton Atkinson, Adele Paxton, Robin Leggate, DVD GCB média, 1993.

Rigoletto :

— sous la direction de Rafael Kubelik, avec Dietrich Fischer-Dieskau, Carlo Bergonzi, Renata Scotto, Ivo Vinco, Florenza Cossotto, CD DGG, 1964.

— sous la direction de Riccardo Chailly, avec Ingvar Wixell, Luciano Pavarotti, Edita Gruberova, Ferruccio Furlanetto, Victoria Vergara, DVD Deutsche Grammophon, 2006.

Le Trouvère :

— sous la direction de Renato Cellini, avec Jussi Björling, Zinka Milanov, Fedora Barbieri, Leonard Warren, CD RCA, 2006.

— sous la direction de Herbert von Karajan, avec Giuseppe Di Stefano, Maria Callas, Fedora Barbieri, Rolando Panerai, Nicola Zaccaria, CD EMI, 2010.

— sous la direction de Herbert von Karajan : Placido Domingo, Raina Kabaivanska, Fiorenza Cossotto, Piero Cappuccilli, José Van Dam, DVD Arthaus Musik, 1999.

La Traviata :

— sous la direction de Carlo Maria Giulini, avec Maria Callas, Giuseppe Di Stefano, Ettore Bastianini, CD EMI, 1955.

— sous la direction de John Pritchard, avec Joan Sutherland, Carlo Bergonzi, Robert Merrill, CD Decca, 1998.

— sous la direction de Carlos Kleiber, avec Ileana Cotrubas, Placido Domingo, Sherrill Milnes, CD Deutsche Grammophon, 1977.

Les Vêpres siciliennes : sous la direction de Riccardo Muti, avec Zancanaro, Cheryl Studer, Chris Merritt, Ferruccio Furlanetto, DVD Brillant Classics, 2012.

Un bal masqué :

— sous la direction d'Antonino Votto, avec Maria Callas, Giuseppe Di Stefano, Tito Gobbi, Fedora Barbieri, Eugenia Ratti, CD Naxos, 2008.

— sous la direction de Claudio Abbado, avec Luciano Pavarotti, Mara Zampieri, Piero Cappuccilli, CD Bella Voce, 2011.

— sous la direction d'Erich Leinsdorf, avec Carlo Bergonzi, Leontyne Price, Robert Merrill, Shirley Verrett, Reri Grist, CD RCA, 1966.

La Force du destin : sous la direction d'Alberto Erede, avec Renata Tebaldi, Mario Del Monaco, Cesare Siepi, Ettore Bastianini, CD Decca, 1953.

Don Carlos :

— sous la direction de Georg Solti, avec Renata Tebaldi, Carlo Bergonzi, Nicolaï Ghiaurov, Dietrich Fisher-Dieskau, Grace Bumbry, Marti Talvela, CD Decca, 2008.

— sous la direction de Thomas Fulton, avec Montserrat Caballé, Giacomo Aragall, Simon Estes, Renato Bruson, Grace Bumbry, Luigi Roni, DVD INA, 2010.

Aïda, sous la direction de Georg Solti, avec Leontyne Pryce, Rita Gorr, Jon Vickers, Robert Merrill, Giorgio Tozzi, CD Decca, 1962.

Requiem :

— sous la direction de Carlo Maria Giulini, avec Elisabeth Schwarzkopf, Christa Ludwig, Nicolaï Gedda, Nicolaï Ghiaurov, CD EMI, 1986.

— sous la direction de Herbert von Karajan, avec Mirella Freni, Christa Ludwig, Carlo Cossutta, Nicolaï Ghiaurov, CD Deutsche Grammophon, 1992.

Simon Boccanegra : sous la direction de James Levine, avec Plácido Domingo, Adrianne Pieczonka, DVD Sony Classical, 2011.

Otello :

— sous la direction de Tullio Serafin, avec Jon Vickers, Leonie Rysanek, Tito Gobbi, CD RCA, 1960.

— sous la direction de Herbert von Karajan, avec Jon Vickers, Mirella Freni, Peter Glossop, DVD Deutsche Grammophon, 1973.

Falstaff :

— sous la direction de Herbert von Karajan, avec Tito Gobbi, Elisabeth Schwarzkopf, Nan Nerriman, Feodora Barbieri, CD EMI, 1956.

— sous la direction de James Levine, avec Plischka, Mirella Freni, Marylin Horne, Barbara Bonney, DVD Deutsche Grammophon, 1992.

Et aussi :

— *Verdi Collection, Nabucco, Ernani, Il Corsaro, I Vespri Siciliani, La Forza del Destino*, DVD Dynamic, Genova, 2009.

— *Quatuor en* mi *mineur*, Forgotten Records, Quatuor Parrenin, 1960.

— *Quatro pezzi sacri*, CD EMI, sous la direction de Carlo Maria Giulini, 1986.

NOTES

AVANT-DIRE

1. Guillaume Apollinaire, *Alcools*, Gallimard, coll. « Poésie/Gallimard, » 1966.

L'ENFANT DE BUSSETO

1. *Simon Boccanegra*, *L'Avant-scène Opéra*, janvier-février 1979, p. 31. (Les références des numéros de *L'Avant-scène Opéra* indiqués sont celles des premières éditions.)
2. Arthur Pougin, *Verdi. Histoire anecdotique de sa vie et de ses œuvres*, Calmann-Lévy, 1886, p. 12.
3. Italo Pizzi, *Ricordi verdiani inediti*, Turin, 1901, p. 94-95, cité dans la traduction de Gérard Gefen, dans la biographie monumentale de Mary Jane Phillips-Matz, *Giuseppe Verdi*, Fayard, 1996, p. 40.
4. Gérard Gefen, *Verdi par Verdi*, L'Archipel, 2001, p. 31.

OBERTO EN OUVERTURE

1. A. Pougin, *Verdi. Histoire anecdotique de sa vie et de ses œuvres*, *op. cit.*, p. 54-56.

LE CHŒUR DES HÉBREUX AU CŒUR DES ITALIENS

1. Lettre citée par Mary Jane Phillips-Matz, *Giuseppe Verdi*, Fayard, 1996, p. 126.

2. Cité par A. Pougin, *Verdi. Histoire anecdotique de sa vie et de ses œuvres*, *op. cit.*, p. 60.

3. M. J. Phillips-Matz, *Giuseppe Verdi*, *op. cit.*, p. 132.

4. A. Pougin, *Verdi. Histoire anecdotique de sa vie et de ses œuvres*, *op. cit.*, p. 63.

5. Jacques Bourgeois, *Giuseppe Verdi*, Julliard, 1978, p. 41.

6. Jean Cabourg (sous la direction de), *Guide des opéras de Verdi*, texte du livret de *Nabucco* traduit en français par Fernand Leclercq, Fayard, 1990, p. 47-67.

VERDI, MUSICIEN OFFICIEL DE L'ITALIE RENAISSANTE

1. Gérard de Cortanze, *Aventino*, Albin Michel, 2005 ; rééd. Le Livre de Poche, 2007, p. 12.

2. A. Pougin, *Verdi. Histoire anecdotique de sa vie et de ses œuvres*, *op. cit.*, p. 84.

3. *Ibid.*, p. 82.

4. *Ibid.*, p. 92.

5. Henri François prince de Valori, *Verdi et son œuvre*, Calmann-Lévy, 1895, p. 39.

MACBETH : L'ÉMERGENCE DU NOUVEL OPÉRA

1. Giuseppe Demaldé, *Cenni biografici del maestro Giuseppe Verdi*, recueil de manuscrits, archives municipales de Busseto.

2. J. Bourgeois, *Giuseppe Verdi*, *op. cit.*, p. 81.

3. Victor Hugo, *Hernani*, acte III, scène 2.

4. G. Gefen, *Verdi par Verdi*, *op. cit.*, p. 101.

5. *Macbeth*, *L'Avant-scène Opéra*, traduit de l'italien par Michel Orcel, 1982, p. 60. Toutes les citations de la traduction en français du livret de *Macbeth* sont issues de ce numéro.

6. William Shakespeare, *Macbeth*, traduit de l'anglais par Mau-

rice Maeterlinck, *Œuvres complètes*, Gallimard, coll. « Bibliothèque de la Pléiade », vol. II, 1959, p. 1005.

1847-1851 : LA FIN DES GALÈRES ET DES CHAÎNES

1. J. Bourgeois, *Giuseppe Verdi, op. cit.*, p. 101.
2. G. Gefen, *Verdi par Verdi, op. cit.*, p. 111.
3. *Ibid.*, p. 116.
4. J. Bourgeois, *Giuseppe Verdi, op. cit.*, p. 126-127.

« MOBILE EST LA VIE, BIEN FOL QUI S'Y FIE » : DE *RIGOLETTO* AU *TROUVÈRE*

1. G. Gefen, *Verdi par Verdi, op. cit.*, p. 122.
2. *Ibid.*, p. 123.
3. Michel Orcel, *Verdi. La vie, le mélodrame*, Grasset, 2001, p. 104.
4. Cité par J. Bourgeois, *Giuseppe Verdi, op. cit.*, p. 144.
5. G. Gefen, *Verdi par Verdi, op. cit.*, p. 135.
6. *Ibid.*, p. 136-137.
7. A. Pougin, *Verdi. Histoire anecdotique de sa vie et de ses œuvres, op cit.*, p. 159.
8. *La Traviata, L'Avant-scène Opéra*, livret traduit par Michel Orcel, 1993, p. 35. Toutes les citations de la traduction en français du livret de *La Traviata* sont issues de ce numéro.
9. *Ibid.*, p. 68.
10. Henri François prince de Valori, *Verdi et son œuvre, op. cit.*, p. 43.
11. *Ibid.*, p. 42-43.
12. *Ibid.*, p. 33.

UN BAL MASQUÉ : L'AMOUR FOU

1. Philippe Dulac, « La mécanique musicale chez Verdi », in *Un bal masqué, L'Avant-scène Opéra*, mars-avril 1981, p. 106.

UNE FORCE QUI VA : *LA FORCE DU DESTIN*

1. G. Gefen, *Verdi par Verdi*, *op. cit.*, p. 153.
2. *Ibid.*, p. 159.
3. *Ibid.*, p. 161.
4. *Ibid.*, p. 166.
5. *Ibid.*, p. 171.
6. *Ibid.*, p. 167.
7. *La Force du destin*, *L'Avant-scène Opéra*, décembre 1989, p. 11.
8. G. Gefen, *Verdi par Verdi*, *op. cit.*, p. 176.

DON CARLOS : OPÉRA POLITIQUE

1. G. Gefen, *Verdi par Verdi*, *op. cit.*, p. 183-184.
2. *Ibid.*, p. 190.
3. Voir Françoise Paul-Lévy, « Pour Carlos, Rodrigue a les yeux de Chimène », in *Don Carlos*, *L'Avant-scène Opéra*, septembre-octobre 1986, p. 148-152.
4. *Don Carlos*, *L'Avant-scène Opéra*, septembre-octobre 1986, p. 51-131.
5. J. Bourgeois, *Giuseppe Verdi*, *op. cit.*, p. 252.
6. G. Gefen, *Verdi par Verdi*, *op. cit.*, p. 187-188.

AÏDA : POUVOIR ET PASSION

1. Cité par M. J. Phillips-Matz, *Giuseppe Verdi*, *op. cit.*, p. 618.
2. Lettre du 7 juillet 1868, citée par M. J. Phillips-Matz, *ibid.*, p. 642.
3. G. Gefen, *Verdi par Verdi*, *op. cit.*, p. 190-191.
4. Jean de Solliers, *Aïda*, *L'Avant-scène Opéra*, 2001, p. 27.
5. *Aïda*, *L'Avant-scène Opéra*, juillet 1976, 2de éditions (texte révisé) avril 1993, p. 29. Toutes les citations du livret d'*Aïda* sont issues de la traduction de Georges Farret pour ce numéro.
6. G. Gefen, *Verdi par Verdi*, *op. cit.*, p. 218.
7. *Aïda*, *L'Avant-scène Opéra*, *op. cit.*, p. 38.
8. Michel Orcel et Rita de Letteriis, « Un Orient de l'âme », in *Aïda*, *L'Avant-scène Opéra*, *op. cit.*, p. 100-103.
9. M. J. Phillips-Matz, *Giuseppe Verdi*, *op. cit.*, p. 39.

LA MESSE DE *REQUIEM* ET L'ÂME CHRÉTIENNE

1. André Tubeuf, *Verdi de vive voix, Arles,* Actes Sud, 2010, p. 26.
2. *Ibid.*, p. 21.
3. *Ibid.*, p. 26.
4. Eve Ruggieri, *Pavarotti*, J.-C. Lattès, 1993, p. 122.
5. Cité par Pierre Milza, *Verdi*, Perrin, 2004, p. 409.
6. G. Gefen, *Verdi par Verdi, op. cit.*, p. 231.
7. *Ibid.*, p. 232.

LE SOLEIL NOIR DE SA MÉLANCOLIE : *SIMON BOCCANEGRA*

1. Cité par Jean-Alexandre Ménétrier, « Giuseppe Verdi : un compositeur casqué », *Simon Boccanegra, L'Avant-scène Opéra,* janvier-février 1979, p. 6.
2. G. Gefen, *Verdi par Verdi, op. cit.*, p. 229.
3. *Ibid.*, p. 233.
4. *Simon Boccanegra, L'Avant-scène Opéra, op. cit.*, p. 20.
5. G. Gefen, *Verdi par Verdi, op. cit.*, p. 67.
6. *Simon Boccanegra, L'Avant-scène Opéra, op. cit.*, p. 35.
7. *Ibid.*, p. 82.

OTELLO : LE NAUFRAGE DE L'AMOUR FOU

1. G. Gefen, *Verdi par Verdi, op. cit.* p. 236-237.
2. *Ibid.*, p. 241.
3. *Ibid.*, p. 242.
4. M. Orcel, *Verdi. La vie, le mélodrame, op. cit.*, p. 327.
5. Cité par André Gauthier dans *Otello, L'Avant-scène Opéra, op. cit.*, p. 14.
6. *Otello, L'Avant-scène Opéra*, mai-juin 1976, p. 33. Toutes les citations du livret d'*Otello* sont issues de la traduction de Pierre Malbos pour ce numéro.

FALSTAFF : LA MORT DU JONGLEUR

1. P. Milza, *Verdi, op. cit.*, p. 469.
2. *Falstaff, L'Avant-scène Opéra*, mai-juin 1986, p. 6.
3. P. Milza, *Verdi, op. cit.*, p. 476.
4. *Falstaff, L'Avant-scène Opéra, op. cit.*, p. 39. Toutes les citations du livret de *Falstaff* sont issues de la traduction de Pierre Malbos pour ce numéro.
5. William Shakespeare, *Hamlet*, acte II, sc. 2.
6. G. Gefen, *Verdi par Verdi, op. cit.*, p. 266.
7. J. Cabourg (sous la dir. de), *Guide des opéras de Verdi, op. cit.*, traduction de l'italien par Paul Solanges et Arrigo Boito, p. 1229.
8. J. Bourgeois, *Giuseppe Verdi, op. cit.*, p. 337.
9. *Ibid.*, p. 339.

VERDI, LA VOIX DE L'ITALIE

1. *Falstaff, L'Avant-scène Opéra, op. cit.*, p. 13.

ANNEXES

FOLIO BIOGRAPHIES

Alexandre le Grand, par JOËL SCHMIDT

Lou Andreas-Salomé, par DORIAN ASTOR

Attila, par ÉRIC DESCHODT. Prix « Coup de cœur en poche 2006 » décerné par *Le Point*.

Joséphine Baker, par JACQUES PESSIS

Balzac, par FRANÇOIS TAILLANDIER

Baudelaire, par JEAN-BAPTISTE BARONIAN

Beethoven, par BERNARD FAUCONNIER

Sarah Bernhardt, par SOPHIE AUDE PICON

Bouddha, par SOPHIE ROYER

James Brown, par STÉPHANE KOECHLIN

Maria Callas, par RENÉ DE CECCATTY

Calvin, par JEAN-LUC MOUTON

Camus, par VIRGIL TANASE

Le Caravage, par GÉRARD-JULIEN SALVY

Casanova, par MAXIME ROVERE

Céline, par YVES BUIN

Jules César, par JOËL SCHMIDT

Cézanne, par BERNARD FAUCONNIER. Prix de biographie de la ville de Hossegor 2007.

Chaplin, par MICHEL FAUCHEUX

Chopin, par PASCALE FAUTRIER

Cléopâtre, par JOËL SCHMIDT

Albert Cohen, par FRANCK MÉDIONI

Colette, par MADELEINE LAZARD

Christophe Colomb, par MARIE-FRANCE SCHMIDT

Marie Curie, par JANINE TROTEREAU

James Dean, par JEAN-PHILIPPE GUERAND

Debussy, par ARIANE CHARTON

Dickens, par JEAN-PIERRE OHL

Diderot, par RAYMOND TROUSSON

Marlene Dietrich, par JEAN PAVANS

Dostoïevski, par VIRGIL TANASE

Albert Einstein, par LAURENT SEKSIK

Fellini, par BENITO MERLINO

Flaubert, par BERNARD FAUCONNIER

Freud, par RENÉ MAJOR et CHANTAL TALAGRAND

Gandhi, par CHRISTINE JORDIS. Prix du livre d'histoire de la ville de Courbevoie 2008.

Federico García Lorca, par ALBERT BENSOUSSAN

De Gaulle, par ÉRIC ROUSSEL

Geronimo, par OLIVIER DELAVAULT

Goya, par MARIE-FRANCE SCHMIDT

Jimi Hendrix, par FRANCK MÉDIONI

Billie Holiday, par SYLVIA FOL

Victor Hugo, par SANDRINE FILLIPETTI

Ibsen, par JACQUES DE DECKER

Jésus, par CHRISTIANE RANCÉ

Janis Joplin, par JEAN-YVES REUZEAU

Kafka, par GÉRARD-GEORGES LEMAIRE

Gene Kelly, par ALAIN MASSON

Kerouac, par YVES BUIN

Lapérouse, par ANNE PONS

Franz Liszt, par FRÉDÉRIC MARTINEZ

Louis XIV, par ÉRIC DESCHODT

Louis XVI, par BERNARD VINCENT

Auguste et Louis Lumière, par MICHEL FAUCHEUX

Machiavel, par HUBERT PROLONGEAU

Maupassant, par FRÉDÉRIC MARTINEZ

Bob Marley, par JEAN-PHILIPPE DE TONNAC

Michel-Ange, par NADINE SAUTEL

Mishima, par JENNIFER LESIEUR

Modigliani, par CHRISTIAN PARISOT

Molière, par CHRISTOPHE MORY

Marilyn Monroe, par ANNE PLANTAGENET

Moïse, par CHARLES SZLAKMANN

Jim Morrisson, par JEAN-YVES REUZEAU

Mozart, par JEAN BLOT

Musset, par ARIANE CHARTON

Napoléon, par PASCALE FAUTRIER

Nerval, par GÉRARD COGEZ

Nietzsche, par DORIAN ASTOR

Pasolini, par RENÉ DE CECCATTY

Pasteur, par JANINE TROTEREAU

Picasso, par GILLES PLAZY

Marco Polo, par OLIVIER GERMAIN-THOMAS

Louis Renault, par JEAN-NOËL MOURET

Rimbaud, par JEAN-BAPTISTE BARONIAN. Prix littéraire 2011 du parlement de la Fédération Wallonie Bruxelles.

Robespierre, par JOËL SCHMIDT

Rousseau, par RAYMOND TROUSSON

Saint-Exupéry, par VIRGIL TANASE

George Sand, par MARTINE REID

Shakespeare, par CLAUDE MOURTHÉ

Stendhal, par SANDRINE FILLIPETTI

Jacques Tati, par JEAN-PHILIPPE GUERAND

Tchekhov, par VIRGIL TANASE

Toussaint Louverture, par ALAIN FOIX

Van Gogh, par DAVID HAZIOT. Prix d'Académie 2008 décerné par l'Académie française (fondation Le Métais-Larivière).

Verdi, par ALBERT BENSOUSSAN

Verlaine, par JEAN-BAPTISTE BARONIAN

Boris Vian, par CLAIRE JULLIARD

Léonard de Vinci, par SOPHIE CHAUVEAU

Wagner, par JACQUES DE DECKER

Andy Warhol, par MERIAM KORICHI

Oscar Wilde, par DANIEL SALVATORE SCHIFFER

Tennessee Williams, par LILIANE KERJAN, prix du Grand Ouest des écrivains de l'Ouest 2011.

Virginia Woolf, par ALEXANDRA LEMASSON

Stefan Zweig, par CATHERINE SAUVAT

COLLECTION FOLIO

Dernières parutions

5361. Driss Chraïbi — *L'âne*
5362. Erri De Luca — *Le jour avant le bonheur*
5363. Erri De Luca — *Première heure*
5364. Philippe Forest — *Le siècle des nuages*
5365. Éric Fottorino — *Cœur d'Afrique*
5366. Kenzaburô Ôé — *Notes de Hiroshima*
5367. Per Petterson — *Maudit soit le fleuve du temps*
5368. Junichirô Tanizaki — *Histoire secrète du sire de Musashi*
5369. André Gide — *Journal. Une anthologie (1899-1949)*
5370. Collectif — *Journaux intimes. De Madame de Staël à Pierre Loti*
5371. Charlotte Brontë — *Jane Eyre*
5372. Héctor Abad — *L'oubli que nous serons*
5373. Didier Daeninckx — *Rue des Degrés*
5374. Hélène Grémillon — *Le confident*
5375. Erik Fosnes Hansen — *Cantique pour la fin du voyage*
5376. Fabienne Jacob — *Corps*
5377. Patrick Lapeyre — *La vie est brève et le désir sans fin*
5378. Alain Mabanckou — *Demain j'aurai vingt ans*
5379. Margueritte Duras, François Mitterrand — *Le bureau de poste de la rue Dupin* et autres entretiens
5380. Kate O'Riordan — *Un autre amour*
5381. Jonathan Coe — *La vie très privée de Mr Sim*
5382. Scholastique Mukasonga — *La femme aux pieds nus*
5383. Voltaire — *Candide ou l'Optimisme. Illustré par Quentin Blake*
5384. Benoît Duteurtre — *Le retour du Général*

5385. Virginia Woolf	*Les Vagues*
5386. Nik Cohn	*Rituels tribaux du samedi soir et autres histoires américaines*
5387. Marc Dugain	*L'insomnie des étoiles*
5388. Jack Kerouac	*Sur la route. Le rouleau original*
5389. Jack Kerouac	*Visions de Gérard*
5390. Antonia Kerr	*Des fleurs pour Zoë*
5391. Nicolaï Lilin	*Urkas! Itinéraire d'un parfait bandit sibérien*
5392. Joyce Carol Oates	*Zarbie les Yeux Verts*
5393. Raymond Queneau	*Exercices de style*
5394. Michel Quint	*Avec des mains cruelles*
5395. Philip Roth	*Indignation*
5396. Sempé-Goscinny	*Les surprises du Petit Nicolas. Histoires inédites-5*
5397. Michel Tournier	*Voyages et paysages*
5398. Dominique Zehrfuss	*Peau de caniche*
5399. Laurence Sterne	*La Vie et les Opinions de Tristram Shandy, Gentleman*
5400. André Malraux	*Écrits farfelus*
5401. Jacques Abeille	*Les jardins statuaires*
5402. Antoine Bello	*Enquête sur la disparition d'Émilie Brunet*
5403. Philippe Delerm	*Le trottoir au soleil*
5404. Olivier Marchal	*Rousseau, la comédie des masques*
5405. Paul Morand	*Londres* suivi de *Le nouveau Londres*
5406. Katherine Mosby	*Sanctuaires ardents*
5407. Marie Nimier	*Photo-Photo*
5408. Arto Paasilinna	*Le potager des malfaiteurs ayant échappé à la pendaison*
5409. Jean-Marie Rouart	*La guerre amoureuse*
5410. Paolo Rumiz	*Aux frontières de l'Europe*
5411. Colin Thubron	*En Sibérie*
5412. Alexis de Tocqueville	*Quinze jours dans le désert*

Composition Nord Compo
Impression Maury-Imprimeur
45330 Malesherbes
le 10 janvier 2013.
Dépôt légal : janvier 2013.
Numéro d'imprimeur : 179125.

ISBN 978-2-07-044379-6. / Imprimé en France.

183869